"十四五"职业教育国家规划教材

高等职业教育财经类精品教材·教学改革成果系列

客户服务与管理——项目教程

（第4版）

主　编：方玲玉

副主编：曾　鸣　饶小华

参　编：王煦惠　钟　璇　聂丽君

电子工业出版社

Publishing House of Electronics Industry

北京·BEIJING

内 容 简 介

本书是一部系统梳理客户服务方法体系及提升路径的理实一体教材。在吸收国内外同类教材及相关实践成果的基础上，结合我国服务市场蓬勃发展的新需求及在线客服突飞猛进的新变化，本书通过"走近客户服务""分析目标客户""沟通客户需求""处理客户投诉""培育忠诚客户""管理客户关系"6 个项目共 17 个任务，对客户服务与管理的基本理论及操作方法展开阐述。在内容结构上，通过教学目标、内容提要、阅读材料、企业连线、技能训练、思考与练习等特色栏目，持续强化关键知识/技能点的内化吸收与职业核心素养的融合渗透，让学生既有客户世界的"大格局"，更有服务沟通的"小细节"；既有铸就神奇的方法论，更有排忧解难的执行力。

本书结构清晰、内容精当。全书 60 个知识点、35 个技能点、21 段企业连线素材，配有一线教师及企业专家精心录制的微课视频，思考与练习中 120 道判断及选择题可实现在线交互式测试。另外还配有电子教案、教学指南、技能训练及参考答案等全套教辅资料，方便教与学。本书是中高职及应用型本科院校电子商务、市场营销、工商管理等财经商贸类专业"客户服务实务""客户服务与管理""客户关系管理"等课程配套教材，也可作为中高级客服人员业务培训用书。

未经许可，不得以任何方式复制或抄袭本书之部分或全部内容。
版权所有，侵权必究。

图书在版编目（CIP）数据

客户服务与管理：项目教程 / 方玲玉主编. —4 版. —北京：电子工业出版社，2024.4
ISBN 978-7-121-47651-8

Ⅰ. ①客… Ⅱ. ①方… Ⅲ. ①企业管理－销售管理－商业服务－教材 Ⅳ. ①F274

中国国家版本馆 CIP 数据核字（2024）第 069994 号

责任编辑：贾瑞敏
印　　刷：大厂回族自治县聚鑫印刷有限责任公司
装　　订：大厂回族自治县聚鑫印刷有限责任公司
出版发行：电子工业出版社
　　　　　北京市海淀区万寿路 173 信箱　邮编 100036
开　　本：787×1 092　1/16　印张：14.5　字数：371.2 千字
版　　次：2011 年 1 月第 1 版
　　　　　2024 年 4 月第 4 版
印　　次：2025 年 3 月第 4 次印刷
定　　价：48.00 元

凡所购买电子工业出版社图书有缺损问题，请向购买书店调换。若书店售缺，请与本社发行部联系，联系及邮购电话：（010）88254888，88258888。
质量投诉请发邮件至 zlts@phei.com.cn，盗版侵权举报请发邮件至 dbqq@phei.com.cn。
本书咨询联系方式：（010）88254019，jrm@phei.com.cn。

前　　言

　　选择为全人类服务，世界就会对你钟爱有加！从海尔的"真诚到永远"，到阿里巴巴的"让天下没有难做的生意"；从腾讯的"通过互联网服务提升人类生活品质"，到华为的"共建更美好的全联接世界"，这些如雷贯耳的民族大品牌，它们共同的成功密码，那就是——企业从上到下的每个员工，在与客户面对面交流、在线沟通或电话洽谈的时候，总会异常用心地去珍惜、去雕琢、去维护与客户交互的每一个"真实时刻"、每一个"关键接触点"。

　　纵览当今世界，"人"的价值日益凸显，企业及组织中最重要的关系，已经转变为企业与客户之间的关系，客户服务也已经成为一种兼具强大内在价值及巨大发展潜力的职业，即使日益强大的人工智能也未能改变这种趋势。因为，有温度、有情感的人际交互，永远是蕴藏在人们心底深处的需求与渴望。党的二十大报告明确指出："推动经济社会发展绿色化、低碳化是实现高质量发展的关键环节。"绿色经济的出现及其在各个国家、各个领域的广泛开展，标志着人类已经将传统经济发展动力——利润最大化，转变为基于绿色经济的崭新的价值观——福利最大化。

　　随着服务经济的闪亮登场，越来越多的企业及组织都日益深刻地意识到，只有切切实实地以客户为中心，为他们提供别具一格的产品和服务，才能创造价值，才能赢得尊重，才能铸就辉煌。毋庸置疑的是，我们每个人，都已经毫无例外地被定格在大千世界纵横交错服务链的某个节点——在努力为他人提供更多优质产品和服务的同时，也在享用由他人提供的更多、更好的价值与服务。服务循环往复，价值延绵不绝。

　　本书第 4 版在数据资料更新、内容架构删减的基础上，主要在以下几个方面寻求突破。

　　第一，增加**教学目标**栏目。全面梳理 6 个项目的知识体系，提炼知识点 60 个、技能点 35 个、素养点（专业与职业）24 个，知识技能点配套提供微课视频，为课程教学指明方向，将知识进阶落到实处。

　　第二，开辟**内容提要**专栏。每个任务的**内容提要**，萃取 3 个左右知识点及 1～2 个素养点，文字极其凝练，让学生哪怕花 1～2 分钟时间，也能领略课程的精髓，也能品味服务的乐趣。

　　第三，创设**企业连线**通道。在关键知识点阐述之后，适时插入了企业专家讲授的 21 个教学片段，内容涵盖客服知识重难点、企业管控风险点、职业道德高压线、市场一线真实案例等诸多方面。

　　第四，更新**思考与练习**试题。120 道判断题、选择题全部重新设计，确保每题均指向关键知识点，并提供在线答题及评测。每道试题的学习，都是技能素养的进阶。希望从此杜绝无病呻吟的思考及营养寡淡的练习。

　　第五，升级**案例素材**体系。精选华为、海信等民族品牌，或中国消费市场异军突起、中国新消费品牌转型升级等素材更新原有阅读材料，重点剖析我国汽车产业国际市场逆袭、极氪新能源汽车个性化创新等激动人心的中国制造案例，拓宽学生分析市场新视角，传播大众服务社会正能量。

　　以上五大调整，均指向本书唯一宗旨：萃取知识精华，提升阅读体验；坚持立德树人，贯彻学用一体。下面是对本书编写情况的简要说明。

教材结构：基于工作过程系统化理论，本书构建了走近客户服务、分析目标客户、沟通客户需求、处理客户投诉、培育忠诚客户、管理客户关系6个项目。每个项目下设2~4个任务，全书共计17个任务。每个项目由教学目标开篇，项目小结收尾，最后附有思考与练习。

单元结构：任务设计坚持目标导向，强化成果产出。任务由内容提要、知识阐述、企业连线、阅读材料、技能训练、思考与练习6个板块构成，前四者借助各类信息输入，搭建客服素养技能提升的脚手架；后两者聚焦成果产出，通过仿真实训及知识测验，完成知识内化，落实目标达成。

编写团队：长沙民政职业技术学院方玲玉教授主持全书整体设计及统稿，承担项目一至项目四改编；湖南水利水电职业技术学院聂丽君老师负责项目五改编；湖南商务职业技术学院曾鸣老师负责项目六改编、王煦惠老师负责全书35个技能点的提炼及微课视频录制；长沙民政职业技术学院钟璇老师负责全书60个知识点的整理及微课视频录制；长沙市爱巴森网络科技有限公司饶小华总经理负责企业连线栏目资源整理及微课视频制作。

在此，要特别致谢爱巴森公司客服经理宋泽玉，客服主管李智敏、罗元梅，质培专员袁永佩、徐迎春5位企业专家，他们精心收集一线案例素材，亲自授课企业连线。另外，本书责任编辑、电子工业出版社首席策划编辑贾瑞敏女士，在数字资源及交互式体验设计上不遗余力，她的倾情付出，为本书增色良多。

本书配有电子教案、教学指南、授课计划，以及技能训练及思考与练习参考答案等教学资源。读者可登录华信教育资源网（www.hxedu.com.cn）免费注册下载，或网站留言、发邮件与电子工业出版社编辑联系（E-mail：jrm@phei.com.cn）。

产教融合的第4版编写团队，汇聚在"服务至上，匠心育人"旗帜下，又一次体验了"精彩服务，成就彼此"的创作之旅。在终于可以奉上这部倾情之作的此时此刻，我们全体人员悉心期待：每一位读者，我们心目中的完美客户，在阅读中增长沟通的功力，在学习中品味服务的真谛。编者学识能力有限，书中疏漏请各位不吝赐教。

方玲玉

资源索引

目　录

项目一　走近客户服务 ·· 1
任务一　认识客户与服务 ··· 2
　　一、服务的内涵及特点 ··· 2
　　二、客户的定义及分类 ··· 3
　　　　企业连线1-1　爱森电商企微客户的分类 ······································ 9
　　　　技能训练1-1　客户价值的计算 ·· 9
　　　　技能训练1-2　客户价值分析与应用 ·· 10
任务二　了解优质的客户服务 ·· 11
　　一、优质的客户服务至关重要 ··· 11
　　　　企业连线1-2　网购平台语言文字类规则 ······································ 13
　　二、客户服务的分类、内容及要求 ··· 13
　　　　企业连线1-3　网购平台交易操作类规则 ······································ 18
　　三、优质客户服务的内涵、特点及构成 ··· 18
　　四、优质客户服务的评测 ··· 21
　　　　技能训练1-3　人际沟通能力测试 ·· 23
　　　　企业连线1-4　网购平台信息安全类规则 ······································ 25
　　　　技能训练1-4　出色和糟糕的客户服务体验与分析 ·························· 25
项目小结 ··· 26
思考与练习 ··· 27

项目二　分析目标客户 ·· 28
任务一　扫描市场环境 ··· 29
　　一、宏观环境变化对服务市场的冲击 ·· 29
　　　　技能训练2-1　宏观环境对产品服务市场冲击分析 ·························· 30
　　二、网络信息技术对客户服务的挑战 ·· 31
　　三、中国客户服务市场的转型与升级 ·· 35
　　　　企业连线2-1　产品信息哪里找 ··· 36
　　　　技能训练2-2　企业服务水平现状分析 ··· 37
任务二　分析产品 ··· 38
　　一、产品的性能特点 ·· 39
　　二、产品的特色与定位 ·· 40
　　三、行业动态及竞争对手分析 ··· 41
　　　　企业连线2-2　面料小知识 ·· 42
　　　　技能训练2-3　企业产品的特色分析 ··· 42
任务三　寻找目标客户 ··· 43
　　一、研究业务模式，识别客户群体 ··· 43

二、分析现有客户，整理客户资料 ··· 44
　　　　技能训练 2-4　客户类型的识别及价值分析 ································ 47
　　三、开展市场调查，发掘潜在客户 ··· 48
　　　　技能训练 2-5　调查主题确定及调查方法选择 ····························· 54
　　四、利用网络渠道，开发目标客户 ··· 60
　　　　企业连线 2-3　尺码推荐 ··· 61
　　　　技能训练 2-6　企业客户群体特征分析 ······································ 62
　　　　技能训练 2-7　目标客户的开发及沟通 ······································ 63
　任务四　评估客户价值 ·· 64
　　一、评估客户终身价值 ··· 64
　　二、客户的分级与管理 ··· 67
　　三、重点客户的判断与管理 ··· 69
　　　　企业连线 2-4　服饰产品常见问题分析 ······································ 70
　　　　技能训练 2-8　客户的分级与管理 ··· 70
　项目小结 ·· 71
　　　　企业连线 2-5　爱森电商客服技能测试 ······································ 72
　思考与练习 ··· 72

项目三　沟通客户需求 ·· 73
　任务一　理解客户需求 ·· 74
　　一、了解客户的沟通风格 ·· 74
　　　　技能训练 3-1　网店售前客服沟通 ··· 76
　　二、做好接待前的准备 ··· 77
　　　　技能训练 3-2　接待客户前的准备 ··· 80
　　三、识别客户的真正需求 ·· 80
　　　　企业连线 3-1　大促数据分析——"双 11"关键指标解读 ··········· 86
　　　　技能训练 3-3　客户需求和期望值的预设与分析 ························· 86
　任务二　选择沟通方式 ·· 87
　　一、电话沟通 ··· 88
　　　　企业连线 3-2　BPM 外贸公司电话激励奖金制度 ······················· 92
　　　　技能训练 3-4　电话沟通话术分析 ··· 93
　　二、有效倾听 ··· 93
　　　　技能训练 3-5　倾听技能的诊断及改善 ····································· 97
　　三、非语言沟通 ·· 98
　　四、书面沟通 ·· 100
　　　　技能训练 3-6　书面沟通易读指数测试 ···································· 102
　　五、网络沟通 ·· 103
　　　　企业连线 3-3　大促数据分析——如何识别异常数据 ················· 105
　　　　技能训练 3-7　旅游网站的邮件沟通 ······································· 105
　任务三　满足客户需求 ··· 106

一、有针对性地推荐企业产品 106
　　　　技能训练3-8　使用FAB法则推荐企业产品 110
　　二、提供信息与选择 110
　　三、设定并超越客户期望 111
　　四、拒绝客户的不合理要求 113
　　五、与客户达成协议 114
　　　　企业连线3-4　大促数据分析——如何进行数据优化 116
　　　　技能训练3-9　通过探询发掘并引导客户需求 117
项目小结 119
思考与练习 119

项目四　处理客户投诉 120
任务一　处理客户异议 121
　　一、了解客户异议的种类 122
　　　　技能训练4-1　客户异议类型分析 124
　　二、分析异议产生的原因 124
　　　　企业连线4-1　舆情&风险的定义及影响 125
　　三、明确异议处理的原则 125
　　四、确定异议处理的步骤 127
　　　　技能训练4-2　区分正确的认同与错误的认同 128
　　　　技能训练4-3　将客户异议具体化 130
　　五、掌握异议处理的技巧 131
　　　　企业连线4-2　风险与舆情的规避及应对 139
　　　　技能训练4-4　用补偿法化解客户异议 140
任务二　解决客户投诉 140
　　一、积极看待客户投诉 141
　　二、分析投诉产生的原因 143
　　三、了解客户投诉的类型 146
　　　　企业连线4-3　网店投诉的原因及分类 148
　　四、确定投诉处理流程 148
　　　　技能训练4-5　客户投诉类型分析及处理 152
　　五、掌握投诉处理技巧 153
　　　　技能训练4-6　用LSCIA法处理一般投诉 155
　　　　技能训练4-7　用CLEAR法处理严重投诉 158
　　六、网店投诉应对策略 161
　　　　企业连线4-4　客服高压线案例分析 163
　　　　技能训练4-8　客户投诉处理及客户维护 163
项目小结 165
思考与练习 166

项目五　培育忠诚客户 ··· 167

任务一　识别忠诚客户 ·· 168
一、客户忠诚度的含义 ··· 168
企业连线 5-1　客户满意的重要性 ··· 169
二、客户忠诚度的测评 ··· 172
企业连线 5-2　客户满意率计算逻辑 ··· 174
技能训练 5-1　客户忠诚度的细分与管理 ···································· 174

任务二　建立客户关系 ·· 176
一、建立客户信任 ··· 176
二、改善客户关系 ··· 179
技能训练 5-2　客户关系建立及维护策略调研 ······························ 185

任务三　提升客户满意度 ··· 186
一、分内的服务做精 ·· 186
企业连线 5-3　满意度提升案例分析 ··· 188
二、额外的服务做足 ·· 188
三、超乎想象的服务做好 ·· 191
企业连线 5-4　满意度提升技巧 ··· 192
技能训练 5-3　客户满意度提升策略分析 ···································· 193

项目小结 ··· 193
思考与练习 ··· 194

项目六　管理客户关系 ··· 195

任务一　全面了解客户关系管理 ·· 196
一、客户关系管理的推动因素 ·· 196
二、客户关系管理的基本内涵 ·· 198
三、客户关系管理的日常管理工作 ·· 201
技能训练 6-1　客户关系管理影响因素分析 ································ 203

任务二　客户关系管理系统的开发与实施 ······································ 204
一、客户关系管理系统的基本框架 ·· 204
二、客户关系管理系统的实施 ·· 208
技能训练 6-2　客户关系管理系统基本框架分析 ·························· 210

任务三　客户运营平台的应用 ··· 211
一、客户运营平台的介绍 ·· 211
二、客户运营平台的使用 ·· 213
技能训练 6-3　客户运营平台的应用 ··· 220

项目小结 ··· 221
思考与练习 ··· 221

参考文献 ·· 222

项目一　走近客户服务

➥ 项目知识点

- ◆ 产品与服务
- ◆ 客户与顾客
- ◆ 客户的世界及其需求与渴望
- ◆ 优质客户服务的价值与作用
- ◆ 客户服务的分类及工作内容
- ◆ 客服岗位的职责及发展通道
- ◆ 优质客户服务的构成要素
- ◆ 网店客服的知识能力要求
- ◆ 网店客服的能力梯度
- ◆ 互联网公司客服职级评价标准

 文本：项目知识点　　 视频：项目知识点

➥ 项目技能点

- ◆ 客户价值的计算
- ◆ 客户价值的分析及应用
- ◆ 人际沟通能力的测试与评估

 文本：项目技能点　　 视频：项目技能点

➥ 项目素养点

- ➢ 客户至上：树立以客户为中心的服务理念，始终将客户需求放在首位
- ➢ 积极主动：保持积极主动的工作态度，对待工作充满热情和责任心
- ➢ 诚信守法：遵守法律法规和企业规章制度，诚实守信、公平公正地对待每一位客户
- ➢ 保密意识：保护客户隐私和企业机密信息，不泄露客户信息和公司内部资料

任务一　认识客户与服务

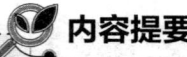 **内容提要**

　　服务，是以提供活劳动的形式，来满足他人需要的所有活动。无形性、差异性、同步性、易失性，是服务的四大基本特征。

　　客户与顾客，都是企业产品的购买者或消费者。但顾客只是"没有名字的一张脸"，可以由任何人或机构来为其提供服务；而客户则由专门的人员来服务，更为重要，也更为尊贵。

　　关键的少数客户，为企业贡献了绝大部分利润。合理细分庞大的客户群体，为其精准提供个性化服务，这是客服工作面临的重大挑战。

　　诚信者，天下之结也。中国古人认为：诚信，才是结交天下的根本！

　　谁拥有客户，谁就拥有未来！当今世界，数字科技一日千里，新技术、新工艺在全球范围内迅速普及，各行各业产品差异越来越小，同质化竞争愈演愈烈。第三产业异军突起，新兴服务业取代传统制造业，逐渐走到社会经济舞台中央，俨然成为新经济的主体。

　　是"服务"，而不是"产品"，成为企业取得竞争优势的关键。因为，能创造出最大差异化的只能是"人"，是"人"在整个服务过程中给客户创造了不同的感觉，从而创造了不同的客户体验。在此大背景下，以客户为中心的理念在全球广为传播，数字化及网络化的快速发展也让消费者掌握了更多交易的主动权，他们完全有理由要求：商家制作精良的产品，并提供周到的服务！显然，企业的竞争优势，将逐步从"硬件"转向"软件"，从"产品"转向"服务"。

　　随着客户服务成为企业制胜的关键，客户服务类职业也强势崛起。以充满活力的互联网公司为例，这些公司甚至催生了一种与CEO地位相当的全新职位——首席用户体验官。这一职位专门负责客户体验研究、产品和服务的优化，并能够整合企业所有资源，形成具体的落地方案，并不断推动企业把体验文化融入企业DNA中。

　　在服务业蓬勃兴起的大背景下，越来越多的企业，将注意力从单纯的市场营销，转向卓越的客户服务。这一切都意味着：为客户服务的时代，已经到来！

一、服务的内涵及特点

　　在大多数情况下，服务和产品如影相随，根据服务在有形产品中所占比重的大小，可将产品分成以下5种类型。

　　① 纯粹的有形产品：生鲜蔬菜、日用百货等。
　　② 伴随服务的有形产品：汽车、计算机等。
　　③ 有形产品与服务的混合：医疗、餐饮等。
　　④ 以服务为主、伴随少量有形产品：旅游、美容等。
　　⑤ 纯粹的服务：心理咨询、法律咨询等。

　　要严格地将有形产品与无形服务区分开来，是一件十分困难的事情。今天的制造企业，需要与服务公司一样，注重其配套服务；而服务，也不再只是服务行业所特有的供给。每个行业都渗透着服务，每种产品都离不开相应服务。产品与服务的划分，只能是一种相对的区分。例如，如果空中客车公司检修自家飞机引擎，那么这一业务属于制造业范畴；而专门的服务公司来承担飞机引擎检修业务时，这一业务就归类于服务业了。

服务，是指为他人做事，并使他人从中受益的一种有偿或无偿的活动。换句话说，服务是指不以实物形式，而以提供活劳动的形式，来满足他人某种需要的所有活动。无形性、差异性、同步性、易失性，是服务的四大基本特征。

无论是制造业，还是服务业，服务均已成为企业至关重要的竞争手段，也是企业挖掘竞争优势、形成品牌特色的关键。以我国互联网三巨头BAT为例，他们都提出了自己独特的服务使命，百度倡导"用科技让复杂的世界更简单"，阿里巴巴提出"让天下没有难做的生意"，腾讯致力于"通过互联网服务提升人类生活品质"。

 阅读材料1-1

一些著名企业的服务使命

无论何种规模和类型的企业，都有自己的经营宗旨和服务使命，并致力于将企业经营的价值和目的，更好地传递给自己的客户和员工。

华为：把数字世界带入每个人、每个家庭、每个组织，构建万物互联的智能世界。

小米：始终坚持做"感动人心、价格厚道"的好产品，让全球每个人都能享受科技带来的美好生活。

腾讯：用户为本，科技向善。

京东：技术为本，致力于更高效和可持续的世界。

阿里巴巴：让天下没有难做的生意。

百度：科技让复杂的世界更简单。

网易：网聚人的力量，以科技创新缔造美好生活。

快手：以"痴迷于为客户创造价值"为使命，最终能够"帮助人们发现所需、发挥所长，持续提升每个人的独特幸福感"。

字节跳动：激发创造，丰富生活。

美团：帮大家吃更好，生活更好。

拼多多：为用户创造价值，满足最广大人民群众的需求。

360：让世界更安全更美好。

（资料来源：根据网络资源整理）

二、客户的定义及分类

服务的价值，往往不取决于服务本身，而取决于客户的需要。要创造和提供优质的服务，首先必须了解客户，认识客户，弄清楚客户的需求。

1. 客户的定义

"客户（Client）"与"顾客（Customer）"，是两个不同的概念。尽管他们都是购买或消费企业产品、服务的人或组织，但顾客一般只是"没有名字的一张脸"，可以由任何人或机构来提供服务；而客户则由专门的人员来提供服务，更为重要，也更为尊贵。

客户的资料应详尽完备，被保存在企业的信息库中。因此，供应商与客户的关系，比与一般意义上顾客的关系更为亲近和密切。

顾客，可细分为向企业付钱的客户、使用产品的用户。企业级产品和服务，即2B产品，它的客户和用户通常是分离的，如办公设备就是企业付钱购买，员工使用；而2C产品的客户和用户，既可能相同，也可能分离，如礼品、婴儿用品等产品。

在服务经济时代，一个非常重要的管理理念，就是要将顾客视为"客户"，而不再是"一张没有名字的脸"。但由于习惯的原因，一般在单独使用"顾客"和"客户"的概念时，并不会将二者在含义上予以特别的区分。

客户，作为购买或消费企业产品、服务的人或组织，它对企业的重要性不言而喻，关于它的定义众说纷纭：

- ◇ 客户是企业存在的理由；
- ◇ 客户是企业的根本资源；
- ◇ 客户不是我们要争辩和斗智的人（从未有人取得与客户争辩的胜利）；
- ◇ 不是客户依靠我们，而是我们依靠客户。

这些定义从不同的层面讲述了客户的含义，并揭示了企业与客户的本质关系。

在"以客户为中心"的营销观念指导下，无论接受产品的是个体还是组织，都被统称为客户，以下是理解客户定义的3个要点。

（1）客户不一定是产品或服务的最终接受者。对供应链上游的企业来说，他们的客户，可能是供应链下端的企业、一级批发商、二级批发商、零售商、物流商；而最终的接受者，则是消费产品或服务的个人或机构。

（2）客户不一定是用户。处于供应链下游的批发商、零售商是制造商的客户，但只有当他们直接消费这些产品和服务时，他们才是上游生产商的用户。

（3）客户不一定在公司之外。企业内部客户，日益成为人们关注的焦点。只有关注了内部客户，才能使企业的服务无缝连接起来。人们习惯为企业之外的客户服务，而把企业内的工作人员，供应链的上、下游企业，看作同事或合作伙伴，因而淡化了服务意识，这样容易造成服务的内外脱节和落实困难。

2. 客户的世界

社会的瞬息万变，对客户影响深远。一方面，客户更加个性化，他们比以往任何时候，都更以自我为中心，他们会首先考虑自己和家人，除了追求快乐、享受和友谊，他们也关心健康、教育和财富；另一方面，客户也更加无私，他们关心本地环境和社区事务，还关心国家和全球问题，比如环保、贫穷、公平与正义等。

今天的客户，他们关心"我""我的世界""整个世界"。这三大要素，构成了客户世界的全部，如表1-1所示。

表 1-1 客户世界：需求与渴望

要素	趋势	内涵与外延	备注
我	个体性	成就：我想在事业和生活中取得更大成就； 控制：我想按自己的意愿做交易，时间、地点、方式，由我来决定； 隐私：我要有自己的空间，可以不受干扰地做我想做的事，没有恐惧； 福利：我希望自己健康、快乐，饮食合理，身体健美，享受生活	一个人信任的事务和追求，对年轻客户、新兴市场，是强大的动机
我	权威性	真实：我想要原汁原味、货真价实的东西，而不是来路可疑的仿制品； 生活方式：我想增加收入，提高生活品质，具有更强的自主性； 精神生活：我想要找到高尚的目标、生活的意义，宗教或别的什么； 天然：我要吃新鲜的、本地产的有机食品，不要合成品，不含添加剂； 信任：我愿意信任你，相信你会信守承诺，保证我的利益	
我	欲望	追求：我要实现梦想，完成我本来认为不可能完成的事情； 提升：我希望你更上一层楼——教育我、指导我、取悦我； 辅助：不要只是把东西卖给我，你要教我正确使用它，并帮我实现目标； 奢侈：我要代表品质的品牌，我身份的象征，它能反映我的梦想； 惊喜：我希望你给我惊喜，让我意想不到，让我开怀大笑或者微笑	
我的世界	依靠	归属感：我要有所归属，希望被人需要，感觉安全自在； 社会：我要成为本地事务的一份子，大家喜欢我，与我很亲近； 家庭：我想与自己心爱的人在一起，我们关系亲密，我愿为他们多付出； 安全感：我喜欢受到保护的感觉，知道自己不会受到伤害	初次为人父母者、较为年长的客户，通常在这方面有较强的亲和力
我的世界	参与	行动：我愿意积极行动，而不是消极等待，我希望世界有所改变，并参与其中； 合作：我愿意与你、与其他人合作，共同创造，共同努力； 介入：我希望你耐心倾听，给我指教，让我享有发言权，乃至投票权； 反映：我希望你能体现我的价值观和追求，打造符合我个性的品牌； 群体：我希望与别人一起做事，参与团队活动，共同行动	
我的世界	表达	肯定：我希望你能体现我的个性，表明我是谁、想成为什么样的人； 时尚：我要成为时尚的宠儿，潇洒、新潮，甚至标新立异； 身份：我希望得到认可，被人知道，在广泛的世界树立名声； 观点：我要表达自己对问题的看法，参与辩论，影响别人； 分享：我想把自己的情况告诉全世界，让别人知道我在想什么、干什么	
整个世界	简单化	更清楚：我希望一切都一目了然，自然而然，可以随意挑选，语言简明； 更简便：我希望可以极其轻松地寻找、比较、购买、安装或使用； 作用明显：我希望你把我的世界变得更加轻松，便于我控制、联络和掌控； 速度更快：我希望即刻完成，立即报价和定制，尽快送货，操作灵活； 支持性：我希望你在我身边，始终支持我，支持我的事业	周游世界，对全球问题有深刻思考的人，对这些影响感触更深
整个世界	纽带	简易性：我要随时随地，以一切方式，与世界上的任何人，都可取得联系； 互动：我要与一切人互动，一起交谈、学习、分享、设计和做事； 寻找：我要找到对我具有特殊意义的人、知识和活动； 搜索：我想探索世界，在任何角落找到我想要的东西； 时间和地点：我要随时随地或在合适的时间和地点与人建立联系	
整个世界	责任感	爱护：我要让我的世界、周围的社会有所改变，让我爱的人感受到变化； 环境：我要减少自己造成的环境问题，特别是削弱环境对气候的影响； 道德感：我要与他人共同努力，做正确的事，诚实可信； 公平：我要在自己的世界为世界人民捍卫公平和正义； 寄愿：我要给自己的子孙后代留下一个更美好的世界	

在一切商务活动中，每位客户都会不同程度地受到上述因素触动。对每家企业及每个客服来说，要争取更多的机会搞清楚：目标市场的客户，最看重的是哪些问题？如何单独或综合利用这些因素？只有深入分析具体客户的特殊要素，才能创新客户服务，满足客户日益增长的个性化需求，并最终缔结更为紧密的客户关系。

3．客户的分类

"客户就是上帝""客户永远都是对的"，这些耳熟能详的服务准则，自20世纪80年代以来广为流传，影响了一代又一代的市场营销及客服人员。随着时代的发展，这些看似永恒的标准，正在被不断修正和完善。无论是从对企业贡献的价值，还是从客户本身的个性及特点来看，"客户"这一庞大而模糊的群体，都有被细分和差别化对待的必要。

企业在开发运营客户的全过程，需要持续付出系列的资源和成本，不同客户给企业带来的最终价值大小，与企业之前为之投入的开发运营成本成反比。如果某些客户的经营维护成本过于高昂，甚至其只能给企业带来负向价值，那么这部分客户就可能成为企业不可承受之重，果断放弃也许才是企业最好的选择。客户的开发运营与最终价值的关系如图1-1所示。

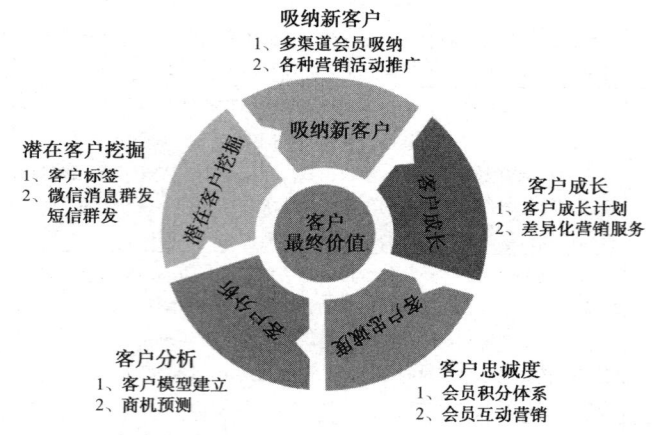

图1-1　客户的开发运营与客户最终价值的关系

今天的企业，要以客户为中心。那么，企业瞄准的目标客户，究竟是谁？我们可以采用下面的一些方法，来对客户进行细化和区分。

1）根据客户的经济价值分类

根据客户贡献的销售额或利润，可将客户划分为若干层次，以确定哪些是企业的重点客户，从而以更具针对性的服务来吸引客户，并提高其满意度。对于逐渐失去价值的客户，要弄清楚原因，并做好最低限度的客户维护。

以肯德基为例，是以回头率来划分消费者的。重度消费者，每周消费一次；中度消费者，一个月消费一次；轻度消费者，半年内消费一次。重度消费者占全部消费者的30%～40%，对于他们来说，肯德基已经和他们的环境、习惯相联系，并逐步成为他们生活的一部分。对于重度消费者，肯德基的策略是要保持住他们的忠诚度，不要令他们失望；对于轻度消费者，在调查中发现，许多人没有光顾肯德基的最大一个原因是便利性不够，这只有通过不断开设新的门店来实现。

按照客户对销售额贡献的大小，一般可将客户分为4类，如表1-2所示。

表1-2 客户按销售额贡献分类

客户类别	比例/%	特　点	目　标　性
VIP客户	1	购买力大，贡献价值大	采取特殊的服务政策，使其享有企业最优服务
主要客户	4	消费金额多，贡献率高	将其视为工作重点，倾听其意见，研究其需求
普通客户	15~30	消费金额一般，贡献率一般	对其进行精心研究和培养，重点开发
小客户	65~80	客户数目多，消费金额少	情感交流，合理维护

从管理的角度来看，根据客户对利润贡献的大小，可以将客户分为关键客户、潜力客户、一般客户和临时客户4种类型，如表1-3所示。

表1-3 客户按利润贡献分类

客户类型	比例/%	档　次	利润贡献率/%	目　标　性
关键客户	5	高	80	财务利益
潜力客户	15	中	15	客户价值
一般客户	75	低	5	客户满意度
临时客户	5	低	0	客户满意度

（1）关键客户。少数的关键客户，为企业提供绝大部分利润。在自然界中，帕累托法则（20/80原则）总是在默默地发挥作用。关键客户虽然数量不多，但对企业的贡献率却高达80%左右。这些关键客户，除了希望直接从企业获得客户价值，还可能希望从企业获得社会利益及精神满足，如成为客户俱乐部成员等。

稳住企业的关键客户，并提高他们的满意度和忠诚度，是客服工作的首要目标。

（2）潜力客户。潜力客户又称合适客户，他们往往希望从与企业的合作中获得附加的财务利益和社会利益，同时也希望与企业建立一种伙伴关系或"战略联盟"，他们是企业客户关系管理的核心。

维系企业与潜力客户的关系，并尽可能地将他们转换为关键客户，是客服工作的重点。

（3）一般客户。这是一批经济型客户，消费具有随机性，讲究实惠，看重价格优惠。在可能的条件下，客服人员应为一般客户提供必要的、直接的价值和利益，以提高该类客户的满意度。

（4）临时客户。临时客户又称一次性客户，他们是从常规客户中分化出来的。这些客户可能一年中会与企业进行一两次交易，但他们并不能为企业带来大量的收入。在考虑成本因素时，他们甚至可能是企业负利润的提供者。尽管如此，企业没有任何理由得罪任何一位客户，保证临时客户的满意度在必要的水平上，这是客服人员的基本职责。

显然，以上是对现实客户进行的一种静态划分。从发展的观点来看，今天的临时客户，也许就是企业明天的潜力客户或关键客户。

对客户的价值进行判断，没有一成不变的绝对方式，究竟采取哪一种方式，还要根据企业的发展战略和经营目标来确定。例如，如果企业目前的战略重点是扩大市场占有率，根据客户销售额的贡献对客户进行分类管理，将有助于企业战略目标的实现；如果企业的经营目标是改善企业的盈利能力，则应根据利润指标对客户进行分类管理。

2）根据客户的个性特点分类

对客户按个性特点进行划分，可以帮助客服人员迅速调整自己的行为，以客户乐于接受的方式，与其建立进一步的良好关系，并为其提供更为个性化的服务。

（1）严格要求型客户。这类客户非常关注结果，而不关心过程。如果他感觉事情是在朝他所期望的方向发展，他会马上说出来；反之，也会立即提出意见。

严格要求型客户喜欢表达自己的需求和期望，并希望客服人员认真聆听。与这类客户交往，最好采取迅速且自信的行事方式，使客户感觉客服人员能够做好服务工作。

（2）和蔼可亲型客户。他们希望被别人接受，并希望与客服人员保持友好关系，而非仅仅例行公事式的商业关系。他们希望自己的问题能在客服人员的友好帮助下得到解决。

在与这类客户的交往中，给予特别的关注很重要。热情的态度，特别的关注，适度谈谈与当前事情无关的一些话题等，都有助于与他们的交往。例如，下面的对话，可以让客服人员更具亲和力。

王珊：李姐，我会尽快处理您的要求，并把它加进我们给您的服务条款中。一周内您会收到确认邮件。

李姐：谢谢你！

王珊：不客气。很高兴为您服务。

李姐：你让我想起我的一个朋友，你们长得真像。

王珊：是吗？我总是听到别人这么说，大概我有张大众化的脸吧。

李姐：我看到你有一个网球拍，你经常在下班后去打网球吗？

王珊：是啊，坐了一天，得运动运动啊。您是不是也经常运动？您看起来身体很好。

（3）理智型客户。这类客户条理性强，有耐心。他们对于事情的运作方式、问题的处理过程很有兴趣，希望有确定的服务程序。他们的需求如果得到满足，会保持较高的忠诚度。

为理智型客户提供服务，关键在于保持冷静、理性的态度，并采用富有条理的处理方式。

（4）遵从型客户。他们重视对规则的遵守，对客服人员提供的信息很敏感，希望得到准确而高质量的服务。因此，客服人员提供的服务应清晰、无误，传达的信息应谨慎、准确。

3）网络客户的分类

如果说搜索推广是让"客户找到你"，那么网盟推广则是"帮你找到客户"。以百度网盟推广为例，是以60万家联盟网站为推广平台，通过分析网民的自然属性（地域、性别）、长期兴趣爱好、短期搜索和浏览行为，借助百度的受众定向技术（兴趣定向、关键词定向、目标用户定向、到访定向、地域定向等），以固定、贴片、悬浮等广告形式，推送企业的推广信息，帮助企业锁定目标人群。

通过分析百度网盟推广产品的用户群体，客服人员发现，网盟推广产品的客户，大体上可以分为下述几种类型，如表1-4所示。

表 1-4　百度网盟推广产品的用户分类及服务策略

编号	客户类型	客户描述	服务策略
1	以自我为中心的客户	对客服是否熟悉他的百度账户情况，非常在意，可能会反复询问客服自己账户的一些细节问题	面对"我账户的日均消费是多少？我账户的重点关键词排名情况怎么样？"之类的问题，客服要能准确迅速地做出回答，否则他会非常生气
2	对钱非常敏感的客户	只要是涉及让他出钱，他的第一反应就是不同意，如此反复几次后，才肯听客服的解释	客服应准确地把做网盟推广对他的好处讲清楚、讲明白，他才会同意继续这次沟通
3	很在乎竞争对手的客户	如果竞争对手在做某样新的推广产品上投入的钱比他更多，他就会觉得自己的行业地位受到了威胁	当客服用同行刺激法的时候，他就会比较容易被说服
4	自以为是的客户	觉得他的行业和产品都不适合做推广，对做搜索推广没信心。以前随便投点钱试了试，效果不怎么样，不想继续做了，更别说做网盟推广了	当客服通过成功案例，用强化信心法的时候，他就会比较容易接受
5	注重效果的客户	他的真实需求是：让他的账户每个月花100块钱，得到10个订单，有这样的效果保证，才能接受继续做百度推广	将网盟推广的效果解释清楚，让他了解事实
6	粗暴专横的客户	他很反感在对话中被对方打断，但是又很喜欢打断对方的话； 无论客服跟他说什么，他都会不等客服说完，就打断、抱怨客服	当他抱怨的时候，客服应及时地回应，比如说一些"嗯""是"等回应词，否则，他就质疑客服没有认真听他说
7	思维混乱的客户	他的思维很混乱，也不知道到底是不是要做网盟推广； 如果客服不能帮他理清思路，那他就会东拉西扯，表达混乱	当客服能够把他的思路理清，且回到沟通主题，他可能会同意尝试
8	很讲逻辑的客户	在客服让他做网盟推广时，他一定要搞清楚网盟推广对他的好处	客服的沟通不要漫无边际，而应直入主题，讲清做网盟推广对他有什么好处

企业连线 1-1　爱森电商企微客户的分类

技能训练 1-1

客户价值的计算

客户是企业最重要、最核心、最有价值的无形资产。客户资源虽然是无形资产，但它也是可以用货币来计算的。

假定一个客户在肯德基餐厅每星期消费一次，平均每次消费 50 元，以平均客户生命周期 10 年为基准来计算客户价值的大小（以销售额来计算）。如果该客户对肯德基提供的服务满意，那他可能将自己的满意告诉另外 5 个人；如果不满意，则可能将其抱怨告诉另外 10 个人。假定所有听到其赞美或抱怨的人均有 20% 的转化率，这样，将会增加肯德基的忠实客户，或失去相应数量的忠实客户。将计算结果填入表1-5，并进行必要的分析。

表1-5　肯德基客户价值动态分析　　　　　　　　　　　　　　　　　　　　　　元

价值大小	价值类型		
	客户基本价值	满意客户的新增价值	抱怨客户的价值损失
计算公式			
价值大小（销售额）			
分析结论			

 技能训练 1-2

客户价值分析与应用

湖南省怡清源茶业有限公司（简称怡清源）集茶叶科研，茶园基地建设，茶叶生产、加工、销售，茶文化传播于一体，是中国茶叶行业百强企业、中国茶叶知名企业，其商标被评为中国驰名商标，"怡清源茶艺"被誉为"茶道潇湘第一家"。怡清源知名度、美誉度高，在整个湖南茶产业行业中占据着重要的位置。公司已建立了批发、代理、经销、联营、出口、连锁专卖等立体营销网络。经营的产品主要有：益阳安化黑茶、绿茶、湖南特产茶、礼品茶、高档绿茶、办公用茶等。

请针对怡清源产品特点，分别按收入状况及年龄，对该公司产品的市场客户群进行划分，并依据人、购买力和购买欲望市场三要素，分析两种划分形式下，各类客户群的特点及其相应的产品营销策略，将内容填入表1-6。

表1-6　客户价值分析

分类方式	客户群	客户群特点	产品营销策略
按收入状况划分			
按年龄划分			
假如要对该公司的客户群进行拓展，你认为什么样的客户群将是该公司的发展对象，并加以说明分析。			

任务二　了解优质的客户服务

课堂游戏

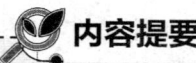
内容提要

> 熟悉企业产品和服务、了解客户个性及需求、掌握内部制度与流程，是优秀客服的三大基本素质；积极的服务心态、娴熟的沟通技巧，是优秀客服的两大关键技能。
>
> 客服岗位是网店中与客户交互的唯一岗位，客服不仅代表了整个店铺的对外形象，还是店铺销量和利润的保障。客服的职业发展通道有：客服主管、运营经理、门店店长、智能客服训练师、首席客户体验官等。
>
> 执着专注、精益求精、一丝不苟、追求卓越。

客户服务是如此普遍，以至于人们认为，任何组织和部门中的每个人，都会有自己的客户，都将直接服务于客户，或者协助自己的同事（内部客户）服务于客户。例如，以下组织和部门都有自己特定的客户：

◇ 提供商品、服务的商业组织；
◇ 公用事业部门；
◇ 中央和地方政府部门；
◇ 非营利性机构和志愿性组织。

对广大企业或商业组织来说，作为向客户提供产品和服务的客服人员，必须具备强烈的服务意识、销售意识、品牌意识，才有可能成为企业的"金牌"客服，如图1-2所示。

◇ 服务意识：能服务好客户、处理好售后问题；
◇ 品牌意识：能让客户深层次了解并认同店铺；
◇ 销售意识：能将店铺商品快速销售出去。

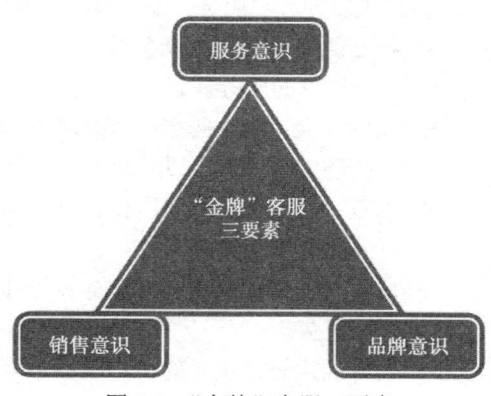

图1-2 "金牌"客服三要素

一、优质的客户服务至关重要

1. 优质的客户服务对于企业的商业运作举足轻重

今天的社会，酒香也怕巷子深！如何提供产品和服务，已经变得与产品和服务本身同等重要。随着科学技术的发展，竞争性产品和服务之间的差别越来越小，并且作为一般的消费者，在短时间内也难以区分其差异。因此，客户通常根据服务水平的高低，而非商品本身，来决定消费的场所和对象。

在客户考虑消费之前，他们早已建立了对企业的信任度和好感度。他们通过观察和聆听，对企业提供的产品和服务产生一个大致的印象，其中包括企业对客户的反应速度，以及企业是如何对待其他客户的。

通常，客户只能根据他们得到的服务来评判其质量。如患者如何判断医生的医术？诉讼当事人如何评价其辩护人的水平？初学者又如何知道某一品牌的计算机是否适合自己？其实他们都是通过亲身感受到的服务来做出判断的。服务，不仅应当使他们产生信心，并且还应关注他们的个性化需求。

良好的服务是客户所期望的，优质的服务能提升客户的满意度，而服务方面的怠慢或失误，则容易导致客户的流失，甚至使企业品牌和声誉受损。

在很大程度上，客户服务可以认为是一种低成本、高效率的营销手段。以往，不少企业重视客户开发，而比较容易忽略对现有客户的维护。但后来有关客户维护的统计数据，让人们逐渐认识到维护现有客户的重要性。

有调查显示，企业一般每年平均流失 10%的老客户；获得 1 个新客户的成本，是保留一个老客户成本的 5 倍；1 个不满意的客户会把他们的抱怨告诉 8～12 个人；企业每收到 1 封客户投诉信，就意味着还有 24 个有同感的客户；一个企业如果将其客户流失率降低 5%，其利润率就可能增加 25%～85%。

通常的情况是，客户不满意，也不投诉，还会继续购买你的商品的有 9%，而 91%的客户不会再购买；投诉过但没有得到解决，还继续购买你的商品的客户有 19%，而 81%的客户不会再购买；投诉过且得到解决，会有 54%的客户继续购买你的商品，而有 46%的客户不会再购买；投诉且迅速得到解决，会有 82%的客户继续购买你的商品，只有 18%的客户不会再购买。

提供优质的客户服务，是商业组织和非营利性机构的内在需要，因为他们都需要：

- 持续的竞争优势：竞争对手可能很容易在价格或产品上做到与你雷同，却很难照搬一整套出色的服务理念；
- 获取利润：越来越多的客户愿意为出色的服务支付溢价，因此，良好的客户服务能使企业避免卷入价格战的旋涡；
- 高效、轻松的工作氛围：良好的客户服务意味着更满意的客户、更满意的员工，以及更少的工作冲突；
- 成本效益：如果第一次服务就能让客户满意，那就可以减少在解决投诉和纠正错误方面的花费；
- 良好的声誉：优质的客户服务水平，对吸引未来的客户和投资者，都非常重要。

2. 良好的客户服务是企业员工获得成功与满足的关键

良好的服务文化，是企业文化的重要内涵，也是企业产生强大凝聚力和向心力的关键所在。作为企业员工，特别是客服人员，为自己的同事和外部客户提供良好的服务，将给个人带来下列益处：

- 将从工作中得到更大的满足，因为其他人乐于与你共事，并且尊重你和你的工作；
- 其他人将会对你态度友善，对你的突发事件多一分理解，并乐意向你伸出援手；
- 如果从一开始就把事情做好，你就能减少重复劳动，也将大大减少在"救火"上花的时间，因而更有利于对时间的把握及对工作的安排。

3. 网络客户服务具有非同寻常的独特价值

作为网络客服的典型代表，网店客服在网店的形象树立、店铺推广、产品销售及相关售后、客户维护方面均起着重要作用,其价值不可小觑。
- ◇ 塑造店铺形象:网购时,客户看不到商家本人,也看不到商品本身,看到的都是一张张冰冷的图片。网店客服一句亲切的问候,会让客户放松戒备,从而在客户心中树立良好的店铺形象。
- ◇ 提高成交率:客户多数是在自己不清楚商品信息或需要了解优惠信息的情况下,才来咨询客服的。有着专业知识和销售技巧的客服,可以消除客户的疑问,打消客户的犹豫,促使购买行为发生;
- ◇ 提高客户回头率:在一次愉快的交易后,客户体验到良好的服务、优质的商品及快捷的物流,下次需要购买时,会倾向于选择自己熟悉的店铺进行交易;
- ◇ 更好地服务客户:优秀的网店客服,能给客户提供购物建议,更高效地做好售后及问题反馈,从而提高店铺整体服务水平。

企业连线 1-2 网购平台语言文字类规则

二、客户服务的分类、内容及要求

在传统的制造业中,"客户服务"的范围相当狭窄,主要指商品配送、货品安装、使用说明,以及客户问题的处理,如维修、退货、更换等。以现代服务业典型代表的电子商务客户服务为例,主要是指在电子商务活动中,充分利用各种通信工具特别是即时通信工具,为客户提供相关服务,如客户答疑、促成订单、店铺推广、完成销售及售后服务等。随着企业竞争的加剧,为提高客户满意度、忠诚度,企业纷纷扩大了客户服务的范围,增加了客户服务的功能。

1. 客户服务的分类

客户服务的方式多种多样,内容也丰富多彩,依照不同的划分标准,可对客户服务进行不同的分类。

1)按服务的时序分类:售前服务、售中服务和售后服务

(1)售前服务:主要包括产品咨询、客户沟通、需求分析和引导购买等方面。在这个阶段,客服人员需要积极回答客户的问题,了解客户需求,为其提供专业的产品建议和解决方案。同时,售前服务还需要通过各种方式提升客户的购买欲望,例如,进行促销活动、发放优惠券等。

(2)售中服务:包括订单处理、物流跟踪和支付支持等方面。在这个阶段,客服人员需要确认客户订单的准确性,及时更新物流信息,并为客户提供便捷的支付方式。同时,售中服务还需要处理一些临时问题,例如,客户修改订单、退换货等。

(3)售后服务:售后服务关注客户体验和满意度提升,主要包括退换货处理、投诉解决、客户关怀和口碑维护等方面。在这个阶段,客服人员需要积极解决客户的问题和投诉,提供及时的退换货服务,并定期与客户保持联系,提高客户满意度和忠诚度。同时,售后服务还需要通过优质的服务赢得客户好评,维护店铺口碑。

2）按服务的性质分类：技术性服务、非技术性服务

（1）技术性服务：与产品的技术和效用有关的服务，一般由专门的技术人员提供，主要包括产品的安装、调试、维修、技术咨询、技术指导、技术培训等。

（2）非技术性服务：与产品的技术和效用无直接关系的服务。它包含的内容比较广泛，如广告宣传、送货上门、信息支持、分期付款等。

另外，还可按服务的地点分为定点服务、巡回服务；按服务的费用分为免费服务、收费服务；按服务的次数分为一次性服务、经常性服务等；按服务时间的长短分为长期服务、中期服务和短期服务等。

2．客户服务的内容

客户服务的内容非常丰富，而且企业不同、产品不同，服务的方式和具体内容也存在很大差别。下面是网店客服岗位的主要工作内容。

1）销售产品

根据店铺情况及产品特点，结合客户的需求，运用恰当的销售技巧，把店铺产品及推荐套餐成功地卖给客户。

2）解决客户下单前后的问题

客服通过在线聊天工具与客户线上沟通，或者打电话与客户交流，从专业角度出发，为客户解决产品问题（属性、尺寸、使用效果等）、物流问题（快递选择、运费多少、是否可以送货到家等）、支付问题（是否可以货到付款、怎样享受优惠等）、售后问题（退换货、运费承担、订单纠纷等），以及在交易过程中遇到的其他问题。

3）后台操作

后台操作包括交易管理、评价管理、退款管理以及举报投诉等客服相关事宜的备注及操作。

4）客户信息的收集

对客户的一些特征信息进行收集整理，为店铺的老客户维护和营销提供可靠的客户信息依据，帮助店铺在上新和节庆活动推广时，更准确地判断优质人群标签的范围。

5）店铺问题的收集与反馈

对客户提出的有关产品和店铺服务等方面的意见，进行收集整理，并及时反馈给相关岗位人员。

除了以上工作任务，客户还要做一些相关的辅助性工作，如产品知识学习、完成每日工作日报、参加相关培训、分析接待流失、学习借鉴同类店铺接待情况等。

3. 客户服务的要求

下面主要介绍对网店客服的要求。

1）网店客服的知识要求

客户服务的核心关键词是诚信、专业、热情、耐心、服务。另外，对客服工作来说，客服人员幽默的个性品质，异常宝贵。

网店客户服务是指在开设网店这种在线商业活动中，利用各种通信工具，特别是以即时通信工具（如阿里旺旺、QQ 等）为主的，为客户提供相关服务的一种工作。在整个网购的过程中，网店客服显得格外重要，对于最后的下单成交来说，客服的临门一脚，尤其关键。

网店客服所要掌握的知识，主要包括店铺商品及商品相关知识、平台的交易流程及规则和店铺活动及相关政策 3 个方面，如图 1-3 所示。

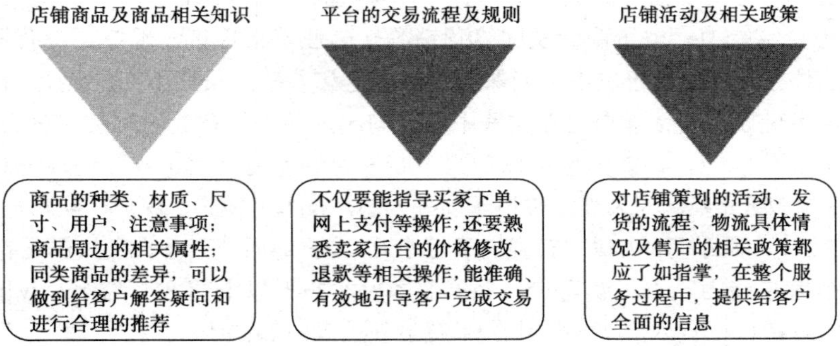

图 1-3　网店客服所要掌握的基本知识

（1）店铺商品及商品相关知识。

① 商品的专业知识。客服应当对商品的分类、外观、质地、功效、注意事项等都有一定的了解，同时对商品的使用流程、洗涤方法、配套护理等也要有一个基础的了解。

② 商品的相关知识。不同的商品适合不同的人群，如护肤品，不同肤质的客户在选择护肤品上会有很大的差别；此外，对同类的其他商品也要有基本的了解，这样在回复客户关于同类商品的差异时，可以更好地回复解答及推荐搭配。

（2）平台的交易流程及规则。首先，要了解一般交易规则。网店客服应该把自己放在一个商家的角度来了解网店的交易规则，更好地把握自己的交易尺度。有的时候，客户可能第一次在网上交易，不知道该如何进行，这个时候，客服除了要指点客户去查看网店的交易规则，还需要在一些细节上一步步地指导其操作。

此外，客服还要学会查看交易详情，了解如何付款、修改价格、关闭交易、申请退款等。

最后，还要了解支付的流程和规则，如了解支付宝及其他网关交易的原则和时间规则，可以指导客户通过支付网关完成交易、查看交易的状况、更改现在的交易状况等。

（3）店铺活动及相关政策。如在物流方面，客服要了解不同的物流及其运作方式，像京东自营会提供"上门自提"及"211 限时达"等配送服务。其中 211 限时达是指，当日上午 11：00 前提交的现货订单（部分城市为上午 10：00 点前），当日送达，当日 23：00 前提交的现货订单，次日 15：00 前送达。

2）网店客服的能力要求

网店客服既要有一定的专业能力，如文字表达及排版能力、良好的倾听及口语表达能力、资料收集及分析能力、团队的协调及合作能力等，还要有一定的社会能力，如适应变化的能力、思考与总结的能力，耐心、细致、认真的心态及终身学习的能力。

（1）文字表达能力。把问题说清楚，这是作为销售客服的基本能力。店铺宝贝特点、产品说明等，都能描述清楚。

（2）资料收集能力。收集资料主要有两个方面的目的：一是保存重要的历史资料；二是尽量做到某个重要领域资料的齐全。

（3）动手能力。要深入了解商品销售相关的各种问题，仅靠一般的体验是远远不够的，还需要自己动手，参与商品销售过程中的各个方面。

（4）参与交流能力。以网店销售为例，从本质上来说，最主要的任务是利用互联网的手段促成营销信息的有效传播，而交流本身是一种有效的信息传播方式。

（5）思考总结能力。电子商务及网络营销等新商业、新零售，现在还没有形成非常完善的理论和方法体系，传统零售也不可能保持现有理论和方法的长期不变。因此，在销售服务实际工作中，很多时候需要依靠自己在实践中发现问题，并进行有效的思考和总结。

（6）适应变化能力。该能力也可以称为不断学习的能力。由于互联网环境和技术的发展变化很快，客户服务市场瞬息万变，以电子商务为例，技术、模式、用户、观念几乎天天在变。敏锐的市场意识、不断学习的心态、较强的学习能力，是网络时代商务人士最重要的核心竞争力。

（7）洞察客户能力。不了解客户，怎能服务好客户？以电商客服为例，我国网民数量庞大，客服要始终将自己置入广大网民中去了解最新的动态和热点。

（8）耐心细致，踏实坚韧。耐心始终是销售客服最宝贵的品质，哪怕是洽谈聊天中的每一个标点都要认真校对，千里之堤，溃于蚁穴在客户服务中屡见不鲜。要做到敏感、细心、认真地对待每一个错误和漏洞。随着服务业的飞速发展，客服工作水准要求会越来越高，只有踏踏实实、坚韧不拔，才能一步一步走向成功。

3）网店客服的素质要求

网店客服还应具备良好的个人素质，如能灵活处理紧急情况，做到临危不乱；具备平和的心态，耐挫折及抗压能力；能自我掌控和调节自身情绪；具有积极进取、永不言败的拼搏精神。除此之外，还应当具备以下品质。

（1）坚守诚信。网络购物虽然方便快捷，但唯一的缺陷就是看不到摸不着。客户面对网上商品难免会有疑虑和戒心，所以我们对客户必须要用一颗诚挚的心，像对待朋友一样，包括诚实地解答顾客的疑问、诚实地告诉顾客商品的优缺点、诚实地向顾客推荐适合他的商品等。

坚守诚信还表现在一旦答应客户的要求，就应该切实履行自己的承诺，哪怕自己吃点亏，也不能出尔反尔。

（2）凡事留有余地。在与客户交流中，不要用"肯定，保证，绝对"等字样，这不等于你售出的商品是次品，也不表示你对买家不负责任，而是不让客户有失望的感觉。因为我们每个人在购买商品的时候都会有一种期望，如果你实现不了客户的期望，最后就会变成客户的失望。如卖化妆品，每个人的肤质不同，谁能百分百保证售出的商品在几天或一个月内一定能达到客户想象的效果？还有出售的货品在运输中，我们能保证快递公司不误期吗？不会被丢失吗？不会被损坏吗？为了不要让客户失望，最好不要轻易做保证。可以用尽量、争取、努力等词语，效果会更好。多给客户一点真诚，也给自己留有一点余地。

（3）处处为客户着想，用诚心打动客户。让客户满意，重要一点体现在真正为客户着想。处处站在对方的立场，想客户所想，把自己变成一个买家助手。

（4）多虚心请教，多倾听客户声音。当客户上门的时候我们并不能马上判断出客户的来意与其所需要的物品，所以需要先问清楚客户的意图，具体需要什么商品，送人还是自用，送给什么样的人等。了解清楚了客户的情况，准确地对其进行定位，才能做到只介绍对的不介绍贵的，以客为尊，满足客户需求。

当客户表现出犹豫不决或不明白的时候，我们应该先问清楚客户困惑的内容是什么，对哪个问题不清楚，如果客户表述得不清楚，我们可以把自己的理解告诉客户，问问是不是理解对了，然后针对客户的疑惑给予解答。

（5）做个专业卖家，给客户准确的推介。不是所有的客户对你的商品都是了解和熟悉的。当有的客户对你的产品不了解的时候，在咨询过程中，就需要客服为客户解答，帮助客户找到适合他们的商品。不能一问三不知，这样会令客户产生不信任感，就不会在这样的店铺里买东西了。

（6）坦诚介绍商品优点与缺点。在介绍商品的时候，不能完全规避商品本身的缺点。虽然商品缺点本来是应该尽量避免触及的，但如果因此而造成事后客户抱怨，反而会失去信用，得到差评也就在所难免了。在淘宝经常看到卖家因为商品质量问题得到差评，是来自特价商品。所以，在卖这类商品时，首先要坦诚地让客户了解到商品的缺点，努力让客户知道商品的其他优点，先说缺点再说优点，这样会更容易被客户接受。在介绍商品时切莫夸大其词地介绍自己的商品，介绍与事实不符，最后失去信用，也失去客户。介绍商品时，可以这样说："东西虽然是没有那么精美，但是功能齐全，这件商品拥有其他产品没有的特色"等。这样与先说优点再说缺点，收到的效果是完全不同的。这种方法用在特价商品的介绍上比较合适。

（7）遇到问题多检讨自己少责怪对方。遇到问题的时候，先想想自己有什么做的不到位的地方，诚恳地向客户检讨自己的不足，不要一上来先指责客户。比如，有些内容在商品介绍中写明了，可是客户自己没看到，这个时候千万不要一味地指责客户没有好好看商品说明，而是应该反省自己没有及时地提醒客户。

（8）换位思考、理解客户的意愿。当我们遇到不理解客户想法的时候，不妨多问问客户是怎么想的，然后把自己放在客户的角度去体会他（她）的心境。

（9）表达不同意见时尊重对方立场。当客户表达不同意见时，要力求体谅和理解客户，用"我理解您现在的心情，目前……"或者"我也是这么想的，不过……"来表达，这样客户能觉得你在体会他的想法，能够站在他的角度去思考问题，同样，他也会试图站在你的角度来考虑问题。

（10）保持相同的谈话方式。对于不同的客户，我们应该尽量用和他们相同的谈话方式来交谈。如果是个年轻的妈妈给孩子选商品，我们应该表现为站在母亲的立场，考虑孩子的需要，用比较成熟的语气来表述，这样更能得到客户的信赖。如果你自己的表现更像个孩子，客户会对你的推荐表示怀疑。

如果你常常使用网络语言，在和客户交流的时候，有时候她对你使用的网络语言不理解，会感觉和你有交流障碍。所以在和客户交流时，尽量与客户保持在相同的话语频道。

（11）经常对客户表示感谢。当顾客及时完成付款，或者很痛快地达成交易时，我们都应该衷心地对客户表示感谢，谢谢他配合我们的工作，为我们节约了时间，谢谢他让我们的交易过程很愉快。

（12）坚持自己的原则。在销售过程中，我们会经常遇到讨价还价的客户，这个时候我们应当坚持自己的原则。如果作为商家在制定价格的时候已经决定不再议价，那么我们就应该向要求议价的客户明确表示这个原则。

比如，邮费，如果客户没有符合包邮条件，而给某位客户包邮了，钱是小事，后果严重：
◇ 其他客户会觉得不公平，使店铺失去纪律性；
◇ 给客户留下经营管理不正规的印象，从而小看你的店铺；
◇ 给客户留下价格产品不成正比的感觉，否则为什么你还有包邮的利润空间呢；
◇ 客户下次来购物还会要求和这次一样的特殊待遇，或者进行更多的议价，这样你需要投入更多的时间成本来应对。在现在快节奏的社会，时间就是金钱，珍惜顾客的时间，也珍惜自己的时间，这才是负责的态度。

企业连线 1—3 网购平台交易操作类规则

三、优质客户服务的内涵、特点及构成

1. 优质客户服务的内涵

客户服务是指企业以客户为对象，以产品或服务为依托，以挖掘和开发客户潜在价值为目标，为客户开展的各项服务活动。对于优质客户服务，不同的人有不同的认识和理解。下面是人们对优质客户服务比较认可的 4 种表述。

（1）优质客户服务就是为客户创造价值。它强调的是通过客服人员的努力，使客户获得产品或服务以外的辅助服务以及尽可能多的便利，减少客户支出，并让客户获得精神和心理方面的满足。

（2）优质客户服务是指企业为客户提供的有偿的技术和智力上的帮助。它强调服务是有价的而不是无偿的。

（3）优质客户服务是指致力于让客户满意，使其继续购买企业的产品或服务的一切活动。

（4）优质客户服务就是我们向客户提供的，能提升客户体验的东西。

优质客户服务的内涵十分丰富，例如：
◇ 与客户建立良好的关系；
◇ 向客户提供必要的信息；
◇ 满足客户的各类需求；
◇ 良好地展示企业及其产品或服务。

以上内容从不同角度揭示了客户服务的内涵和本质。总之，优质的**客户服务是指企业在适当的时间和地点，以适当的方式和价格，为目标客户提供适当的产品或服务，满足客户的适当需求，从而使企业和客户的价值都得到提升**。

2. 优质客户服务的特点

要真正地提供优质的客户服务，仅仅将它作为一项工作任务是远远不够的。客服人员必须满腔热情地投身到服务工作中，以客户为中心，将客户满意作为每次服务活动的目标。

每个企业或组织，尽管提供的产品或服务各不相同，但所有优质的客户服务，都必须具备以下特点。

（1）尊重客户，着眼于组织能为他们提供哪些产品或服务，而不只是把他们当成"推销商品的对象"。

（2）了解每一位客户的需求，帮助他们找到能够满足这些需求的产品和服务。

（3）积极提供售后支持与服务，而不是付完钱就不认人。

（4）确保客户对其所购买的商品和所接受的服务都很满意，使他们愿意再次光顾。

（5）发展长期的客户关系，不要只想着做"一锤子买卖"。

（6）将客户的需求放在第一位。

3. 优质客户服务的构成

要提供优质的客户服务，绝非仅凭企业客服部门的努力就可以实现，应当将其作为企业的一项系统工程，并动员各方面力量积极加入。

优质客户服务的构成主要包括以下几个方面内容。

1）产品特点、客户需求、内部制度及沟通技巧，构成客服工作的基本框架

为了提供优质的服务，客服人员首先必须做到以下几点，其能力素质结构如图1-4所示。

（1）非常熟悉企业的产品或服务，清楚了解客户的个性及需求，能有针对性地为他们提供个性化的产品或服务。不仅要了解产品或服务的特点，还要了解这些特点如何对客户有益，并清楚本企业的产品或服务与竞争对手的差别所在。

（2）熟知企业内部的制度和流程，熟悉企业内部的客户服务网络。企业的外部客户希望与一个协调如一的公司打交道。作为客服，有责任直接为他们提供满意的服务，或者能迅速找到其他合适的人员来帮他们解决问题。

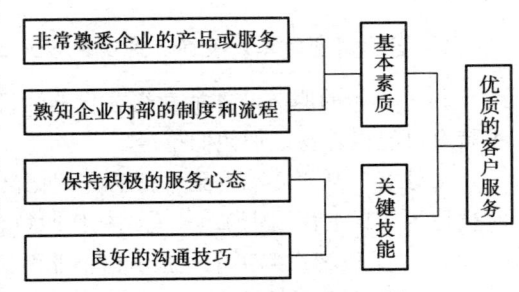

图1-4 优质客服能力素质结构

（3）保持积极的服务心态。客服人员应致力于第一次就把事情做好，并积极协助同事为客户提供服务。

（4）良好的沟通技巧。通过倾听了解客户的需求，并且确保客户已经准确理解了你所说的每一句话，以免事后发生令人不快的误解，这要求客服人员掌握娴熟的沟通技巧。

2）品质优良的产品或服务，是提供优质客户服务的前提和基础

永远不要期望客服能将稻草卖出黄金价。优质的客户服务，不是一场简单的微笑运动。企业交付给客户的产品或服务的优良品质，是获得客户满意的前提和基础。当然，品质不是单纯的好坏的概念，它与具体客户的需求和期望直接相关。

3）对细节的关注及持续改善，是达成优质客户服务的必由之路

卓越的客户服务，要求全体客服人员不断完善服务过程的每一个细节。因为，达成卓越客户服务所需要的改善，绝大多数都来源于日复一日的细微变化。优质客户服务就是给予重要的细节以获得更多的关注。例如：

- ◆ 记得你最喜欢的杂志，并告诉你下一期杂志何时会到；
- ◆ 知道你的工作时间表，并避免在你忙碌时打搅你；
- ◆ 适时、主动地打电话，询问客户对所购买的产品或服务是否满意；
- …………

日本卡西塔餐厅的优质客户服务就是一个典型的案例。到他们店里去吃饭，需要提前一个月预约。他们在接受预订时会仔细询问一些细节，如客人有什么个人喜好、有无忌口、为什么预订、客人身份情况、性别、姓名等，甚至还会问庆祝结婚纪念日的客人结婚几年了，婚姻中最感动的时刻是什么、在哪里？他们也会问准备来此求婚的朋友，求婚对象有什么喜好，是否养着宠物，宠物什么样子等。有位来餐厅求婚的客人，店员通过询问得知客人的女友喜欢夜景，就特意给他们安排了靠近窗户的座位，餐后还请他们到一个特别地方用甜点——可以直接看街景的窗前独座，座位上撒上美丽的花瓣，给女客人的咖啡是特别定制的，咖啡的拉花图案很像她养的卷毛狗狗……店里还为男客人准备了求婚的花束，待求婚成功后，店里的服务员在楼下为了他们举起了"祝福你们，婚姻美满，永远幸福"的牌子。求婚的客人要离开时，乘坐餐厅安排的专车，店员们站在门口相送，挥手告别。当然，店员也不会全部满足客人的要求，有的客人在点餐时，店员会温柔地拒绝，并真心建议：鉴于您最近的情况，××可以换成……

4）富于创意的客户关怀，是实现客户服务从优秀到卓越的关键

只有卓越的服务，才能获得客户的注目。如果客户对企业提供的服务无动于衷，竞争对手就有可能很容易地把他们抢走。

要让客户从"心动"到"行动"，别出心裁且富于创意的客户关怀十分必要。客户服务有时被称为客户关怀，因为这关系到如何照料客户，而不是仅仅靠一些噱头来打动消费者。例如：

- ◆ 当某位客户购买了一张价格不菲而又笨重的桌子后，是给予5%的折扣以示感谢，还是花半个小时让客服人员帮他把桌子抬上车。对企业而言这两者成本可能相差无几，但对客户的影响则大不相同；
- ◆ 当自家商店没有客户所需要的商品，是热情地推荐另外一家公司来帮助他们，还是让上门来的客户扫兴而归。在某些时候，企业所费不多，却仍然可以给客户留下服务品质上乘的印象，甚至让客户内心产生感动。

5）敢于负责的胸怀和勇气，是客服人员获得信赖和尊重的关键

一个企业或组织，可能有成千上万名职员，但客户只需要一个人代表组织负责任地为他们提供服务，这就要求客服人员要有诚实的态度和敢于负责的勇气。只有这样，才能让客户宽心和放心，并最终产生信任和依赖。例如：

- ◆ 如果发生了任何差错，客服人员应主动代表公司表示歉意；

- ◇ 在电话里进行自我介绍时报上自己的姓名,与客户面谈时戴上胸卡,等等,这样可让客户确信你是一位负责任的职员;
- ◇ 帮助客户了解自己的企业和组织,把他们介绍给相关人员,或者把他们带到放置其所需要的商品的货架前;
- ◇ 亲自提供后续服务。把自己的名字和电话号码告诉客户,客户往往希望在和公司的交易过程中保持一贯性,一般不太愿意向其他人重复他们的需求;
- ◇ 需要客户等候时告诉客户你正在忙什么。让他们知道,之所以让他们等候,是因为你正在设法帮他们解决问题。

四、优质客户服务的评测

如何评价优质的客户服务,不同行业领域,不同类型的企业,其评价指标体系及侧重点自然有所不同。

1. 互联网公司客服职级评价

对互联网企业而言,客服岗位不同的职级,对素质技能的要求自然有所不同,但一般都是从产品/运营/市场、相关专业知识、需求理解和实现、预见和解决问题这四个方面来进行考评。某大型互联网公司客服岗位不同职级的考核标准,如表1-7所示。

表1-7 客服岗位不同职级的考核标准

评价指标	初级客服	中级客服	高级客服	资深客服
产品/运营/市场	● 掌握本职位必需的基本知识; ● 能够理解本职位一般专业问题相关的讨论; ● 可进行产品/运营/行业概要知识简介	● 掌握全面的产品/运营/市场知识; ● 能够组织和引导本职位专业问题相关的讨论; ● 理解并能灵活应用自己职位范围内的产品/运营/市场知识	同 M2	● 对产品/运营/行业知识有深刻的理解
相关专业知识	● 掌握业务相关的财务和技术相关流程制度; ● 掌握本职位相关基本的财务、技术知识; ● 能描述本职位相关的应用技术和其要求	● 掌握并能在工作中熟练运用本职位相关基本的财务、技术知识; ● 参与部门内和跨部门间的业务知识、专业技术的交流; ● 可参与项目的预算工作	● 掌握业务相关的财务和技术相关流程制度,并能提出合理的优化建议; ● 在工作中能综合考虑成本、质量、技术可行性、客户满意度的要求; ● 可参与项目的预算工作	● 对多种关键专业技术之于公司业务的作用有建构性的理解; ● 可履行大型项目的预算职责
需求理解和实现	● 能够把握客户需求,及时做出正确反应; ● 在 M2 以上人员指导下,能够区分客户优先级别	● 能够准确识别客户需求; ● 能够主动收集客户反馈,发现改进机会; ● 能够在问题露出苗头之初就意识到对客户的影响; ● 能够系统地设计产品服务方案	● 能够主动收集客户反馈,发现改进机会; ● 能够在问题露出苗头之初就意识到对客户的影响; ● 能够系统地设计产品服务方案	● 能够主动收集客户反馈,发现改进机会; ● 能够持续采取措施提高客户服务水平; ● 能够保证提供的客户服务水平保持最佳

续表

评价指标	初级客服	中级客服	高级客服	资深客服
预见和解决问题	● 能够在指导下，解决一般的问题； ● 能够对相关问题进行清楚的记录并及时通知相关人员	● 在高级别人员的指导下，解决有一定复杂程度的问题，发现和避免一些常规问题； ● 能够及时处理问题，对相关问题进行清楚的描述、正确的判断和处理，必要时及时通知相关人员	● 能识别、预见并解决较大范围或复杂程度较高的问题； ● 能够系统分析产品/服务/运营情况，提出全局性预防措施以解决潜在问题； ● 能够有效提高本部门/本产品的综合服务效能	● 能对突发事件下的客户关系进行有效处理，采用一切办法减少客户需求与公司利益之间的矛盾

2．电商网店客服的能力梯度

1）初级阶段

学会尊重，要从内心深处尊重客户。称呼用"您""亲"，多写短句，多按回车键，别让客户久等。不管客户以哪种姿态和你交流，傲慢也好，怀疑也罢，要真诚对待所有的人。不因客户出手阔气而谄媚，也不因客户出手小气而轻视，要真心尊重客户，小气的客户现在可能是小气的，但是将来他可能是大方的。

学会赞美，用真诚赞美赢得客户的心。通过聊天交流，发现客户的优点，用最真诚的语言赞美对方。

学会微笑，可多使用旺旺表情等表情工具。初步接触多用微笑、握手，熟悉了用憨笑、大笑、干杯，再后来就可以用飞吻、拥抱了。表情工具是网络沟通的优势，是网络沟通的润滑剂。

学会耐心。这一点说得轻松，做起来并不容易。

2）中级阶段

换位思考，诚恳待人。这是人人知道的技巧，但是请你自问："我真的做到了吗？"如果真能站在客户角度，你就会发现有很多不能理解的事情都好理解了，有很多不能接受的要求也容易接受了。

实事求是，不隐瞒缺点。网购的很多纠纷缘于卖家的隐瞒。

热情如火，持之以恒。卖家真正的热情不是在成交前，而是成交之后。买家购买之前，卖家对买家热情，购买之后，还要保持原有的热情。把每个客户当成朋友，那么热情是不会先多后少的。

区分对待不同的客户。第一类是喜欢聊天的交际型客户，聊得愉快了就到你的店里下单，成交了也成了朋友；第二类是购买型客户，直接下单，很快付款，收到东西后也不和你联系，直接给你好评，对你的热情很冷淡；第三类是礼貌型客户，本来因为拍一件商品与你有了联系，售后做好了，她或许因为不好意思还会到你的店里来再次购买其他产品；第四类是讲价型客户，总是讲价，永不知足；第五类是拍下不买型客户。

对待这5类客户，都要热情如火，要把重点放心第一、三类上，对于第二种类型的客户，不要浪费太多的精力，如果执着地和他保持联系，他会认为这是一种骚扰。对待第四类客户要咬紧牙关，坚持始终如一，保持您的微笑。对待第五类客户，可以投诉、警告，也可以当什么都没发生，因各自性格决定采取不同的方式。

倾听为主，顺着客户的思路走，适当引导。真正的语言艺术不是说得天花乱坠，而是默默倾听。客户既然关注你的产品，一般是研究过了，你只需要回答他提出的问题就行了。如果客户真的很外行，哪里不明白自然会逐个问你的，你可以根据客户的问题，将其适当引导到交易上来，不要过分急于求成。

3）高级阶段

高级阶段肯定需要拥有初、中级阶段的所有能力，并且还能协助部门主管做好管理工作，承担部分运营及管理的职能，如对新员工进行管理培训，对每个月客户的情况进行实时统计和分析，帮助处理客户投诉，协调各部门之间的关系，配合各业务部门处理一些常见问题等。

 技能训练 1-3

人际沟通能力测试

以下这些问题看似小事，却有可能决定别人对你的看法和态度。想测一下你的沟通能力吗？那就开始吧！

1. 你跟新同学打成一片一般需要多少天？
    A. 一天　　　　　　　　B. 一个星期　　　　　　　　C. 十天甚至更久
2. 当你发言时有些人起哄或者干扰，你会：
    A. 礼貌地要求他们不要这样做。
    B. 置之不理。
    C. 气愤地走下台。
3. 上课时家里有人来找你，恰好你坐后排，你会：
    A. 悄悄地暗示老师，得到允许后从后门出去。
    B. 假装不知道，但心里很焦急，老走神。
    C. 偷偷从后门溜出去。
4. 放学了，你有急事要快点走，而值日的同学想让你帮忙打扫教室，你会：
    A. 很抱歉地说："对不起，我有急事，下次一定帮你。"
    B. 看也不看地说："不行，我有急事呢！"
    C. 故意听不见，跑出教室。
5. 开学不久你就被同学选为班长，你会：
    A. 感谢同学们的信任和支持，并表示一定把工作做好。
    B. 觉得没什么大不了的，只是要求自己默默地把工作做好。
    C. 觉得别人选自己别有用心，一个劲儿地推脱。
6. 有同学跟你说："我告诉你件事儿，你可不要跟别人说哦……"这时你会说：
    A. "哦！谢谢你对我的信任。我不是知道这件事的第二个人吧？"
    B. "你都能告诉我了，我怎么能不告诉别人呢？"
    C. "那你就别说好了。"

7. 老师安排你和另一位同学一起完成一项任务,而这位同学恰恰对你不怎么友好,你会:
   A. 大方地跟他(她)握手:"今后我们可是同一条船上的人哦!"
   B. 勉强接受,但工作中绝不配合。
   C. 坚决向老师抗议,宁可不做。
8. 你和别人为一个问题争论,眼看就要闹僵了,这时你会:
   A. 立即说:"好了好了,我们大家都要静一静,也许是你们错了,当然,也有可能是我的错。"
   B. 坚持下去,不赢不休。
   C. 愤然退场,不欢而散。

计分方法:选 A 计 3 分,选 B 计 2 分,选 C 计 1 分。

沟通能力解析:

8～12 分:表明你的沟通能力较低。由于你对沟通的重视不够,而且也没有足够的自信心,导致你在成长的道路上,一些机遇常常与你擦肩而过。你应该以轻松、热情的面貌与同学进行交流,把自己看作集体中的一员。同时,对别的同学也不可存有任何偏见。经常与人交流,取长补短,改变自己拘谨封闭的状态。记住:沟通能力是成功的保证和进步的阶梯。

13～19 分:表示你的沟通能力较强,在大多数集体活动中表现出色,只是有时尚缺乏自信心。你还须加强学习与锻炼。

20～24 分:表明你的沟通能力很好。无论你是学生干部还是普通学生,你都表现得非常好,在各种社交场合都表现得大方得体。你待人真诚友善,不狂妄虚伪。在原则问题上,你既能善于坚持并推销自己的主张,同时还能争取和团结各种力量。你自信心强,同学们都信任你,可以使你领导的班级充满团结和谐的气氛。

 阅读材料 1—2

客服这个职业是否有发展性?

导读:客服是传感器、导航器,客服能够采集客户声音,将其传感到组织内部,并能为企业产品改善和运营提升方向导航。

"客服是一个又累又烦琐的工作,许多从事这个职业的人都觉得这是个没有多大晋升空间的工作。客服的未来究竟在哪里?"这是自天猫某商家客服负责人 Olive 的问题。随即,她收到了来自阿里 CCO(Chief Cultural Officer 首席文化官)邮箱的回信。今天与大家分享的内容就与这封信有关。

阿里 CCO 邮箱的回信代表了阿里对待客户和服务的态度立场。信的内容摘要如下:

Olive,你好!

很高兴收到你的来信,非常抱歉这么晚才给你回复,针对你的问题,先通过邮件的方式和你做个简要交流,同为服务人,希望能帮助到你解答一部分现实中的困惑。

在阿里,马总一直告诉我们,阿里的客服应该是阿里体系里面最优秀的一批人才,因为这些人不仅要具备很高情商,与客户对话,调解商家与客户之间的问题,还具备洞察体验问题、反推内部流程、产品改善的能力,这本质上改变了对客服只是接电话处理 case 兜底的传统认识。

客服是最能了解客户声音的一群人。通过他们对问题的沉淀、梳理和分析,将其反馈给公司里的各个业务团队,从而推动公司业务的发展。这个价值,最后会体现在客户对产品的好评、更多的复购，以及商家内部供应链优化带来的成本节约，价值是巨大的。相应地，公司也应该给客服更好的待遇，奖励他们给公司带来的价值创造。

我们的客服在深入业务流程的过程中，业务知识面极大地被拓展了，发展空间也更大了，也有很大比例的客服人员享受推动业务运营优化带来的个人成就感。

你所说的客服的流失，对未来职业发展的困惑，的的确确是大多数商家的现状。要改变这种困境，核心要改变传统客服的角色，让出色的客服小二为公司创造价值的同时得到丰厚回报，个人成就感更强。

有以下三点建议：

1. 客服的职责不仅仅是完结一个个case，或"不让客户给公司添麻烦"。要鼓励有一定经验、有一定问题分析能力的客服人员，培养他们善于发现问题的"眼睛"，让他们敢于向业务部门反馈问题、以优化现有产品和流程为己任，比如，可将其工作精力70%用于客服基础工作，30%用于流程、产品优化工作。

这些客服，有了处理各类问题、深入公司运营流程的机会，未来的发展方向可以是公司内部运营专家或管理人员。

2. 在客户服务这个场景下，也涌现出更多系统化、智能化、数据化的业务趋势，客服人员也可以升级成为客服智能机器人的"智能训练师"。

在未来的智能时代，我们相信智能训练师、数据分析师将作为市场上的一种新兴热门职业。阿里平台上一个深度合作的商家，去年客服团队设立了智能训练师的岗位，通过训练智能机器人服务消费者，客服作为机器人背后的辅助角色，商家既节约了大量客服外包成本，同时客服也成功转型成为一种高"技术"含量的工种，为公司创造了价值，个人回报也更加丰厚，同时职业成就感也更强。

3. 作为公司客服负责人，你也是公司管理层的一员，如果可以，需要尽可能让公司管理层看到客服可以创造的价值，改变其对客服角色的传统认识，在公司里给客服更多反向影响业务变化、走向新岗位的机会。客服可以成为客服主管，也可以成为公司业务流程优化专家、产品体验师、智能训练师。

在客服领域沉淀自己对客户、产品、市场的感知之后，也可以向内部运营的岗位去进阶发展，客服人员的职业发展路径可以很多元。

让客服看到未来成长的机会和可能，在公司里面树立起成功的标杆，相信客服团队能力会更强、自信心会更强，在组织里会更有影响力，为客户代言，为公司创造出更多价值。

希望以上对你的现实问题会有所帮助，顺颂商祺！

（资料来源：知乎）

企业连线 1-4 网购平台信息安全类规则

 技能训练 1-4

出色和糟糕的客户服务体验与分析

请回想近6个月中你所受到的最好及最差的客户服务，各举一例。回忆一下当时发生了什么：对方说了什么或做了什么，用什么样的语调，以及采取了哪些积极的或消极的行动，并将相应的内容填入表1-8。

表1-8　出色和糟糕的客户服务体验与分析

序号	你所打交道的公司或机构名称 体验内容与感受	最佳客户服务体验	最差客户服务体验
1	他们如何招呼你： 直呼其名；热情似火；温文尔雅；盛气凌人；漠不关心……		
2	他们隔多久才接待你： 马上；店员结束聊天之后；当队列向前移动时……		
3	接待你的人视你为哪一种人： 一个尊贵的客户；可以向其推销任何东西的人；讨厌的人		
4	你对所受到的服务有何感受： 满意的；受尊重的；恼火；失望；无能为力；快乐的；生气的		
5	所提供的服务是否达到了你的期望： 是，远远超出了我的期望； 不，我感到很失望		
6	这一感受是否会影响你与该公司或机构以后的交往： 还会去；会把感受告诉他人		
7	公司的声誉从何而来		
	分析结论		

项目小结

数字经济时代，"服务"取代"产品"，成为当今企业取得竞争优势的关键。越来越多的企业，开始将注意力从单纯的"市场营销"转向"客户服务"，这一切都预示着为客户服务的时代已经来临！

服务，是指为他人做事，并使他人从中受益的一种有偿或无偿的活动。服务的价值，往往不取决于服务本身，而取决于客户的需要。

要创造和提供优质的服务，首先必须了解客户，弄清楚客户的需求。无论是从对企业贡献的价值度，还是从客户本身的个性及特点来看，"客户"这一庞大群体，都有被细分和差别化对待的必要。

所谓客户服务，是指企业在适当的时间和地点，以适当的方式和价格，为目标客户提供适当的产品或服务，满足客户的适当需求，从而使企业和客户的价值都得到提升的过程。

强烈的服务意识、销售意识、品牌意识，是"金牌"客服的重要品质。优质的客户服务，不仅对企业的商业运作举足轻重,也是客服人员自身获得成功与满足的关键。

以下是客户服务的几大关键技能,需要我们在今后的学习和工作中不断提升和强化:

- 同理心:从客户的角度看问题,理解他们的困境和情绪;
- 适应性:能够应对不断变化的客户需求和市场环境;
- 销售:能够向客户推荐合适的产品,增加客户满意度和忠诚度;
- 积极倾听:能够耐心地听取客户的问题或意见,给予及时和有效的反馈;
- 问题解决:能够分析和处理客户遇到的困难或投诉,承担责任并提供解决方案;
- 沟通技巧:能够清晰、简洁、自信地与客户交流,使用恰当的语言和语气。

思考与练习

在线测试

1. 请简述客户的定义及分类。
2. 优质客户服务的构成要素有哪些?

项目二　分析目标客户

📌 项目知识点

- ◆ 网络客户的新特点
- ◆ 网络信息技术对客户服务的挑战
- ◆ 客户型企业与产品型企业的异同
- ◆ "十四五"期间我国服务市场转型升级的新特点
- ◆ 产品及其属性
- ◆ 痛点、卖点及定位
- ◆ 波特五力模型
- ◆ 选择新客户的原则及方法
- ◆ 业务模式
- ◆ 市场调查与调研假设
- ◆ 客户调查的主要方法
- ◆ 头脑风暴和德尔菲法

文本：项目知识点　　视频：项目知识点

📌 项目技能点

- ◆ 分析宏观环境对企业的机遇与挑战
- ◆ 企业服务水平的分析与评估
- ◆ 企业产品服务的特色分析
- ◆ 客户类型的识别及价值分析
- ◆ 客户调研的主题确定及方法选择
- ◆ 企业不同客户群体的特征分析
- ◆ 目标客户的开发及沟通
- ◆ 客户的分级与管理

文本：项目技能点　　视频：项目技能点

📌 项目素养点

- ➢ 持续学习：保持持续学习态度，关注行业动态和新技术发展，不断提升自我
- ➢ 自我反思：定期进行自我反思和总结，找出自己的不足之处并寻求改进方法

当产品在质量、售后、品牌、价格这四大领域的竞争达到同一水平，几乎没有多大区别时，企业要获得竞争优势，就必须超越以产品为核心的供应链竞争模式，升级到以客户为核心的服务链竞争模式。

通过准确掌握市场动态、合理定位产品，然后再精准寻找目标客户，正确评估客户价值，这是企业构建强大的服务支持体系，有效满足客户个性化需求的前提和基础，也是企业赢取客户市场，实现可持续发展的关键所在。

任务一 扫描市场环境

内容提要

客户是否购买产品，不仅仅取决于产品的质量，更取决于服务的质量。

只有以客户为中心，才能与客户建立长期的最佳关系，才能吸引并留住他们。

互联网造就了大批聪明的消费者，交易主导权开始向客户一端倾斜。客户型企业，正在取代产品型企业。

市场转型升级，服务与时俱进。世界银行数据显示 2020 年我国人均 GDP 突破 1 万美元，步入中等偏上收入国家行列。4 亿规模中等收入人口，构成全球最具潜力新型消费市场。

深刻洞察企业赖以生存的外部环境，了解服务市场发展动态，是企业构建客户服务支持体系的大前提，也是客服人员提升职业素养的重要内容。

对客户服务外部市场的分析，可从以下三个方面入手：

◇ 宏观环境变化对服务市场的冲击；
◇ 网络信息技术对客户服务的挑战；
◇ 中国客户服务市场的转型与升级。

一、宏观环境变化对服务市场的冲击

许多因素的综合作用，促成了制造业经济向服务业经济的转型。例如，科学技术的进步、经济发展的全球化，以及人口结构的变化等，都对当今客户服务的技术手段、服务理念产生了巨大冲击。

1. 科学技术的进步

科学技术的发展，促进了产品质量的改良，也大幅度提高了产品产量。但是，科学技术从来都是一把双刃剑。例如，服务业过分依赖技术，制造业就业率降低，一些传统蓝领职位被淘汰，越来越多的工作岗位由智能机器替代人工。与此同时，计算机和通信领域的技术进步，又为那些操作与监控机器、从事自动化服务的人员创造了大量就业机会，从 800 免费电话和电话销售，到以互联网、电视和电话为媒介的购物或客户服务，这些发展和变化几乎无处不在。

随着科学技术的进步，人们对产品或服务的品质也提出了更高的要求，

2. 经济发展的全球化

中国加入 WTO 以来，世界范围内贸易壁垒逐渐消失，国际合作越来越广泛，国际竞争也越

来越激烈。为顺应经济全球化趋势，许多公司开始关注向全球范围内的消费者提供个性化服务。

随着技术的进步、通信及交通工具的发展，全球市场逐渐形成。如今，世界各地的消费者，都可以方便地在线购买自己中意的产品。

要想在经济全球化大潮中脱颖而出，公司在多渠道开拓市场的同时，必须加大力气提高员工的业务技能和素质，千方百计地鼓励员工积极服务客户。因为，客户是否购买你的产品，不仅取决于产品质量的高低，更大程度上取决于企业服务水平的高低。

3．人口结构的变化

今天的社会，人口老龄化趋势不断加剧，独生子女群体大量出现。这些不同年龄群体的消费需求各不相同。他们特殊的生理、心理和行为特征，产生了不同于以往人口群体结构的特殊物质需求和精神需求。

当今的年轻人大多为网络原住民，是与互联网一起成长并成熟起来的一代，他们中的不少人在家里或学校就能方便地上网。网络的普及，拓宽了产品和服务的销售渠道。

今天的企业要服务好这样的网络新生代，就必须利用最新信息技术及科技成果，充分挖掘无处不在、无时不有的各类片段零散的消费场景。

4．教育程度的提高

当今世界广大客户的受教育程度，远远高于以往。更重要的是，由于商品价格、产品质量、服务价值等方面信息的公开化、透明化，他们可以方便地获取关注的产品信息，在某些方面，他们甚至有可能变得比服务人员更专业、更前沿。

在透明的信息市场面前，那些信誉不佳、服务低劣的企业难以生存和发展。消费者的防范意识越来越强，并越来越趋向于对不公正待遇予以反击。这些都要求每家企业都必须诚信经营，持续提供和展示企业的优质产品和服务。

5．收入水平的增长

中国改革开放迎来了经济高速发展的黄金时期。国民经济的持续快增长，让广大居民的可支配收入达到了一个前所未有的高水平，庞大的中产阶级群体逐渐形成。随着《中华人民共和国劳动法》等相关政策和措施的出台及完善，人们可自主支配的休闲时间也越来越多，普遍渴望享受更多轻松惬意的休闲时光，做自己喜欢做的事情。所有这些日益凸显的高品质需求，都离不开周到细致、体贴入微的个性化服务。现代人的舒适生活，越来越有赖于各类商家提供的高质量服务。

技能训练 2-1

宏观环境对产品服务市场冲击分析

健身美容、观光旅游、休闲食品、服装家纺是快速发展的朝阳行业，请选择上述某个行业中你最熟悉的一家企业，通过网络调研、电话咨询等渠道，了解该企业产品服务市场的现状及特点，分析宏观环境变化给该企业客户服务市场带来的机会与风险，探讨企业应采取的措施与对策，并将结果填入表 2-1。

表 2-1　宏观环境因素给＿＿＿＿行业＿＿＿＿企业产品服务市场带来的机会与风险

环境因素	影响冲击			备注
	主要机会	主要风险	措施与对策	
科学技术的进步				
经济全球化				
我国人口结构的变化				
教育程度的普遍提高				
人们收入水平的持续增长				
企业产品服务市场基本特点				
企业产品服务市场发展策略				

二、网络信息技术对客户服务的挑战

网络的普及与高科技的发展，彻底改变了整个产品世界的营销与服务模式。数据技术的进步，使大规模运用数据库成为可能，还在买卖双方之间建立了一种全新的沟通方式。

以智能化为特征的第四次工业革命，为企业提供了前所未有的创新工具（物联网、混合现实、语音激活助手）与可靠性能（云计算、聊天机器人、人工智能），这些都将彻底改写人们的商务体验，也为客户服务带来了全新的机遇和挑战。

今天的消费者，正在迅速改变商务活动发生的时间、地点及方式，任何企业都能围绕有需求的产品展开竞争。良好的体验与创意，将创造出令人难忘的互动，并使品牌脱颖而出，从而造就大批高度忠诚的长期客户。

1. 消费者个性化需求被前所未有地激活

网络一代消费者求新求变，追求与众不同，"你造我买"的被动消费模式，远远不能吸引他们的眼球。让客户参与设计，给客户提供互动，营造深度体验——这种尊重个性、富于感性的服务模式，必将掀起强劲的个性化消费热潮。

一般认为，人们生活在理性世界，其实并非如此！理性思维让客户产生兴趣，决定购买却是出于感性。有研究表明，情感对大脑的刺激程度，是理性思维的 3 000 倍。

今天的客户，大多衣食无忧，他们几乎拥有自己所需要的一切！可是，他们还想要，并且想要更多。除生理需求、安全感之外，获得尊重、自我实现、爱和归属感等，大多都是心理方面需求。

人们获得的信息，尽管有 83% 来自视觉，但要改善一个人的心情，可以让他接受不同的感官刺激：

- ◇ 香味可以改善心情；
- ◇ 悦耳的声音可以改善心情；
- ◇ 美观的图案可以改善心情；
- ◇ 舒适的触感可以改善心情；

✧ 可口的美食可以改善心情；
....

客户是感性的而非理性的。他们喜欢人与创意，胜过喜欢流程与逻辑。客户考虑问题是情绪化的，可惜大多数企业还在沿用老办法，想用理性、单一的方法，来理解和吸引他们。表 2-2 给出了理性与感性的区别。

表 2-2 理性与感性的区别

理 性	感 性
需求	渴望
具体目标	宏大抱负
产品	解决方案
性能	好处
标准化	个性化
交易	体验
回报	关系
资讯	教育
自动化	人情味
维护	便利
满意	惊喜
达成	成就

不断创新服务模式，给客户更多的选择、更大的自主空间，甚至让他们亲身参与产品的设计与制造过程，让他们获得最大的成就感和满足感。

打造近乎完美的客户体验，是网络时代客户服务的制胜之道。海尔公司早在 2000 年推出"我的冰箱我设计"活动，不到一个月就收到了 100 多万台定制冰箱的订单，创造了当时的行业奇迹。20 年之后，以智能化、数字化及数据驱动的极氪新能源汽车上线，可以任由用户通过 App 来定制自己的纯电动汽车，极氪提供的 157 万种选择，用户能随意组装自己的车饰、沙发、轮子、外壳等。截至 2022 年 12 月，极氪宣布旗下豪华猎装轿跑极氪 001 累计交付量突破 7 万台，其中绝大多数都是定制化下的孤品。

2. 客户服务的内容和品质呈现全新特点

1）交易主导权向客户一端倾斜

在网络时代，客户比以往任何时候都更有能力，能分析企业及其竞争对手提供的产品和服务，交易主导权更多地向客户一端倾斜，企业将逐渐失去对传统销售环节的控制。这些变化的发生主要有以下 5 个原因。

（1）通过媒体、互联网和专业人士及兴趣团体等多种渠道，客户能获得的信息越来越多。

（2）每位客户都可能成为专家，只要他愿意。通过网络，客户的知识很容易就比一线员工的知识还要丰富。

（3）客户变得更为挑剔，更难被讨好。客户期望与实际服务的差异，或对产品质量所能接受的差距将越来越小。

（4）媒体使客户"深思熟虑"，而非盲目消费。

（5）互联网使产品和服务的真实价值，变得更为透明。

2）客户服务的广度与深度发生显著变化

与工业时代相比，网络时代的客户服务，在广度与深度方面都将发生显著变化。以往的客户服务，大多只限于提供生产辅助性服务（如配送设施、银行等）和个人服务（如商业零售、家政服务等），而网络时代的客户服务，则至少包含以下四个层面。

（1）个性化服务。

（2）商业服务。

（3）交通运输、通信和公用事业等方面的服务。

（4）信息、教育、卫生研究和政府部门的服务。

在客户服务的上述四个层面中，其中前三个层面在工业社会中已经涉及，而对社会发展最有意义的是第四个层面服务的增加。

3．网络客户对信息内容的需求将更全面

1）更为详尽的产品信息

只有提供更为丰富、系统和详细的产品信息，才能给网络消费者选择产品以充足的理由，从而满足他们的个性化需求。如网络零售，就从早期"有图有真像""一图胜千言"的宝贝详情页，发展到今天"内容为王"的网络直播。

2）解决疑难问题的在线支持信息

客户在购买产品后，可能会面临产品的安装、调试、试用和故障排除等问题，以及需要介绍有关产品的专业知识等。这需要企业在线提供必要的与产品相关的服务和技术支持，以及常见问题解答（FAQ）等。另外，可以通过建立客户虚拟社区、在线订单状态查询系统，以及产品的定制界面等方式，方便客户、企业的沟通；客户可以通过网络寻求其他客户的帮助，以自助或互助的方式，解决产品使用过程中遇到的各类问题。

3）构建即时互动的沟通平台

建立企业与客户"无缝对接"界面，为客户提供多种方式的交流渠道，如面谈、电话、E-mail、QQ等，让客户在任何时间、任何地点，都可以方便地与企业沟通，并获得必要的信息支持。

无论零售业、媒体业、娱乐业还是金融业，所有企业现在都在开展体验业务。技术使"增强人性"体验这枚硬币的两面都受到了影响。一方面，技术能够创建流畅且无缝的交互，使复杂的活动变得离散、快速、高效，且更令人愉快；另一方面，科技可以为这些体验赋予鼓舞人心且意想不到的神奇效果。

4）对交易安全与客户隐私的承诺

网上客户最担心的是个人隐私信息的泄露和交易安全难以保障。企业要赢得长期客户，在隐私保护和交易安全方面，必须做出应有的努力和必要的承诺。

4．客户型企业取代产品型企业

显然，当今的市场"客户为王"，而不再是"产品至上"。如何将重点从产品转移到客户，如何把热情转化为利润？这是当下所有企业面临的严峻挑战。

通过对这两类企业的对比分析，下表 2-3 给出了一些思考的线索或问题的答案。

表 2-3 客户至上的企业与产品至上的企业的对比

客户至上的企业	产品至上的企业
最佳关系	最佳产品
通过服务增加价值	通过性能增加价值
注重客户	注重竞争
区别对待客户	平等对待客户
个性化的解决方案	产品门类齐全
合作和增强能力	销售和交付
长期关系	短期交易
利润和价值	收入和销量
最佳客户百分比	市场份额百分比
钱包份额百分比	新产品百分比
正面口碑百分比	满意度百分比
现有客户，新产品	新客户，现有产品
买方驱使	销售驱使
我们去找客户	客户来找我们
与终端客户接触	通过中介联系
个人交谈	广播宣传运动
来自经验	大众传媒
吸引和保留	意识和吸引力
关注企业外部	关注企业内部
关系管理	产品管理
市场革新	技术创新
客户利润中心	产品利润中心
灵活性和反馈性	规划性和连贯性
右脑，Y 类型的人	左脑，X 类型的人

消费者对优质服务的高要求，催生了一大批高素质的客服人员。他们不仅要了解最新的

产品信息，还要熟悉企业内部的运作机制及服务流程，同时对行业的服务水准及竞争对手的服务策略有深刻洞察。除此之外，优秀的客服人员还应高度关注那些影响客户体验的最新技术，如互联网的商务应用，微信、微博与直播带货的爆发式增长，还有 ChatGPT 及客服机器人等人工智能的普及与推广等。

三、中国客户服务市场的转型与升级

"十四五"规划是中国 2021—2025 年政策议程的纲领性文件，扩大内需和改善人民生活品质已被列入"十四五"时期的重点工作。根据世界银行数据，"十四五"期间，中国有望进入高收入国家行列。由于 2020 年中国经济规模比 10 年前翻了一番，中国人均国内生产总值已超过 1 万美元。按世界银行标准，中国已步入中等偏上收入国家。即使保守地预测经济增长率为 6%，中国在未来五年内仍将跻身高收入国家之列。现在，我国以内需引领经济，从高速增长阶段转向高质量发展阶段。

市场转型升级，服务与时俱进。世界银行数据显示 2020 年我国人均 GDP 突破 1 万美元，步入中等偏上收入国家行列。4 亿规模中等收入人口，构成全球最具潜力新型消费市场。

1. 新城镇居民

随着生活水平和可支配收入的提高，加之居民有向社会上层流动的意愿，以及城市新型数字基础设施建设，城镇化将释放新城镇居民的消费能力。

2. 银发族

中国经济高速发展中成长起来的第一代人即将退休。他们在储蓄周期的高峰期，许多人除愿意将钱花在医疗保健和运动健身外，也愿意并舍得在休闲娱乐方面消费。

3. 小城市的消费大军

高起的房价和强劲的购房需求，挤压了大城市居民的可支配收入。对于小城市的消费者来说，由于购房目标比较容易实现，生活成本也较低，他们正在成为不可小觑的消费大军。

4. 健康为上

尽管中国消费者在疫情后能够迅速恢复"正常生活"，但留下的心理影响可能会持续较长时间。人们愿意花高价购买优质的健康产品，享受更多的无接触配送服务。

5. 保护地球

"绿水青山就是金山银山"的理念日益深入人心，政府对减少碳排放所做的承诺，与消费者提升消费理念的意愿高度契合。越来越多的消费者更青睐于积极践行环保理念的品牌。

6. 体验为王

随着数字科技的发展及普及，中国消费者希望自己喜欢的品牌能够提供更具吸引力和个性化的体验。对他们来说，购物是一种社交娱乐活动。

7. 自信的消费者

社会经济的发展，让今天的消费者拥有更多的商品选择及交易的主动权。以往相对弱势的消费者，正在通过强大的消费力与品牌建立新的关系，他们期望自己在服务、便利性和产品质量方面的新需求，能够被聪明的商家接受和理解。

企业连线 2-1 产品信息哪里找

阅读材料 2-1

重塑中国消费市场的五大趋势

中国的储蓄率历来很高。2022年，民众更加热衷于存钱而不愿消费。近期麦肯锡对中国消费者进行了调研，显示有58%的受访城镇家庭希望"存点钱以备不时之需"，创下2014年以来的最高水平，较2019年的调研结果高出9个百分点。消费者在花钱这件事情上变得更为谨慎，这也体现在一路攀升的储蓄率上。2022年前9个月，中国居民存款金额增长了14万亿元人民币。

虽然有媒体报道一些跨国公司在华缩减业务甚至退出的新闻，但商务部数据显示，中国的外商直接投资（FDI）一直处于历史高位，2021年更创下了1810亿美元的纪录，同比增长21%。尽管经济增长面临下行压力，但2022年前6个月的FDI再次实现快速增长，同比增幅达24%。

因此，中国的消费品公司纷纷审视自己的战略。经济和消费者信心是会继续走低，还是会触底反弹？如果消费者信心回升，肯定会有大把资金用于消费。

为了帮助企业厘清这些关键问题，我们近期对中国消费者的现状进行了综合分析。本报告将着重论述当前消费者行为的五大新趋势。

我们的分析基于2022年7月对中国各地逾6700名消费者进行的有关消费态度和行为的系统性调研、针对中国及其他国家/地区市场消费者进行的有关舆情和信心的脉动调研、中国大型电商平台上1000多个品类的在线数据，以及麦肯锡全球研究院（MGI）的经济建模。

趋势1：中产阶级继续壮大

中高收入及高收入家庭呈两位数增长，有力推动消费增长。 全世界还没有哪个国家/地区能像中国一样，每年新增这么多中产阶级家庭。越来越多的家庭年收入超过16万元人民币，跻身中产阶级（Upper-middle-class）行列。未来三年，中国有望再增加7100万个上中产阶级家庭。

趋势2：高端化势头延续

富裕消费者更偏爱高端品牌。 即便面临经济形势挑战，高端品牌的表现依然超越大众品牌。虽然消费者对经济环境和个人收入颇为担忧，但为了犒劳自己，中高收入群体还是会在实际消费中垂青较高端的品牌。紧跟创新潮流的本土品牌相继崛起，使得许多原本在大众市场或主流市场占据领先地位的外国品牌倍感压力，销售额下滑明显。

趋势3：选择更明智，消费未降级

消费者转向价格更具竞争力的渠道，更积极地寻求折扣和促销。消费降级并未发生，消费者只是在购买商品和选择渠道时更加明智。他们广开思路，寻找价格更具竞争力的渠道来购买想要的品牌，有的通过微信群，有的借助淘宝代购店，有的则寻求直播带货。他们并没有在选择品牌和产品时做出妥协，只是更加谨慎地进行权衡，更加积极地寻找折扣和促销。消费者也会设法花更少的钱，买更多的产品。

趋势4：产品为王

消费者很精明，知道如何在社交媒体上研究自己心仪产品的技术规格。例如，他们对日常护肤品的成分了如指掌，也会对比各羽绒服的保暖效果和含绒量。

趋势5：本土企业正在赢得市场

中国消费者选择本土品牌，主要是出于对其品质和创新的认可，而不仅仅是因为低价和民族自豪感。曾几何时，中国消费者愿意花大价钱去购买外国品牌，但这逐渐成为过往。如今中国品牌也可以提供与外国同行媲美甚至更好的优质产品。尽管这并非新现象，但近几年来中国消费者对本土品牌的偏爱确有加速之势。出人意料的是，民族自豪感并非唯一的驱动因素。如今的国内企业对潮流趋势的反应速度更快，更加贴近消费者，投资也更为果敢。

日益富裕的中国消费者仍具有较强韧性。我们的研究显示，他们认为当前的经济放缓只是短期现象。尽管如此，经济压力还是令消费者在制定购物决策时更为审慎，他们也越来越看重产品品质和功能。在这场具有里程碑意义的变革中，本土品牌在这两方面的表现都优于国外品牌。至关重要的是，在条件合适的情况下，消费者仍会继续消费。随着中国消费市场的持续扩展，那些能够妥善应对变局的企业将会脱颖而出。

（资料来源：2023麦肯锡中国消费者报告：韧性时代. 泽沛达（Daniel Zipser）等，2022年12月.）

技能训练 2-2

企业服务水平现状分析

以技能训练2-1中选定的企业为研究对象，根据表2-4提供的线索，对企业服务水平的现状进行评估，并给出必要的分析结论。

表2-4 _____行业_____企业服务水平现状分析

评价指标	服务水平		备注
	服务现状	评价依据	
服务意识			
客服人员的敬业精神			
部门之间的沟通状况			
内部客户的服务水准			
差异化服务情况			
服务质量的考核与评价			
应对网络化挑战的具体措施			

续表

评价指标	服务水平		备注
	服务现状	评价依据	
分析结论			

任务二　分析产品

内容提要

痛点，是尚未被满足的而又被广泛渴望的需求，它本质上其实是恐惧。卖点是对目标用户痛点的回应，是本企业产品区别于竞争对手产品的显著优点。

产品的优势与特色，只有转化为客户利益，才能打动客户。只有那些区别于竞争对手的功能和特点，那些迎合目标客户需求的价值和利益，才能构成产品的优势与特色。

波特五力模型认为，行业中存在着决定竞争规模和程度的五种力量：现有竞争者、潜在竞争者、替代品、供应商及购买者。

产品有特色，服务有品质。只有立足岗位才能练就技能，只有精益求精才能锻造品质。

优秀客服会给人专业、踏实的感觉，不仅因其良好的服务意识、高超的沟通技巧，更取决于他们对产品知识的深刻洞察。因此，专家型客服、顾问式营销等服务模式，在当下备受推崇。

对产品性能特点的娴熟了解，贯穿提供服务的全过程。售前服务，重点是强调对产品性能的介绍，以及与同行业同类产品特色的对比分析；售中服务，关键在于针对新老客户的个性化需求，帮助其选购称心如意的产品；售后服务，不外乎针对具体产品特点，提供高效的安装调试、定期维护、故障检修、升级服务等。

熟悉企业产品的性能特点及竞争优势，了解产品或服务中存在的不足，掌握竞争对手产品的性能、价格及优势，追踪行业动态，把握行业发展趋势，这些产品的相关知识，是客户服务专业技能中需掌握的最基础、最关键的部分，也是其他营销沟通技能发挥效用的关键所在，所谓皮之不存、毛将焉附。

不同行业领域企业提供的产品，其性能特点各不相同；即使同一家企业，在不同的发展阶段，也会随外部环境变化而不断调整其市场定位及产品策略，这些都将使产品的性能特点产生显著差异。

对产品的分析与研究，可从以下三方面入手：

◇ 产品的性能特点；
◇ 产品的特色与定位；
◇ 行业动态及竞争对手分析。

一、产品的性能特点

熟悉产品的特点及卖点，了解产品给客户带来的价值和利益，才能为客户推荐合适的产品组合。客户是否接受产品，在很大程度上取决于销售人员对产品知识及使用方法的介绍，以及由此展现出来的专业性与可信度。

1. 产品的基本知识

谈到产品，大多数人的第一反应是有形的物品，它能看得见、摸得着，有包装、有重量；其实无形的服务也是产品，比如理发、美容、按摩等；一种思想、一个观念也可以是产品，比如咨询、培训等。由此可见，产品就是人们买来使用和消费，能满足他们某些需求的任何东西，包括有形的物品、无形的服务或它们的组合。

产品的基本知识范围广泛，下面主要从产品属性、产品卖点、产品使用、产品差异等方面进行介绍。

（1）产品属性。产品的属性主要包括产品的品牌、规格、款式、风格、成分含量、配件及标品参数等，尤其对于非标类产品（食品、服装、鞋帽、化妆品等），客户还会关心款式、尺寸、成分含量等问题，以确认产品是否适合自己。

每个产品都是由很多种元素集合在一起组成的，有些是有形的，比如说明书、规格、重量、外包装等；有些是无形的，比如品牌故事、安装服务、设计感、售后维修等。呈现在客户眼前的产品就是这些不同元素的集合。

对产品属性的描述，可以从基础功能、核心功能、有形呈现、附加服务、无形呈现四个分析维度对产品进行描述。

基础功能： 产品本质的功能，如褚橙本质上就是一种新鲜水果。

核心功能： 是指客户视角的功能，如褚橙可为人体补充天然维生素C。

呈现形式： 包括产品本身的形态，以及品质、式样、特征、商标及包装等相关属性。

附加服务： 包括说明书、保证、安装、维修、送货、技术培训等。

无形价值： 包括看得见的价值，如产品设计感、视觉呈现、品牌；可以感知的价值，如品牌影响、口碑等。

（2）需求痛点与产品卖点。产品是为了满足某种需求而存在的，需求是人们产生购买行为的根本原因。需求是一种主观欲望，它与客观的问题解决之间，就交汇成几类各不相同的需求体验，如图2-1所示。

基本满足： 当我们肚子饿了，只需要填饱肚子（主观欲望低），这时候一个馒头可以解决问题，肚子填饱了，需求获得了基本满足。

爽点： 即时满足。当我们肚子饿了，只需要填饱肚子（主观欲望低），这时候一顿羊肉火锅不光可以填饱肚子了，还令人特别满意，形成了爽点。

痛点： 问题和恐惧。当我们肚子饿了，又想吃一顿羊肉火锅（主观欲望高），这时候仍然

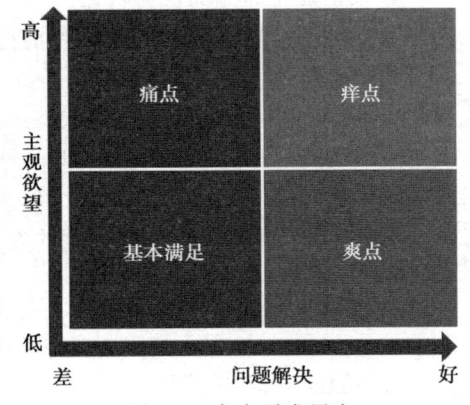

图2-1 客户需求界定

只有一个馒头或什么都没有，问题无法得到解决，就形成了痛点。

痒点：满足虚拟自我。当我们肚子饿了，又想吃一顿好的火锅（主观欲望高），这时候，有羊肉火锅和鸡肉火锅，问题都可以得到较好的解决，那就开始思考，到底吃羊肉火锅还是吃鸡肉火锅，都有各自的痒点。

所谓卖点，通常是对目标用户痛点的回应，是本企业产品区别于同类产品的显著优点。卖点的提炼，主要围绕价格、款式、物流、服务、功能及体验效果等方面来进行。痛点是尚未被满足的而又被广泛渴望的需求，它本质上其实是恐惧，如婴幼儿的食品安全，可能是每个宝妈心中的痛点。

针对不同的客户，需要关注和重视的卖点及细节会有所不同。需要注意的是，在介绍产品优势及特色时，必须遵守基本的商业伦理，不应刻意诋毁竞争对手，否则这样做可能会适得其反。

（3）产品使用。现在许多产品的科技含量越来越高，网络客户对在线客服的依赖也日益增强，这让产品的使用问题也成为客服人员要关注的重点。如产品的安装方法、保养和维护策略等，尽管在产品说明书或商品详情页中会有明确说明，但客服人员应熟知这些内容，并在交易过程中通过语言、文字、图片、视频等，能主动给客户提示和帮助。

2．产品的选择与使用

客服人员需要灵活运用所掌握的产品知识，如材质构成、大小规格、适用范围，以及客户衣服的面料是什么、食品基本原材料构成、该产品适合什么人或什么情况下使用等，再根据消费者个体特点，帮其选购合适的产品组合，以确保商家和客户的双赢。

优秀的客服人员在向客户介绍和推荐产品时，如果能将自己定位为专家型客服或顾问型客服，根据客户特点及产品使用环境条件，有针对性地向客户推荐适合其需求和品位的产品组合，才能最大限度地创造和提升客户价值，并获得最高的客户满意度。

通常，产品的特点，在一定程度上代表了与同类产品相比较的优势，比如：棉质的面料更透气和吸汗；不含添加剂的食品更安全；产品可以两用或多用，设计独特、富于个性、限量版、送礼非常有新意等。

如果不能将产品的优势转化为客户的利益，客户就不会轻易被打动。客户购买产品，是为了满足自己的某种需求。能敏锐捕捉到客户的真实需求，是优秀客服人员必备的专业技能。

比如：透气和吸汗的服装，对客户的利益就是穿着更舒适，夏天可以避免大汗淋漓的狼狈和尴尬，可以保持更好的工作状态；而安全食品，对客户来说就意味着对身体健康的保障，满足人们对长寿和健康的渴望，同时，身体健康也可以有效地降低医疗费用，好好地享受人生；产品的用途广泛，表示可以节省费用；有新意的礼物，更容易让收礼的人得到意外的惊喜，留下深刻的印象，而这两点都是送礼的人最希望达到的直接效果。

二、产品的特色与定位

1．特色与优势的产生

随着市场同质化竞争愈演愈烈，特色化生存时代悄然来临。要在激烈竞争的市场中生存发展，打造产品特色与优势，是所有公司的必然选择。

任何产品的特色与优势都是相对的，都是在特定市场环境中与竞争对手相对而言的独特价值，都是针对客户需求的特别利益，都是企业目标市场选择及定位的结果。

作为企业的客服人员，不仅要非常清楚企业产品的特色与优势所在，还应当清楚产品的缺陷与不足，以方便为外部客户提供切实可行的购买决策及使用指导，并及时给企业内部客户提出切实可行的改进意见。

总之，只有那些区别于竞争对手的特别功能和特点，那些迎合目标客户需求的特别价值和利益，才能构成产品的特色与优势。

2．产品的市场定位

所谓定位，是让产品在客户心中占据一个与众不同的位置。企业应根据消费者对产品需求的痛点，为本企业产品塑造差异化形象，并将这种形象生动地传递给目标客户。

市场定位并不是对产品做些什么，而是塑造潜在客户对产品的认知。市场定位的实质，是使本企业的产品，与其他企业的产品区分开来，并使客户明显感觉和认识到这种差别，从而在心中给我们的产品一个独特位置。

在高度竞争的时代，产品同质化、广告泛滥，客户大脑信息过载。面对传播过度，通过定位理论，利用极简化信息，让客户感知产品的差异化，变得比以往任何时候都更为重要！比如，王老吉"降火"，佳洁士"防蛀"，沃尔沃"安全"，宝马"高驾驶性能"等，这些观点，深入人心。

三、行业动态及竞争对手分析

一名优秀的客服，心中不仅要有产品服务的小细节，还要有行业和市场的大框架。不了解行业和市场的动态及趋势，就难以跟上时代节奏，就可能迷失服务发展的大方向。不能清楚竞争对手的优劣、长短，就难以准确把握本企业产品的特色与优势，也不能为客户提供恰当的咨询意见和解决方案。要及时跟踪行业动态并准确了解竞争对手，可从以下几方面入手：

- ✧ 产品所属行业的内涵及范畴分析；
- ✧ 国家及政府对该行业的推动政策；
- ✧ 行业发展的主要特点分析；
- ✧ 行业消费市场动态及趋势分析；
- ✧ 行业主要竞争对手的发展动态及其优劣势分析。

以网站建设行业为例，它的门槛很低，一两个大学生、两三台计算机，没有办公场地就可以"开业"。以湖南为例，有数千家大大小小的公司、工作室及个人，从事网站建设业务。由于客户资源有限，必然的结果就是网站建设企业间恶性竞争。曾有调查人员统计，湖南主营网站建设业务的企业只有很少一部分能有两年以上的历史，其他绝大多数都是没有售后质量保证的历史过客。高淘汰率，造成了网站行业的无序竞争。为了生存，有些企业什么都敢给客户承诺；为了签单，很多网站制作公司多低的价格也接受。当然，他们的目的有时候并不仅仅是制作一个网站。

看似这样的买方市场，将给客户带来更多的服务和更低廉的价格，但是一些不负责任的承诺，不够专业的技术，由于不能保证发展的可持续性，必然使一些网站开发商无法信守承诺，甚至很快"消失"，最终使客户利益受到严重损害。比如：

- ◇ 域名无法正常续费，导致域名丢失；空间没有及时续费、导致网站无法打开；
- ◇ 网站后台程序混乱，编程人员"消失"，网站无法正常维护更新，网站运行不安全、不稳定，时常出现问题；这些都严重影响客户形象，甚至网站界面全面抄袭，给客户引来官司；
- ◇ 还有甚者，利用技术"控制"客户，为客户低价做了网站，但客户永无止境地为后续服务和某些可有可无的产品买单，各种投诉和讹诈事件网络上比比皆是；
- ◇ 服务商大部分没有自己独立的机房和服务器，没有稳定且防护性能好的硬件设施，经常导致网站中毒、打不开、访问速度慢等严重影响网站运作。

所以，为了保障自身权益，企业在选择网站开发商时，应该设定合理预期，如网站开发商具有相对稳定的运营、拥有专业的技术能力、具备独立的机房和服务器、是中国域名注册一级机构直接代理等。

另外，人们还会用波特五力模型来分析行业市场。该模型认为行业中存在着决定竞争规模和程度的五种能力：①行业内现有竞争者的竞争能力；②潜在竞争者进入的能力；③替代品的替代能力；④供应商的讨价还价能力；⑤购买者的讨价还价能力。波特五力模型可以让我们看清行业中的生存空间、机遇和风险，判断未来的竞争对手是谁，以及企业应采取何种策略。

企业连线 2—2 面料小知识

技能训练 2-3

企业产品的特色分析

以技能训练 2-1 中选定的企业为分析对象，对企业提供的产品的性能特点、特色与优势、主要竞争对手、行业发展动态进行分析，并将相关的结果填入表 2-5。

表 2-5 _____ 企业产品特色的分析

分析指标	性能特点		备注
	基本特点	分析依据	
产品的主要性能特点			
产品的特色与优势			
主要竞争对手			
行业发展动态			
分析结论			

任务三　寻找目标客户

> **内容提要**
>
> 选择新客户的原则，首先所选新客户应有较强的财务能力和市场信用，以及积极、合作的态度；其次企业本身应具备为新客户按时、按质、按量提供产品及服务的能力。
>
> 业务模式，是一个或一组开展业务的方案，是在某种条件下可应用、可执行的用以解决某类问题的通用方案。
>
> 市场调查，通常是先收集二手资料，再收集一手资料。一手资料的收集，一般先用"焦点座谈会"或"深度访谈"开展定性调查，再用"调查问卷"进行定量调查。
>
> 以客为尊，与人为善，是一种理念，更是一种能力！一个人能让他人舒服的程度，决定了他所能成就的高度。
>
> 道路自信，民族自强。拥抱变化，与时俱进。

理论上，所有的消费者都可能成为企业的客户；现实中，任何企业的产品都不是万能的。很少有企业能为所有人提供满意的产品，每个企业都有特定的经营范围，所提供的产品都有其合适的、特定的客户群体。因此，只有对企业客户精准定位，寻找并识别企业的目标客户，客户服务工作才能有的放矢，才能事半功倍。

寻找并识别企业的目标客户，可从以下四个方面入手：

◆ 研究业务模式，识别客户群体；
◆ 分析现有客户，整理客户资料；
◆ 开展市场调查，发掘潜在客户；
◆ 利用网络渠道，开发目标客户。

一、研究业务模式，识别客户群体

业务模式是一个或一组开展业务的方案，是指在某种条件下可应用、可执行的用以解决某类问题的通用方案。通过业务模式的研究，可以了解企业收入来源、购买产品的决策者，以及产品的受益者等，进而帮助企业识别潜在的客户群体。

1．企业收入来源分析

对于流通领域的企业而言，零售商驾驭着供应链。因此，对其收入来源的分析，可以从零售商开始。

对制造企业来说，如果其产品不能赢得最终消费者的关注（最终消费者为零售商提供收入），他们可能会失去对零售商客户的吸引力。另外，为了扩大零售销售量，企业还必须了解零售商的产品类别是如何划分的，以及这些类别的产品是如何销售的，以便发现和利用新的机会。

对批发商来说，零售商或次级批发商至关重要，他们是批发商收入的提供者。

对零售商来说，购买产品的消费者为其提供了收入。

总之，企业是做批发还是做零售，目标客户是企业组织还是个人消费者，对这些问题的回答，决定了企业的客户群体及其主要的属性特点。

2. 购买产品的决策者分析

在客户购买产品的过程中，购买决策者的作用至关重要。特别是对于企业这类客户，购买者与决策者的角色可能由不同的人来承担，在对客户资料的分析、整理、归档过程中，关于这两者的相关信息应当搜集齐全，以利于根据其需求特点，有针对性地为客户提供合适的产品组合，并制定有效的服务策略。

3. 产品的受益者分析

一般情况下，受益者往往是企业的直接客户，但有时也并非一定如此。例如，一家服装生产企业需要网络公司为其制作网站，则购买该企业服装的消费者也将成为网络公司产品（服装企业网站）的受益者之一。要制作一个好的企业网站，需要清楚了解服装消费者的需求特点及消费心理，才能开发出有竞争力的企业网站。

二、分析现有客户，整理客户资料

对于企业客服人员来说，在拓展客户渠道及开发新客户之前，应认真分析和研究现有业务客户。例如，判断这些客户是否已经得到了满意的服务，分析客服工作的症结和问题所在，如何制定切实可行的改进策略。对于这一系列问题的深入思考，是挖掘现有客户价值和提高客户服务效率的重要途径。

1. 对现有客户进行合理分类

企业因为自身人力、财力和物力的局限，想要实现利润最大化，打好生存战，就必须关注正确的客户群体，找到那些能为企业带来利润的客户，并集中资源，为其提供有针对性的产品及服务，这样才能赢得更多的客户。因此，首要的任务就是对客户进行合理分类。

通常以创造企业收益的价值为导向，根据"购买能力"和"购买频次"两个指标，将客户分为流量客户、高净值客户、潜在客户、边缘客户四类，如图2-2所示。

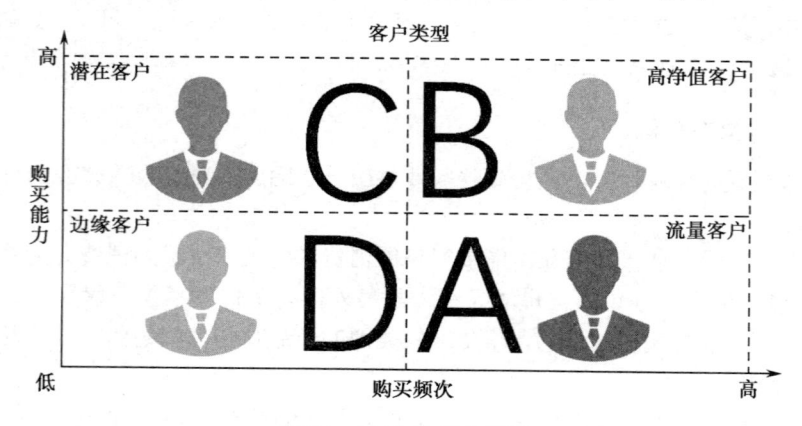

图2-2 客户价值分类图

流量客户　　A：购买能力低、购买次数多；
高净值客户　B：购买能力高、购买次数多（也称黄金客户）；
潜在客户　　C：购买能力高、购买次数少；
边缘客户　　D：购买能力低、购买次数少（无须提供过多服务的客户）。

通过对客户进行分类，可对总体客户的性别构成、年龄结构、地域分布、消费额度、需求类型、薪资水平、个体偏好等进行统计分析，得出一系列有重要商业价值的数据，这将有利于后续客服工作的开展。具体操作可利用表格工具来进行，如表2-6和表2-7所示。

表2-6　客户地址分类表

序　号	客户名称	编　号	地　址	与公司的距离	经营类别	不宜拜访的时间	备　注
1							
2							
3							
…							

表2-7　客户总体分类表

分类标准	客户比例（%）			
性别构成	男性比例		女性比例	
年龄结构	18岁以下所占比例	18~45岁所占比例	46~60岁所占比例	60岁以上所占比例
地域分布	乡村比例　城市比例	东部比例　西部比例	南部比例　北部比例	
消费额度	高额比例	中额比例	低额比例	
需求类型	生产资料需求所占比例		生活资料需求所占比例	
薪资水平	1000元以下所占比例	1000~3000元所占比例	3000元以上所占比例	
个体偏好	摊点零售比例	市场批发比例	厂家批发比例	

2. 客户的区域分布及产品销量分析

在企业的总体客户中，不同的区域市场对企业贡献存在显著差别。为此，应制定恰当的服务策略，确定客服工作的工作重点。此外，在对企业客户分析的过程中，还应进一步明确，在企业为客户提供的产品及服务系列中，每种产品对企业销售额和利润贡献率。具体操作可利用表格工具来进行，如表2-8和表2-9所示。

表 2-8　客户区域分布分析表

年度：

年　度	项　目			
	区　域	客户数量	占客户总数的比例（%）	占该区域总销售额的比例（%）

审核：　　　　　　　　　　　填写：　　　　　　　　　　　编制：

表 2-9　客户产品销量分析表

年度：

客户名称	产品销售额							
	A产品	B产品	C产品	D产品	E产品	F产品	G产品	合计
合　计								

审核：　　　　　　　　　　　填写：　　　　　　　　　　　编制：

3. 客户关系的评估及管理

对企业而言，并非任何一个客户都值得花大力气去争取，也不应当将自己有限的服务资源，平均分配给每一个客户。在对现有业务分析和研究的基础上，客服人员最终应对企业客户关系进行恰当评估，并制订初步的联络和拜访计划，如表 2-10～表 2-13 所示。

表 2-10　客户关系评估表

客户名称：

评估指标	指标权重	得　分	等　级	得分依据	备　注
合　计					
评估结果与建议		□发展关系		□维持关系	□终止关系

表 2-11　客户联络和拜访计划表

序　号	客户名称	地　址	联系方式	联络人员	联络时间	联络目的	联络地点
1							
2							
3							
…							

表 2-12 客户联络预定表

序 号	日 期	客户名称	具体时间	负 责 人	针对部门	备 注
1						
2						
3						
…						

表 2-13 客户拜访记录表

制表人：　　　　　　　　　　　　　　　　　　　　　　　　填写日期：

	客户名称	
	详细地址	
	拜访对象	
注意事项	成长率	
	信用度	
	总利润率	
	综合评价	
	顺序评核	
	业界地位	
	其他	
	已解决的问题	
	以后应注意的事项	

技能训练 2-4

客户类型的识别及价值分析

京东商城销售数以万计的品牌、数以千万计的商品，囊括家电、手机、电脑、母婴、服装、医药、文旅等众多品类。秉承客户为先的理念，京东强调所售商品为正品行货、全国联保，并提供机打发票等。

（1）根据客户的心理偏好等特点，可将客户分为品牌崇尚型、价格敏感型、性价兼顾型三种类型。请分析这三类客户的特点，再从客户的需求特点、客户价值大小出发，针对这三类客户特点，给出有效的产品推销策略，将结果填入表 2-14。

表 2-14 客户价值分析

客 户 类 别	客 户 特 点	产品推销策略
品牌崇尚型		
价格敏感型		
性价兼顾型		

（2）也可以将客户分为结果型、表现型、顺从型、分析型四类。请根据以下对话，判断客户的类型，并说明针对该类客户在沟通时应该注意哪些问题，将结果填入表 2-15。

客户：你好，我想买一台手机。

客服：您好！欢迎光临京东商城，请问您需要什么样的手机？

客户：我觉得我现在的手机屏幕太小了，想换个大点的。
客服：除了屏幕大点，还需要手机具备什么功能吗？
客户：这个倒没仔细考虑过。
客服：您平时的工作和生活中，手机使用得频繁吗？
客户：工作中电话比较多，偶尔上上网。
客服：根据您的需求，我推荐您购买**品牌的防辐射手机，手机辐射比较小，同时，待机时间比较长，不需要经常充电，屏幕是 6.5 英寸的，是当前主流的屏幕大小。（商品链接）
客户：我看看，……不错，那我就买这个吧。
客服：好的，感谢您的惠顾，还有什么需要我会随时为您服务。

表 2-15　客户管理

你觉得该客户属于什么类型	
针对该类客户应该注意哪些问题	

三、开展市场调查，发掘潜在客户

企业如果不能持续地开发新客户，就难以在激烈的市场竞争中占据主动。为此，任何一家成长型企业，都必须通过市场调查来发现潜在客户，并制定有针对性的客户开发战略来争取目标客户。

市场调查是指运用科学的方法，有目的、有系统地搜集、记录、整理有关市场营销信息和资料，分析市场情况，了解市场的现状及其发展趋势，为市场预测和营销决策提供客观的、正确的资料。

搜集客户信息的办法很多：可以在网上搜索；可以通过"黄页"查找；还可以通过其他平面媒体（如报纸、杂志）及亲属、朋友、同事等人脉网络获取。对客户进行市场调研的主要步骤如下：

◆ 制定客户调查总体规划；
◆ 选择客户调查方法；
◆ 编制调查方案并设计调查问卷；
◆ 分析调查资料及开发与管理客户。

（一）制定客户调查总体规划

在现代社会中，客户是企业最重要的资产，也是企业一切工作的中心。只有通过深入的客户市场调查，真正了解客户的需求，才能为新客户的开发提供丰富的信息资源和第一手材料。

1. 明确客户调查的原则

为了确保客户调查资料的有效性，使之成为对企业生产、经营、销售及客户服务正确决策的可靠依据，客户调查应遵循以下原则：

◆ 资料准确，信息全面；
◆ 观点客观，时效性强；

- 投入费用尽可能最省。

2．确定客户调查的主题

客户调查的起因一般来自某种问题或需要。例如，企业制定服务标准的需要，了解客户购买量下降的原因，客户对企业的服务有抱怨等。有了起因，不一定能构成市场调查的主题，还要对问题或需要进行分析和研究。客户调查主题的确定，一般涉及以下四个方面。

1）提炼调查主题

与客户相关的信息资料涉及面非常广泛，客服人员往往对一般性的、大范围的知识背景比较熟悉，如"怎样让客户满意"等。但这种过于宽泛的领域，不宜作为调查主题，调查主题一般应当局限于一个较窄的领域，如客户心理、购买动机等。

调查人员在这方面的专业知识相对有限，因此，有必要先阅读一些现有材料，或与有关专业人士进行深入交谈。在初次的非正规调查中，调查人员可能会发现进一步的研究线索，从而把某些内容作为进一步调查的主题。

2）选择调查目标

大多数情况下，客户调查的目的有多重性，如了解客户的实际需要、喜欢的服务方式、引起某些问题的原因、解决问题的各种措施及方案等。这些方向性的目的必须转化为具体的目标。

研究的具体目标通常以研究问题的形式出现，表明了决策者所需要的信息内容。例如，客户的购买力下降，则市场调查的总目标，是寻求提高客户购买力的方法与措施。调查的具体目标可细分为：

- 客户的总体购买力状况；
- 其他企业的客户购买力状况；
- 客户的经营状况、地域分布等。

3）形成调查假设

当调查的具体目标确定之后，就要对市场上各种可能的情况形成一些适当的假设。假设的接受与拒绝，都会帮助调查人员达到客户调查的目的。

调查假设是指在进行调查之前，调查人员对于调查结果的一种尝试性的猜测。它的正确与否是未知的，大部分情形是在讨论两个或多个变量之间的一种特殊关系。通常，一个假设可用实验或观察加以支持或否定。

假设有两种：根据正规研究资料形成的陈述性假设，以及要调查的各种行动方案假设。

（1）陈述性假设。陈述性假设一定要与研究目标密切联系，如针对客户购买力下降原因的陈述性假设：

- 价格影响很大；
- 位置并不重要；
- 服务质量对客户有显著影响等。

（2）行动方案假设。假设也可以用于表达某个行动的不同方案。例如，超市进行一项客户调查，其目的之一是如何吸引更多的客户前来购买，可以进行以下几个方面的假设：

◇ 改善超市员工的服务态度;
◇ 为客户提供更多的优惠;
◇ 开展有特色的个性化服务。

在实际的调查工作中,并非所有的调查都需要进行正规的假设。是否进行正规假设,主要取决于假设的接受和拒绝能否达到调查的目的。一般来说,简单的事实搜集就无须进行正规假设,而大多数的客户调查都需要进行正规假设,以使客户资料的搜集工作有据可依。

4)判断企业所需要的信息

在确定调查目的并做出相应的假设之后,就需要判断实现调查目的及对假设进行检验所需要的确切信息。

判断调查所需要得到的信息对调查活动的成败非常关键,却又容易被调查人员所忽视。这项工作在调查的初期就要开始,并要在调查实施的过程中根据实际情况进行调整。

3. 选定客户调查的内容

在确定调查目的并做出相应的假设之后,需要根据调查所需要得到的信息来选择调查的内容,以确保调查目标的实现和完成调查假设的检验。

企业进行客户调查时,需要掌握以下八项内容。在具体实施过程中,可根据调查目的进行适当取舍。

◇ 客户的个人基本情况及家庭人口情况;
◇ 客户的收入、支出、储蓄及家庭财产情况;
◇ 客户的住房情况;
◇ 客户的消费嗜好;
◇ 客户的信用情况;
◇ 客户的需求及对本企业产品的认知程度;
◇ 客户的经营情况及管理水平;
◇ 客户的主要合作伙伴情况。

对企业客户进行调查时,通常采用客户信息调查表的形式,如表2-16所示。

表2-16 客户信息调查表

客户负责人: 　　　　　　　　审核人: 　　　　　　　　调查员:

客户名称			地址		
客户电话			传真		
接洽人员	法人代表	年龄	文化程度		性格
	负责人	年龄	文化程度		性格
	接洽人	职务	负责事项		性格
经营状况	经营方式	□积极	□保守	□踏实	□不定	□投机
	业务状况	□兴隆	□成长	□稳定	□衰退	□不定
	业务范围				

续表

经营状况	销货价格	□合理		□偏高		□偏低	□削价	
	销量	旺季	月月销量			淡季	月月销量	
	企业性质	□国有企业		□股份有限公司		□合伙店铺	□合资企业	□其他
	组织员工人数	职员		人	管理层	人	合计	人
同业地位及付款细则	地位	□领导者		□具有影响力		□一级	□二级	□三级
	付款期限							
	方式							
	手续							
与本公司往来情况	时间	主要采购产品		旺季每月金额		淡季每月金额	总金额	

（二）选择客户调查方法

只有调查手段恰当、调查方法科学，调查搜集到的资料才能及时、准确和全面。客户调查的方法有很多，每种都有其独特的功能，应根据调查目的、任务及调查对象的特点，选择合适的调查方法。

1．观察法

观察法是由调查人员直接或通过仪器在现场观察调查对象的行为，并加以记录以获取信息的一种方法。

使用观察法进行调查时，调查人员不向调查对象提问，只是通过观察调查对象的行为、态度和表现，来推测、判断调查对象对某种商品是欢迎还是不欢迎、是满意还是不满意等。观察法可分为以下几种。

1）直接观察法

直接观察法是派调查人员去现场直接查看。使用这种方法时，要确定是定期观察还是不定期观察，以及观察的频率和次数等。

《美国文摘》曾经报道，恩维罗塞尔市场调查公司有个叫帕科·昂得希尔的人，是著名的商业密探。他在对商店进行调查时，一般会坐在商店的对面，静静地观察来来往往的行人，与此同时，他的同事也正在商店里进行着调查工作，他们负责跟踪在商品架前徘徊的顾客，主要调查目的是要找出商店生意不好的原因，了解顾客走出商店以后如何行动，以及为什么许多顾客在对商品进行长时间挑选后还是空手离开。

有一家音像商店由于地处学校附近，大量青少年经常光顾。通过恩维罗塞尔市场调查公司的调查，发现这家商店把磁带放置过高，身材矮的孩子们往往拿不到，从而影响了销售。昂得希尔指出应把商品降低到合适的位置放置，结果这一举措使该商店磁带销售量大大增加。

还有家叫伍尔沃思的公司发现商店后半部分商品的销售额远远低于其他部分，昂得希尔通过观察、拍摄现场揭开了这个谜：在销售高峰期，现金收款机前顾客排着长长的队伍，一直延伸到商店的另一端,妨碍了顾客从商店的前面走到后面。针对这一情况,商店专门安排了结账区,从而使商店后半部分商品的销售额迅速增长。

2)亲身经历法

亲身经历法是由调查人员亲自参与某种活动来搜集有关资料。例如,企业要了解其代理商或经销商服务态度的好坏,可以直接派人去买东西。这种方法搜集的资料非常真实。

3)痕迹观察法

痕迹观察法不直接观察调查对象的行为,而是观察调查对象留下的实际痕迹。例如,美国的汽车经销商往往同时经营汽车修理业务,为了了解在哪一个广播电台做广告效果最好,对被开来修理的汽车所做的第一件事情,就是派人查看汽车收音机的指针是在哪一个波段,从而了解哪个电台的听众最多,下一次就可以选择在该电台做广告。

4)行为记录法

行为记录法通过录音机、录像机、照相机及其他一些监听、监视设备来进行观察。如美国尼尔逊公司通过计算机系统,在美国上千个家庭的电视机中安装了电子监视器,每90秒扫描一次。这些家庭的电视机只要收看了3分钟以上的节目就会被记录下来。另外,公司还请一些家庭(500~800户)做收看记录,将每家每天在什么时间看什么节目全部记录下来,每周统计一次,然后把统计表寄给调查单位。

2. 询问法

询问法是把调查人员事先拟订的调查项目或问题,以某种方式向调查对象提出,要求调查对象给予解答,由此获取信息资料。询问法可分为以下几种。

1)面谈调查法

面谈调查法是由调查人员直接向调查对象询问有关问题以获取资料。通常,调查人员根据事先拟好的问卷或调查提纲上的问题,依次进行提问。有时,也可以采取自由交谈的方式进行。采用面谈调查法调查时,可以单独进行,也可以多人同时进行。

2)电话调查法

电话调查法是由调查人员通过电话向调查对象询问有关问题以获取资料。电话调查法的优点是:取得市场信息资料的速度最快,节省调查时间和经费;覆盖面广,不受地区限制;另外调查对象没有调查人员在现场所给予的心理压力,有可能畅所欲言,回答率高。

3)邮寄调查法

邮寄调查法是将调查问卷邮寄给调查对象,由调查对象填好后寄回的一种调查方法。这种调查方法的关键是要选择好调查对象,一般可以利用各种通信录、相关名册等去查找调查对象。

例如,强生公司作为一家国际知名的婴儿用品生产公司,想利用其在婴儿用品市场的高知名度来开发婴儿用的阿司匹林,但不知市场的接受程度如何。由于强生公司有一些关系较好的市场调查样本群体,且问题比较简单,但需由调查对象做出解释,故决定采用费用较低的邮寄方法进行市场调查。通过邮寄方法的调查分析,强生公司得出了这样一个结论:该公司的产品被消费者一致认为是温和的(这种反应与强生公司所做广告的宣传效果是一致的),但温和并不是人们对婴儿阿司匹林的期望。相反,许多人认为温和的阿司匹林可能不具有很好的疗效。为此,强生公司认为如果开发这种新产品,并做出适合于该产品的宣传就会损坏公司的整体形象,公司多年的努力也将付之东流。如果按以往的形象做出宣传又无法打开市场。因此强生公司最终决定放弃这种产品的开发。

4)留置问卷法

留置问卷法是由调查人员当面将表格交给调查对象,说明调查意图和要求,由调查对象自行填写回答,再由调查人员按约定日期回收的一种调查方法。这是一种介于面谈调查法与邮寄调查法之间的一种方法,该方法既可以弥补当面提问因时间限制调查对象考虑问题不周全等缺点,又可以避免邮寄调查回收率低的不足。这一方法的缺点是调查地域、范围受一定限制,调查费用相对较高。

3. 实验法

实验法是指在一定条件下,对所研究的对象的一个或多个因素进行控制,以测定这些因素之间的关系。在因果性的调研中,实验法是一种非常重要的方法。实验设计分为正规设计和非正规设计两种形式。

1)正规设计

在正规设计中,调查人员可对随机选择的试验体进行处理,因此,可以使用统计检验(通常是方差分析)来分析由正规设计实验所得到的结果。方差分析能使研究者判断某个因素是否显著地影响了另一个因素,或者所观察到的联系是由于其他因素引起的还是偶然发生的。

2)非正规设计

使用非正规设计时,处理实验体及选择实验体的方式缺乏随机性,因此,处理所引起的变化并不能完全通过统计检验分离出来。但非正规设计对市场研究很有用,因为它耗费小且易于使用。如某企业想测量免费样品对企业产品销售量的影响程度,如他们把小包装的洗发膏免费寄给被选择地区的一些家庭,一个月之后,该企业给这些家庭寄去了购买该企业大瓶洗发膏的优惠购货券。同时,这些优惠购货券也寄给了同一地区的同样数量的其他家庭(他们之前没有收到过小包装样品)。企业在这些优惠购货券上做了记号,以区别两组家庭使用的数目。在实验组里优惠购货券的使用量为121张,而在控制组里使用量为76张。这45张的差别就被认为是样品起的作用。

非正规设计的形式有以下三种。

(1)事前、事后无控制。这是最简单的一种非正规设计,它包括事前、事后测量经过处理的实验对象。

(2)事前、事后有控制。在这种非正规设计中,试验期间有一个控制组进行比较研究。

例如，在传统的商店里用桶陈列插花，而某超市试验用一个开口冷却器陈列插花，他们想研究这种讲究的陈列方式对插花销量的影响。同时，插花的销量在很大程度上取决于购买者的心情、天气、花的质量和价格、当时的季节等，他们也想测量这些因素对插花销量的影响。为了知道这种新的陈列方式对插花销量的真正影响，他们也记录了仍使用桶陈列插花的商店的插花销量，以其作为控制组进行对照。

（3）事后有控制。这种实验设计是市场研究中最常采用的方法，目的是减小事前猜测的影响。

4. 头脑风暴法和德尔菲法

这是以专家为调查对象的调查方法，实质上属于询问法的范畴，但其作用独特，在市场调查中具有重要作用。

1）头脑风暴法

头脑风暴法（Brain Storming，BS 法），又称智力激励法、自由思考法、畅谈会或集思会，是由美国创造学家 A.F 奥斯本于 1939 年首次提出的，1953 年正式发表的一种被广泛应用到激发创造性思维的活动中的激发性思考方法。它是一种通过小型会议的形式，在自由愉快、畅所欲言的气氛中诱发集体智慧，让参加者相互启发灵感，最终产生创造性思维的一种方法。

头脑风暴法的根本出发点是：社会中的个人难免受知识、环境、经验、思维方法等诸多因素限制，即使学识水平再高的人，也难免存在某些知识和经验方面的缺陷。因此，集体思考、集体智慧是防止片面、防止遗漏的重要手段，是决策民主化、科学化的重要依据。

这种方法通常采用会议形式，即召集专家开座谈会征询意见，将专家对过去历史资料的解释和对未来的分析有组织地集中起来，以取得尽可能统一的结果。在此基础上，找出各种问题的症结所在，提出解决问题的方法或对市场前景进行预测。

这种方法的优点是：能够使专家开动脑筋，互相启发，集思广益，在头脑中掀起思考的风暴，从而获得大量有创意的建议和想法，能把调查与讨论研究结合起来。其缺点是：受专家人数的限制，在挑选配合不当的情况下，会影响最后调查结果的代表性。

2）德尔菲法

德尔菲法是让专家用背对背的判断来代替面对面的会议，即采用函询的方式，反复征求每位专家的意见。经过客观分析和多次征询后，使各种不同意见逐步趋向一致。因此，这种方法在一定程度上克服了畏惧权威、不愿听到不同意见等弊端，使专家能够充分地发表意见，最后取得较为客观和实际的调查结果。

技能训练 2-5

调查主题确定及调查方法选择

以技能训练 2-1 中选定的企业为研查对象，通过对该企业客户服务市场现状的分析，初步确定客户市场调查的主题，并选择切实可行的调查方法，将相应的分析结论填入表 2-17。

表 2-17 _____企业客户调查主题的确定及调查方法的选择

分析步骤	分析内容		备注
	基本结论	分析依据	
调查的主题			
调查的主要目标			
调查的主要假设			
企业需要获取的信息			
调查的主要内容			
调查采用的主要方法			
分析结论			

(三)编制调查方案

调查目标需要通过调查方案的实施才能实现。调查方案的编制主要涉及资料搜集方法和渠道的选择，执行调查的人员或机构选择，样本计划、经费预算及时间安排，调查问卷的设计等。

1. 资料搜集方法和渠道的选择

市场数据可以被分成"一手数据"和"二手数据"两大类。通常先收集二手数据，如二手数据实在不够用则考虑收集一手数据。

一手数据的收集方法是：先用"焦点座谈会"或"深度访谈"这样的定性调查工具来发掘未知、挖掘深度，然后用"调查问卷"这样的定量调查工具来将态度、行为、趋势等用数字表达出来。

（1）第一手资料。搜集客户第一手资料（原始）的方法有很多，也很灵活，如观察法、实验法、询问法、邮寄问卷、电子邮件、电话访问、深度面谈及专家访谈等。具体采用何种方法要依据调查的目的、性质及经费预算等因素综合决定。

（2）第二手资料。第二手资料是指通过收集文献资料获得前人统计好的数据，比如通过搜索引擎进行信息搜索、查询国家统计年鉴、查询行业书籍、查询行业专项报告、查询上市公司财报、查询"天眼查"上的企业信息、查询国家和行业公布的相关政策。

在实际中，企业要调查的主题是非常具体的个案，可能并没有被纳入正常的统计口径，而单凭经验和行业管理体系知识，难以想象谁能掌握这些资料。这时，调查人员仍要积极"臆断"，确定几种渠道。实践证明，这种"臆断"是必要的，即使是错误的，也可能为企业的最终调查目标提供意想不到的契机。

2. 执行调查的人员或机构选择

调查活动可以由企业内部人员完成，也可以由专业机构来完成，还可以由企业与外部专家联合组成课题小组来完成，或者请外部专家完成调查的某一部分，如进行抽样设计或提供特殊的资料分析手段等。

当出现下面的情况时，寻求外部的帮助是有必要的：

- ◇ 企业内部人员不具备客户调查的技能或经验，或者以往做过几次，但是效果不理想，没有发掘出真正有用的或想要的信息；
- ◇ 企业对信息的要求紧迫或量大，自身力量难以胜任；
- ◇ 寻求外部力量帮助完成的成本比自己完成的成本更低。

企业在寻求外部机构进行调查时，往往不得不将企业的内部情况甚至机密资料告诉外部人员，由此会涉及的企业保密问题，应慎重对待。

3．样本计划、经费预算及时间安排

（1）样本计划。样本计划就是描述选择这个样本的过程与方法。与研究问题有关的目标总体非常庞大，大多数市场调查只能从抽取的部分样本中得到资料。

（2）经费预算。经费项目主要包括劳务费、问卷费、差旅费、设备使用费等。

（3）时间安排。调查组织者要对整个调查在时间上做出周密安排，规定每个阶段要达到的目标或要完成的任务，这将有利于调查进度及各阶段工作的协调、纠正和控制，以确保如期完成任务。

上述任务的具体实施可借助"客户调查计划表"来完成，如表 2-18 所示。

表 2-18　客户调查计划表

调查目标	
调查对象	
调查内容与调查项目说明	
调查实施进度安排	
调查方法	
调查负责人及调查人员	
调查费用预算	
备　　注	

4．调查问卷的设计

根据调查行业和调查方向的不同，问卷的设计在形式和内容上也有所不同。但是，无论是哪种类型的问卷，在设计过程中都必须注意以下几个要点。

1）明确调查目的和内容，问卷设计应以此为基础

明确调查目的和内容不仅是问卷设计的前提，也是其基础。市场调查的总体目的是为决策部门提供参考依据，而具体目的可能是制定长远战略性规划，也可能是制定某阶段或针对某问题的具体政策或策略。无论是哪一种情况，在进行问卷设计时都必须对调查目的有一个清楚的认知。

调查内容可以是涉及民众的意见、观念、习惯、行为和态度的任何问题，可以是抽象的观念，如人们的理想、信念、价值观和人生观等，也可以是具体的习惯或行为，如人们接触媒介的习惯、对商品品牌的喜好、购物的习惯和行为等。但是，应该避免调查内容中存在让调查对象难以回答，或者需要长久回忆的模糊不清的问题。

2）明确调查对象，问卷设计的语言、措辞应选择得当

问卷题目的设计必须有针对性，对于不同层次的人群，应该在题目的选择上有的放矢，充分考虑受调查人群的文化水平、年龄层次及协调合作的可能性。

除了在题目的难度和题目性质的选择上应该考虑上述因素，在措辞上同样需要注意。因为在面对不同的调查对象时，由于各方面综合素质和水平的差异，措辞上也应该进行相应的调整。例如，对家庭主妇做调查，措辞就必须尽量通俗。只有在这些细节上综合考虑，调查才能够顺利进行。

3）要考虑数据统计和分析是否易于操作

对于这方面的具体要求是，题目的设计必须容易录入，并且可以进行具体的数据分析，即使是主观性题目，在进行文本规范时也要具有很强的总结性，这样才能使整个环节更好地衔接起来。

4）卷首最好有说明，如称呼、目的、填写者受益情况、主办单位等

问卷调查是一项面对广大受调查群体的活动，由于调查目的和调查内容的不同，针对的群体也不尽相同。由于受调查对象配合积极性的影响，问卷调查在操作上通常比较困难，这也是很多市场调查做赠送等返利的原因。

作为操作市场调查的策划人员，应该充分尊重调查对象，在问卷设计上应尽量规范，同时必须要有调查对象有权知道的内容，如调查目的说明、个人隐私保护等。具体来说，问卷上应有尊敬的称呼、填写者的受益情况、主办单位和感谢语。同时，如果问卷中有涉及个人资料内容，应该要有隐私保护说明。只有尊重调查对象，才能调动他们配合的积极性。

5）问题应合理化、逻辑化和规范化

由于时间和配合度的关系，人们往往不愿意接受一份繁杂冗长问卷的调查，即使碍于面子接受了，也不可能认真地完成，这样就不能保证问卷答案的真实性。同时，在设计问题时要注意问题的逻辑性，不能产生矛盾的现象，并且应该尽量避免假设性问题，以保证调查的真实性。

为了使调查对象能更容易地回答问题，可以对相关问题进行分类排列，使调查对象一目了然，在填写时能比较愉快地进行配合。另外，主观性的题目应该尽量避免，或者换成客观题目的形式，如果确实有必要的话，应将其放在问卷的最后面，让有时间和能配合的调查对象来完成。

永和大王决定从只卖豆浆和油条拓展到也卖饭菜套餐，那他们是怎么开展数据收集来帮助决策的呢？

在起步的时候，他们都尽可能收集了企业内和行业内所拥有的二手数据。但因为两家企业都在回答"新问题"，所以重头戏都放在了一手数据收集上：通过"定性调查"和"定量调查"直接向客户问问题。

永和大王从华东、华中、华南、华北和华西选择了 N 个重点城市作为目标调研城市，这 N 个城市被选出来代表全国各地的客户。

第一阶段，先用"焦点座谈会"（定性调查）收集客户对早餐、午餐和晚餐的态度和行为特征，客户对永和大王（和竞品如麦当劳与肯德基）现有产品的满意点和缺憾点，客户对永和大王拓展卖饭菜套餐的概念接受度及对具体产品和价格的预期等。每个城市分别有四场焦点座谈会，因为可以将客户依据性别、年龄、职业和收入等维度组合成至少四种细分人群。

第二阶段，用"问卷调查"（定量调查）来将在"焦点座谈会"中的发现进行结构化和数量化：问卷调查的问题设计和统计结果能直接回答百分之多少的客户觉得如果永和大王增加饭菜套餐是可以被接受的、百分之多少的客户希望有宫保鸡丁饭套餐和猪排饭套餐、客户觉得永和大王的宫保鸡丁饭套餐应该卖多少钱等。在"问卷调查"环节，为了保障"代表性"，在上述 N 个重点城市完成了千份以上的问卷调查。

（四）分析调查资料及开发与管理客户

通过市场调查获得的大量客户资料，只有进行仔细的分析和整理，才能从中发现有价值的信息，才能为新客户的开发提供必要的线索。

1. 调查资料的分析与整理

1）搜集资料

首先，应对各种资料的来源进行分析，以确保资料的可靠性；其次，在资料的搜集过程中，应遵循由浅入深、由少到多、由一般性资料到专题性资料的搜集原则；最后，应注意资料之间的相互关系，及时捕捉有价值的资料。

2）整理资料

首先，要及时舍弃不必要及不可靠的资料；其次，对有价值的资料要进行评价，必要时做出摘要，同时检查资料中存在的错误，找到资料的出处或原始资料；最后，要将有效的资料整理成统一的形式，供进一步分析使用。

3）分析资料

首先，对资料所反映的本质与现象之间的内在联系做出科学解释；其次，对各份资料之间的矛盾或冲突做出合理解释；再次，对资料进行逻辑性推理或归纳，进而对资料进行重组与调整，以得出一系列合乎逻辑、合乎事实的结论；最后，运用图表等简明方式，表达调研结论、观点及资料的体系与结构。

4）撰写报告

首先，按照结论的轻重缓急，分章节撰写调查报告提纲；其次，报告内容要力求简明扼要；再次，要认真核查所有数字与统计资料，务求准确；最后，要注意结论尽可能公正客观、前后一致，确保重点突出，语言准确。

2. 新客户的选择与开发

市场调查是开发新客户的重要途径，新客户的发掘和开发是市场调查的重要成果之一。根据所搜集的资料，应对潜在客户进行筛选，然后制定个性化的新客户开发方案并予以实施。

1）新客户的选择

新客户的选择应遵循一定原则。首先，新客户应当有较强的财务能力和较好的信用，并且具有积极、合作的态度；其次，应考虑企业本身是否拥有符合客户要求的设备和技术，是否具有为新客户按时、按质、按量提供产品的能力。

对于所选择的新客户应制作相应的"潜在客户名录"，并逐一评估潜在客户情况，选择信用状况良好、经营业绩优良的客户作为重点开发对象，并为新客户开发提供背景资料，然后填制"客户开发计划表"，为后续开发工作做好准备，如表2-19所示。

表2-19 客户开发计划表

姓名：

客户名称	拜访对象	地址	电话	拜访时间安排												备注
					1月	2月	3月	4月	5月	6月	7月	8月	9月	10月	11月	12月	
				计划													
				实际													
				计划													
				实际													
				计划													
				实际													

2）新客户的开发

首先，在进行新客户开发前要做好个人礼仪、资料和样品等准备工作。在与客户接触过程中，一方面要力争与其建立业务联系，另一方面要对其进行信用及经营、销售能力等方面调查。其次，在访问客户前或进行业务洽谈后，要及时填制"新客户开发日程记录表"（见表2-20），将每天的进展情况、取得的成绩和存在的问题，及时向企业相关领导反映。最后，对于新开拓的客户，应填制"新客户开发报表"（见表2-21），以呈报主管部门设立客户资料管理卡。

表 2-20 新客户开发日程记录表

客户开发专员：　　　　　　　　　　　　　　　　　　　　　　　日期：　　年　　月　　日

客户名称	访问对象	滞留时间	初次拜访	再次拜访	业务进度					不在	客户类别			备注
					接近客户	产品说明	产品展示	建议书	缔约		热心	一般	冷淡	
当日	拜访数量													
	回访数量													
累计	拜访数量													
	回访数量													

表 2-21 新客户开发报表

客户开发专员：　　　　　　　　　　　　　　　　　　　　　　　日期：　　年　　月　　日

客户名称		电话	
企业地址		传真	
工厂地址			
负责人员			
推销产品			
第一次交易额及品名			
开发经过			
备注			
批示			

主管：　　　　　　　　　　　　　　　　经理：

四、利用网络渠道，开发目标客户

我们生活在一个高科技时代，互联网、智能技术的应用正在改变着整个客户服务领域。截至 2022 年 6 月，我国网民及移动用户规模均突破 10 亿大关，互联网普及率高达 74.4%。以互联网为代表的数字技术，正在加速与经济社会各领域深度融合，成为促进我国消费升级、经济社会转型，构建国家竞争新优势的重要推动力。

尽管搜集客户信息的方法有很多，可以通过传统的电话黄页查找，也可以通过其他平面媒体（如报纸、杂志）查找，还可以通过亲属、朋友提供等，但对客服人员来说，在当今电子商务环境下，熟练运用网络等高科技手段，不仅可以广开客源，给现在和将来的客户提供源源不断的信息资源，更是创新客户服务模式，开发新客户的有效手段。

1. 利用搜索引擎搜集客户资料

可以通过关键字搜索，搜集产品使用者相关信息，从而建立潜在客户数据库，为新客户开发提供重要的第一手资料。在搜索产品名称后，查看搜索结果右侧广告，也可以获得相关的客户线索。

此外，利用搜索引擎高级功能，可以更为精准地找到目标客户资料。例如，通过对网页标题的搜索，或者对指定站点及指定区域的搜索，都能够提高搜索结果的准确性和客户信息的相关性。

2. 通过专业网站搜集客户资料

通过企业官方网站搜集客户信息，是网络渠道搜集客户资料的重要手段。通过对企业网站访客，特别是注册用户的深度分析，可以获得大量有价值的客户资料。

此外，访问各类行业及专业网站，以及一些综合性商务网站，如阿里巴巴等，也是找到目标客户的有效途径。这些网站上汇聚了海量的商业客户信息。除此之外，黄页网站、政府与机构类网站、行业协会网站、行业领先企业网站，都蕴含了大量的客户信息资料，有待客服人员去挖掘和利用。

3. 利用网络社区搜集客户资料

广泛存在于互联网上的各类专门社区、专题论坛、专业博客，因其独有的专业性、权威性，凝聚了大量的人气，不仅是众多网络客户成长与成熟、学习与互助的重要交流平台，也是企业搜集客户信息、培育忠诚客户的重要网络平台。

当然，企业还可以利用 Alexa 等网站排名工具、网站流量统计分析软件、电子邮件扫描器等工具来广泛搜集客户资料。

企业连线 2-3 尺码推荐

阅读材料 2-2

利用大数据技术收集用户资料

随着技术的发展和大数据的广泛应用，"大数据"应用也逐渐变成了收集数据信息的重要工具和方法。在"目标客户"洞察这个维度上，"利用技术手段来追踪"正在取代"向客户提问"的方式成为主流的数据收集方式。

以前携程旅行网的电话客服一定会问客户一个问题，"请问你是从哪些渠道了解到我们的品牌"；而现在几乎所有的"互联网+"的企业已经不用客服问这些问题了，因为他们通过软件代码追踪的手段可以了解客户购买之前是从哪个媒体、哪个广告链接，甚至哪个广告创意进入的。

  从技术条件来说，目前客户的信息收集、决策和购买全流程已经高度电子化了，直接"追踪"他们在互联网上的信息搜索、产品页面浏览及购买下单过程就已经可以帮助我们回答：客户是谁？客户从哪里来的？客户关注的重要购买因素是什么？怎样可以打动客户？相对于"向客户提问"，"利用技术手段来追踪"的优势是数据更精准、收集更及时、可被收集的数据类型更丰富，并且数据收集工作是每时每刻"悄然"且"自动"发生的。这也是为何现在的北京王府井大街和上海淮海路上已经几乎没有手捧一叠问卷请你参与访谈的访问员了。

  同时，越来越多的企业，尤其是"互联网+"的企业正在将传统的客户关系管理（CRM: Customer Relationship Management）系统升级为大数据管理平台（DMP: Data Management Platform），其本质的差别是以前我们只能收集并记录客户的姓名、年龄、电话、地址等背景信息，再加上客户极少量的行为信息，比如什么时候买过什么、有没有复购等；而现在和未来，可以收集、记录并存储客户的全生命周期行为，从客户的广告浏览行为、社交媒体行为，到客户在企业官网和 App 上的表现，再到购买、复购和推荐拉新等行为。因此，阿里巴巴说自己其实是一家数据公司！

  市场上涌现了很多收集客户行为数据的专业公司，比如谷歌旗下的 DoubleClick，国内的精硕科技、秒针系统、国双科技、时趣互动和百度统计等都已经是这些领域的大体量专业公司，并且他们已从数据收集出发逐渐拓展至帮助企业建立自有或第三方的大数据平台。非常有趣，这些公司的大量人才都从传统而顶尖的市场调研公司转型而来，比如美国的尼尔森和英国的 TNS（特恩斯市场研究咨询公司）等。引用前联合利华大数据专家廖明博士的说法：大数据让我们对客户了解更多，打得更准；其实可以更进一步，市场洞察的本质是：让我们了解更多，打得更准！

  （资料来源：胡超 极简市场营销[M]. 北京：北京联合出版公司，2021：54-55.）

技能训练 2-6

企业客户群体特征分析

  以技能训练 2-1 中选定的企业为研究对象，分别对通过现有业务的分析、市场调查的开展、网络平台的调查等 3 个渠道掌握的客户资源进行初步整理，并给出相应的调查结论，填入表 2-22。

表 2-22 _____ 企业不同客户群体特征分析

调查渠道	客户分析		备注
	典型客户（10 个）	主 要 特 征	
对现有客户的调查分析	1. 2. 3.		
对潜在客户的调查分析	1. 2. 3.		

续表

调查渠道	客户分析		备 注
	典型客户（10个）	主 要 特 征	
对网络客户的调查分析	1. 2. 3.		
分 析 结 论			

技能训练 2-7

目标客户的开发及沟通

麦德龙超市是德国最大、欧洲第二、世界第三的零售批发超市集团，在全球33个国家拥有超过2100家门店，拥有近10万名员工。公司2010年营业额达到了310亿欧元。麦德龙超市1995年进入中国，一直秉承着其独特的经营理念。

目前，麦德龙在中国的店铺一般都超过1万多平方米，加上建筑面积和与建筑面积基本等同的停车场面积，有的甚至达到3万～5万平方米。与大型综合超市如家乐福与沃尔玛相比，麦德龙对地点、面积的要求更严格，更难选到合适的店面，所以自建超市成为麦德龙的一贯选择。

麦德龙的客户很"有限"，因为它只为自己的会员提供服务。麦德龙的会员可以分为个人会员和商业会员两种类型。个人会员又可以分为普通会员和PLUS会员，其中PLUS会员需要付费购买，享受更多的专属权益。商业会员则主要面向企业客户，提供团体采购服务，以及相应的会员权益和优惠。

值得注意的是，如果您带着小孩，也许您只能自己带着会员卡进超市消费了，因为麦德龙禁止1.2米以下的儿童进入卖场，理由很简单：作为一家大型仓储式商场，需要进行叉车作业，补充货品，而1.2米以下的儿童恰恰是在叉车驾驶员的视觉盲区。

购物完成后，尽管你不愿意，但你的名字将不得不重复出现在你的每一张收银单上。"透明"收银单上面详尽地排列着消费者所购商品名称、单价、数量、金额、日期和顾客姓名等。其详细程度甚至连每包卫生纸的卷数都有说明，绝无丁点含糊。在欧洲，这种透明方式很受欢迎，可是在中国市场推行起来却有了问题。据说，截至2003年初，麦德龙为此事已经遭遇了金额高达上百万元的退货。

麦德龙内部根据客户规模和购买量将客户分"ABC"三类，其专门成立的"客户顾问组"，对客户的消费结构进行分析，向客户提供专业咨询服务，帮助他们用最少的钱，配最合适的货，如：为小型装修队选配所需电动工具和手动工具提供的商品建议清单；为小型餐饮业准备的各种套餐餐具；为企事业单位准备的福利套餐商品建议目录等。这种专业性的服务不仅帮助客户降低采购成本，还让麦德龙拥有了大批的稳定客户，并能及时掌握市场需求动态，提高商品管理的主动性和灵活性。

（1）根据背景材料的第2段到第5段，简单概括出麦德龙不同于其他竞争对手的4个服务特色（100字左右），将概括的各特色填入表2-23。

表 2-23　客服前的准备

服务特色概述

（2）根据材料，麦德龙超市定位的是哪一类目标客户？如果你是售前营销人员，你会怎样来争取其成为麦德龙超市的会员。试着用文字表述出来，填入表 2-24。

表 2-24　目标客户及售前沟通模拟

目标客户有哪些？
售前沟通模拟测试：

任务四　评估客户价值

内容提要

客户终身价值的影响因素：客户的购买金额、购买频率、购买的时间间隔，以及客户购买其他产品的喜好及数量，客户推荐给朋友、同事或他人的可能等。

不同层级客户的特征、需求、欲望，以及影响购买决策的推动要素不同。一般情况下，高层级客户对改善服务质量的反应更强烈。

企业重点客户的选择，应根据企业市场目标来确定，如销售额 TOP10、销售额增长率 TOP10，或者销售利润率 TOP10 等。

客户价值可评可测，却并非一成不变。客服人员需要拥抱变化，并与时俱进地洞察客户价值的增量与变量。

不同的客户对公司意味着不同的价值，区分客户价值的大小，并采取个性化的客户服务策略，是提升客户价值并促进企业效益可持续增长的重要途径。

客户价值是一个动态的、综合的概念和现象。客户给企业带来的价值，既有近期价值，也有远期价值；既有显性价值，还可能存在隐性价值；既有目前的价值，也存在终身价值。

如何准确评估客户给企业带来的价值，如何根据客户价值大小对其进行分类，这些问题变得非常关键，它决定了企业应该赢得哪些客户，应该巩固哪些客户，又应该发展哪些客户。

一、评估客户终身价值

客户终身价值（Customer Lifetime Value），也称客户生命周期价值，是指每个购买者在未来可能为企业带来的收益总和。研究表明，如同某种产品一样，客户对于企业利润的贡献也有生命周期，可分为导入期、快速增长期、成熟期和衰退期。

对于一家希望持续经营和稳健发展的企业来说，客户终身价值的大小是企业关注的重点，也是客户关系管理的焦点，它决定了企业应当为谁提供服务，应该怎样提供服务。

企业的客户服务策略,决定了客户将给企业带来怎样的投资回报。下面是几家企业对其客户终身价值的预测:

- ◇ 北欧航空公司预测:每位商务旅行者20年能给公司带来的收益是48万美元;
- ◇ 凯迪拉克公司预测:每位忠诚的客户30年能给公司带来的收益是33.2万美元;
- ◇ 可口可乐公司预测:每位忠诚的客户50年能给公司带来的收益是1.1万美元;
- ◇ AT&T公司预测:每位忠诚的客户30年能给公司带来的收益的是7.2万美元。

1. 分析客户终身价值的主要步骤

1)搜集客户资料和数据

企业要建立客户档案,记录客户的有关资料和对其服务的情况,以便于后期客户关系的维护。

企业搜集的客户资料包括基本资料、客户特征、业务状况和交易现状4个方面,如图2-3所示。这些资料及数据随着时间推移所发生的变化,将直接影响对客户终身价值的测算。

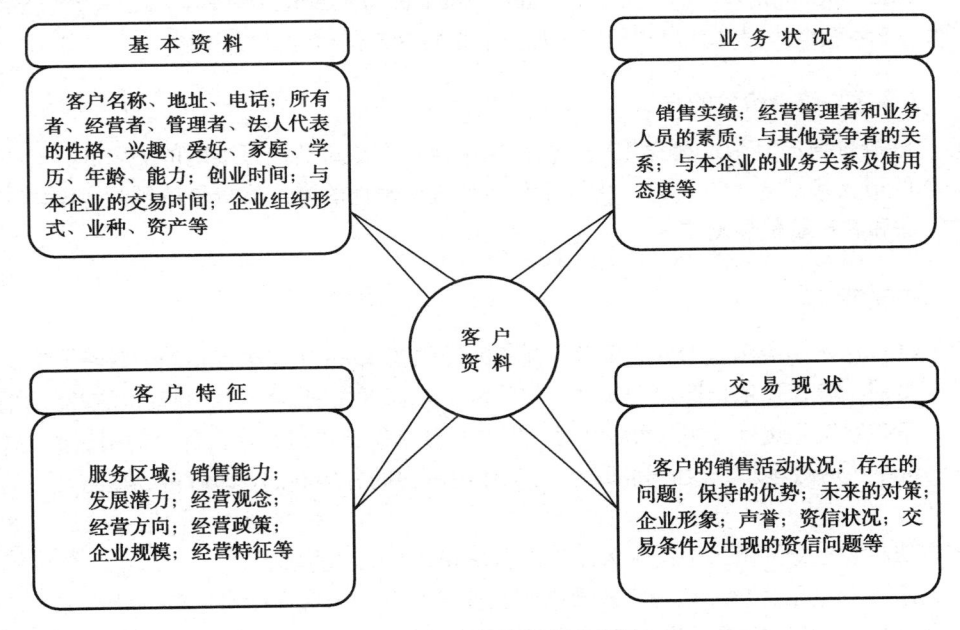

基本资料:客户名称、地址、电话;所有者、经营者、管理者、法人代表的性格、兴趣、爱好、家庭、学历、年龄、能力;创业时间;与本企业的交易时间;企业组织形式、业种、资产等

业务状况:销售实绩;经营管理者和业务人员的素质;与其他竞争者的关系;与本企业的业务关系及使用态度等

客户特征:服务区域;销售能力;发展潜力;经营观念;经营方向;经营政策;企业规模;经营特征等

交易现状:客户的销售活动状况;存在的问题;保持的优势;未来的对策;企业形象;声誉;资信状况;交易条件及出现的资信问题等

图2-3 客户资料内容示意图

2)定义和计算客户终身价值

影响客户终身价值的主要因素包括:所有来自客户初始购买的收益流;所有与客户购买有关的直接可变成本;客户购买的频率;客户购买的时间间隔;客户购买其他产品的喜好及数量;客户推荐给朋友、同事或他人的可能。

3)客户投资与利润分析

可以直接基于交易成本或资金投入进行计算,或者根据过去类似客户的行为模式,利用成熟的统计技术预测客户将来能带来的利润。国外的汽车业这样计算客户的终身价值：他们把每位上门客户一生所可能购买的汽车数，乘以汽车的平均售价，再加上客户可能需要的零件和维修服务费得出这个数字。他们甚至可以更精确地算出购车贷款带给企业的利息收入。

4）客户分组

通过第三个步骤，企业可以看到如何从客户终身价值中赢得最大的利润，随后企业可以根据这些数据将客户分成具有不同特征、不同行为模式和不同需求的组。例如，企业可以用聚类分析法将客户分为苛刻的客户、犹豫不决的客户、节俭的客户和久经世故的客户，并为每组制订相应的措施。

5）开发相应的营销策略

衡量客户终身价值的目的不仅是为了确定目标市场和认知消费者，也是为了设计能吸引他们的相应营销策略，如交叉销售方法（Cross-Selling）、向上销售方法（Up-Selling）、附带销售方法（Add-on Selling）、多渠道营销（Multi-Channel Marketing），等等。这些方法能够帮助企业运用RFM模型来提高客户的价值，尽可能地将客户的潜力开发出来。

2．测量客户终身价值的方法

客户终身价值的复杂性和变化性，使得采用何种方法对其进行准确的测量和计算，成为企业面临的最大挑战之一。目前，比较流行和具有代表性的客户终身价值预测方法，主要有DWYER法和客户事件预测法。

1）DWYER法

DWYER法是由美国人DWYER（杜瓦尔）先生在1989年率先提出的一种客户终身价值的计算模型法。它首先依据客户的属性（如收入、年龄、性别、职业、地理区域等），采用一定的分组策略对客户进行分组，然后针对一组客户分别统计这组客户在各年的销售额、成本费用，得到企业从这组客户获得的利润。汇总从该组获得的各年利润，即可得到这组客户的生命周期价值。

该方法将客户分为两大类：永久流失型客户和暂时流失型客户。

（1）永久流失型客户。这种客户要么把其业务全部给予现在的供应商，要么完全流失给另一个供应商。其原因可能是客户业务无法分割，只能给予一个供应商；或者是其业务转移成本很高，一旦将业务给予某一供应商则很难转向其他供应商。这种客户一旦流失，便很难再争取回来。

（2）暂时流失型客户。暂时流失型客户指的是这样一类客户，他们将其业务同时给予多个供应商，每个供应商得到的只是其业务总量的一部分（一份）。这类客户的业务转移成本较低，他们可以轻松地在多个供应商之间转移业务份额。有时可能将某供应商的份额削减到零，但对该供应商来说不一定意味着已经失去了这个客户。客户也许只是暂时中断合作，一段时间后，有可能突然恢复合作，甚至给予更多的业务份额。

DWYER法的缺陷是，它只能预测一组客户的终身价值或客户的平均终身价值，无法具体评估某位客户的终身价值。

2）客户事件预测法

这种方法主要是针对每位具体的客户，预测一系列事件发生的时间，并向每个事件分摊收益和成本，从而为每位客户建立一个详细的利润和费用预测表。

客户事件预测法可以说是为每位客户建立了一个盈亏账号，客户事件档案越详细，与事件相关的收益和成本的分摊就越精确，预测的准确度就越高。但是，客户未来事件预测的精准度并不能完全保证，主要有以下两个原因。

（1）预测依据的基础数据不确定性很大。客户以后的变数、企业预计的资源投入和客户保持策略，以及环境变数等都具有很多不确定性。

（2）预测的过程不确定性很大。整个预测过程是一个启发式的推理过程，涉及大量的判断，需要预测人员具有丰富的经验，所以预测过程和预测结果因人而异。

二、客户的分级与管理

分类是在对客户信息库分析的基础上，根据客户的显著特征对其进行的类别划分，如年龄、性别、区域等。此外，借助分类结果，应该基于客户最近的交易时间、交易频率、每次购买价值等多项指标对客户进行分级与管理。

1. 客户分类

对于制定有效的客户服务策略来说，综合衡量客户的目前价值和未来价值，并据此对其进行分级管理，是一种有战略意义的客户分类方法，如图2-4所示。

（1）A类客户：企业首要的客户，也是企业应当尽最大努力要留住的客户。

（2）B类客户：具有相当潜力的客户，对这类客户的维护，企业应有相当的投资保障。

（3）C类客户：企业的核心客户，企业应逐步加大对这类客户的投资。

（4）D类客户：企业没能争取到的客户，由于一些不可控因素的影响，客户的生命周期即将结束，企业应尽量减少对这类客户的投资。

（5）E类客户：企业的低级客户，企业应当缩小对其投资的力度。

（6）F类客户：无吸引力的客户，企业应当考虑撤资，终止为这些客户提供服务。

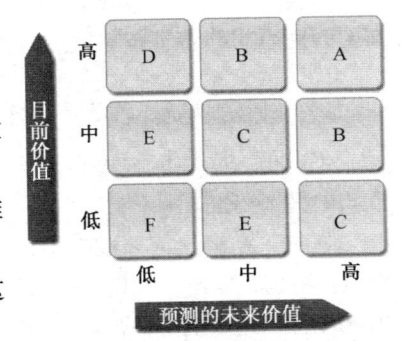

图2-4 根据客户的目前价值和未来价值进行分类

某银行将其所有的客户分为以下五类：

蓝色客户：每年能为银行提供500万元的综合效益或300万元的中间业务价值；

绿色客户：每年能为银行提供300万元的综合效益或100万元的中间业务价值；

红色客户：需求比较单一、盈利少却是银行的忠诚客户；

转移客户：需求复杂却不能给银行带来很大的利润；

清退客户：基本上不能给银行带来利润甚至会给银行带来亏损。

2. 客户层级管理的意义

合理划分客户层级，对客户进行恰当分级，是为了向不同的客户提供合适的服务。例如，在航空公司举办的提升客户忠诚度的活动中，最佳客户可以获得以下待遇：

- ◇ 优等的服务（快速换票，最后登机）；
- ◇ 商务贵宾休息室；
- ◇ 优先合作伙伴的待遇；
- ◇ 回赠点数；
- ◇ 更多的认可；
- ◇ 更好的支持服务（如传呼中心等）。

为了对重要客户提供高品质服务，企业要确保足够的投资预算，并为客户量身定制周到、细致的服务方案，以赢得并留住客户，最终使其成为企业长期的忠诚客户。

例如：知名的旅行社集团托马斯库克集团根据交易记录，将客户分成 A、B、C 三类，并且针对不同级别给予不同待遇。消费金额最低的 C 类客户如果提出很费时的服务要求（如行程规划），就必须预付 25 美元作为定金，而 A 类客户则无需预付定金。其负责人解释说："过滤掉随口问问或三心二意的客户，我们才能把大部分时间放在服务前两类客户上面。

3. 客户层级管理的实施

根据客户的层级模型，对于不同层级的客户需要采用不同的管理思想和管理策略。要使新的管理思想和管理策略发挥最大的作用，企业必须注意以下四个方面。

1）不同层级客户的属性和特征各异

当其他变量也能描述客户层级时，应优先根据客户盈利能力的差别，将重要客户从目标市场中挑选出来。

通常，在客户细分过程中，找出某一客户层级与另一客户层级的差异，具有非常重要的价值。特别是年龄、性别、收入等特征的不同，能帮助企业筹备合适的营销活动。例如，主要由男性客户构成的客户层级，与主要由女性客户构成的客户层级相比较，两者的服务策略和营销管理通常大不相同。

2）不同层级的客户看待服务质量的重要程度不同

不同层级客户的需要、欲望和感觉各不相同，他们对服务质量的定义也存在差异，对企业的感觉也不尽相同。例如，有些客户对价格非常敏感，而另外一些客户则更在乎品牌形象。如果客户需要不同的产品，那么企业应为不同层级的客户提供不同属性组合的产品。

3）不同层级客户影响购买的推动要素不同

企业一般应选取特定层级客户作为目标市场。企业往往愿意更好地服务盈利能力强的客户，因为这种策略有可能为企业带来更多的利润。进一步讲，企业希望通过吸引客户产生新的购买行为和增加购买数量，把低层级客户转化为高层级客户，这就要求企业抓住影响客户购买决策的关键推动要素开展营销活动。

4）服务质量的改善对不同层级客户盈利能力的影响存在很大差异

各个层级客户的特征、需求、欲望，以及影响购买决策的推动要素不同，如果客户层级模型是适用的，那么各层级客户对服务和营销的反应也应该不同。企业应定期评估客户层级的盈利能力。一般情况下，高层级客户对改善服务质量的反应更强烈一些，其结果是新购买行为增加了，购买量增加了，每个客户贡献的利润增加了。

总之，不同层级客户对服务质量的反应不尽相同，高层级客户对服务质量改善的回报更大一些。

三、重点客户的判断与管理

在企业现有的客户群体中，哪些客户对企业销售额贡献最大？哪些客户的购买额增长最快？又是哪些客户对企业利润的贡献举足轻重？对这些重点客户的判定和识别，以及在此基础上提供超出平均水平之上的优质服务，以增加客户黏性，提高客户满意度和忠诚度，是企业客服工作的战略重点。

随着市场情况的变化，对企业具有重要意义的客户可能会出现各种各样的问题，这就要求客服人员及时发现问题，深入分析问题症结所在，并及时提出解决策略，为上级主管决策提供有效支持。

对企业重点客户的判断及管理，可采用相应表格工具来进行，如表2-25～表2-27所示。

表2-25 重点客户管理表

序号	重点客户的初选					
	销售额TOP10		销售额增长率TOP10		销售利润率TOP10	
	客户名称	销售额	客户名称	增长率	客户名称	利润率
1						
2						
3						
4						
5						
6						
7						
8						
9						
10						
重点客户的确定						
序号	重点管理客户		销售额目标	将其设为重点客户的原因		实现目标的行动措施
1						
2						

续表

重点客户的确定					
序号	重点管理客户	销售额目标	将其设为重点客户的原因	实现目标的行动措施
3				
...				
客户服务部经理建议					
总经理建议					

表2-26　重要客户对策表

序号	客户名称	负责人	销售情况	问题所在	应对策略
1					
2					
3					
...					
扩大重要客户的基本方针						
备注						

表2-27　问题客户策略制定表

序号	客户名称	负责人	销售范围	所在位置	恶化趋势	问题表现	应对策略
1							
2							
3							
...							
备注							

企业连线 2-4　服饰产品常见问题分析

技能训练 2-8

客户的分级与管理

技能训练2-7中提到了麦德龙分类管理客户的方法，其实还可以对客户进行分级管理，表2-28是麦德龙某超市门店的客户分级管理利润表。请分析该利润表，并回答表2-29中提出的客户分级管理相关问题。

表2-28 客户分级管理利润表

客户等级	客户数量	交易总金额（单位：万元）	按10%利润率计算利润（单位：万元）
重要客户	20%	800	80
普通客户	30%	112	11.2
中小客户	50%	88	8.8

表2-29 客户分级管理

上表反映了一个什么现象，你如何看待该现象：
为什么要对客户进行分级管理，对于重要客户，你认为要做好哪些方面的工作：

项目小结

及时掌握市场动态、合理定位产品服务、准确寻找目标客户、正确评估客户价值，这是顺利推进客服工作的前提和基础。

研究企业赖以生存的外部市场环境，了解服务市场发展动态，是企业构建客户服务支持体系的大前提、大背景。

不同的客户对企业意味着不同的价值，客户价值需要评估及测算。根据客户价值对其进行分类和分级，对不同层级客户采取差异化服务策略，是提升目标客户忠诚度及促进企业利润长期增长的重要途径。

客户终身价值，是指每个购买者在未来可能为企业带来的收益总和。对于一家希望持续经营和稳健发展的企业来说，客户终身价值是企业关注的重点。分析客户终身价值的主要步骤包括：搜集客户资料和数据、定义和计算客户终身价值、客户投资与利润分析、客户分组、开发相应的营销策略。

综合衡量客户的目前价值和未来价值，合理划分客户层级，尤其是对重点客户进行判定和识别，并为之提供超出平均水平之上的优质服务，是增加客户黏性、提高客户满意度和忠诚度的重要手段。

迅速定位产品服务市场，分析目标客户可从以下几方面进行：

➢ 了解产品的特点和优势：找出产品的卖点和适合的客户群体。
➢ 确定客户的属性和行为：如年龄、性别、收入、职业、兴趣、购买习惯等。
➢ 锁定客户活跃的范围和场景：如地理位置、社交平台、媒体渠道等。
➢ 分析客户的需求和痛点：找出客户的问题和期望。
➢ 分析竞争对手的优缺点：将自己的产品和市场定位与其他进行比较。

企业连线 2-5 爱森电商客服技能测试

在线测试

思考与练习

1. 请简述什么是产品的市场定位？
2. 请简述什么是头脑风暴法？这种方法有哪些优势？

项目三　沟通客户需求

项目知识点

- 网络客户的沟通风格
- 客户对服务基本要求（客户服务的7度）
- 沟通与沟通模式
- 电话沟通的技巧
- 非语言沟通的类型及特点
- 倾听的作用及技巧
- 书面沟通的要素
- 书面沟通的技巧
- 网络礼仪
- FAB法则

文本：项目知识点　　视频：项目知识点

项目技能点

- 客户接待话术的拟定
- 客户需求的识别
- 倾听技能的诊断与改进
- 书面沟通中易读指数的测算
- 电子邮件的撰写
- 使用FAB法则推荐企业产品
- 通过探询发掘并引导客户的需求
- 有效拒绝客户的不合理要求

文本：项目技能点　　视频：项目技能点

项目素养点

➢ 耐心细致：面对客户的咨询或投诉，能够认真倾听、详细解答，确保客户满意
➢ 有效沟通：具备准确、流畅的语言表达能力，能够理解客户需求并传达相关信息

对于任何组织或个人，沟通的重要性不言而喻。沟通不仅能增强组织成员之间的凝聚力，还能大大提升团队的工作效率。如果沟通顺畅，上下合力，一个团队所爆发出来的能量是巨大的，产生的绩效也是惊人的！

一个不容忽视的事实是，所谓成功人士，大多是擅长人际沟通、珍视团队协作的高手。在资讯高度发达的信息时代，人们越来越深刻地意识到沟通的重要性。因为，只有通过顺畅的人际沟通，才能与他人保持良好的协作，才能获取自己所需要的资源，才能获得事业及人生的成功。对于面向客户的服务来说，沟通不仅是了解客户需求的方式，更是满足客户期望的关键；沟通不仅是一种实用的技术，更是一门人性的艺术。

任务一　理解客户需求

> **内容提要**
>
> 根据行为风格一般客户可分为结果型、表现型、顺从型、分析型；根据沟通风格网络客户可分为友善大方型、谨慎分析型、自我独断型。不同风格的客户，需要采取不同的服务策略。
>
> 客户对服务的要求有 7 度：可靠度、有形度、响应度、同理度、专业度、尊重度和参与度。
>
> 客户需求主要表现为信息需求、环境需求、情感需求、便利需求 4 种。
>
> 只有理解客户，才能以客为尊；只有对接需求，才能提供价值。

客户对于服务的感知和体验，往往取决于他与企业及其代表触碰的每个"真实时刻"或每个"触点"，尤其是最早与他接触的客服人员对他需求的理解与认同程度，以及当时的接触场景及心理体验。不同的客户，需求千差万别，在每一个这样的"触点"，客服人员面临的挑战在于：如何精准定位不同客户的个性化需求，并为之提供差异化的高品质服务。

一、了解客户的沟通风格

沟通不仅是一种技术，更是一门艺术！了解客户的沟通风格，可以帮助我们迅速调整自己的行为，选择合适的沟通方式，并以对方乐于接受的方式，建立友好关系，挖掘详细信息，从而提供更加适合客户需求的服务。

每位客户都有其独特的个性特点，服务人员要避免呆板地给客户"贴标签"，将其归入特定的类型时，还要清醒地认识到，客户除具备基本类型特征外，还存在一些独特的个性。

1．一般客户的沟通风格

不同的人有不同的沟通方式和风格。对沟通风格进行分类的方法有很多，下面从客户的果断性、情感性两个维度对沟通风格进行分类。

（1）果断性：做事干脆利落（强），还是比较谨慎小心（弱）。

（2）情感性：比较关心他人情绪（强），还是比较我行我素（弱）。

将上述两个要素组合在一起，便形成了 4 种不同的沟通风格类型，如表 3-1 所示。

表 3-1 沟通风格类型

情 感 性	果 断 性	
	弱（谨慎小心）	强（干脆利落）
弱（我行我素）	分析型	结果型
强（关心他人情绪）	顺从型	表现型

不同的行为风格，有不同的沟通特征。上述 4 种沟通风格的具体特征和需求，以及与其沟通的策略要点，如表 3-2 所示。

表 3-2 不同沟通风格行为特征

行 为 风 格	特 征	需 求	沟通策略要点
分析型	天生喜欢分析，情感深刻而沉稳，办事仔细而认真；面部表情少，说话时手势少，走路速度慢；观察力敏锐，考虑周密，办事有序；容易保持沉默，寡言少语；喜欢准确、完美，喜欢条理；衣着讲究、正规；决策非常谨慎；阐述一个观点时，喜欢兜圈子	安全感，万无一失；严格甚至苛刻的纪律；喜欢较大的个人空间，害怕被人亲近	节省时间，尽快进入主题，多听少说，不随便插话；不要过于亲热友好，减少眼神接触，避免身体接触；不要过于随便，公事公办，着装正规严肃，讲话要用专业术语；摆事实，并确保其正确性，信息全面而具体，多用数字；做好准备，考虑周全，语速放慢，条理清楚，严格照章办事，避免侵略性身体语言
结果型	有明确的目标和追求，精力充沛，身体语言丰富，动作和语言速度都较快；喜欢发号施令，当机立断，不能容忍错误；最讲究实际，也喜欢冒险；冷静、独立而任性，以自我为中心，也能关心别人，但他们的感情是通过行动而不是语言表达出来的	直接、准确的回答；有事实依据的大量新想法；高效率，喜欢明显的结果	直接切入主题，不用寒暄，少说少问，用肯定、自信的语言沟通；充分准备，实话实说，多谈结果，而且声音洪亮，加快语速，处理问题要及时，阐述观点要强而有力，但不要挑战客户的权威地位；给客户提供两三种方案供其选择；增加眼光接触的频率和强度，身体前倾
表现型	乐于表达感情，表情丰富而夸张，动作迅速，声音洪亮，话多；精神抖擞，充满激情，有创造力，理想化，重感情，乐观；凡事喜欢参与，愿意与人打交道，害怕孤独；追求乐趣，敢于冒险，喜欢幻想，衣着随意，乐于让别人开心；通常没有条理性，时间不规律，轻浮，多变，精力容易分散	公众的认可和鼓励，热闹的环境；民主的关系，友好的气氛；表达自己的自由；有人帮助实现创意	声音洪亮，热情，微笑，充满活力，精力充沛；大胆创意，提出新的、独特的观点并描绘前景，着眼于全局观念，避免过小的细节；如果要写书面报告，请简单扼要，重点突出；夸张的身体语言，加强目光接触，表现积极的合作态度；让客户多说，并适时称赞，经常确认并重复客户的话
顺从型	善于保持良好的人际关系，忠诚，关心别人，待人热心；耐心，说话和走路速度慢，具有较强的自制力；体态语言少，面部表情自然而不夸张；欢迎别人的反对意见，并善于将不同观点汇总后被各方面的人接受；害怕冒险；害怕得罪人，不愿意过多发表意见；衣着随意，喜欢闲聊；利用时间不规律	安全感及友好的关系；真诚的赞赏及肯定；传统的方式，规定好的程序	热情微笑，建立友好气氛，使之放松，少压力感；放慢语速，以友好而非正式的方式，可以谈谈琐事；提供个人帮助，建立信任关系，显示谦虚的态度；决策时不要施加压力，不要过分催促；当对方不说话时要主动征求意见，对方说话慢时不要主动帮对方结束讲话；避免侵略性身体语言

2．网购客户的类型

网络购物日渐普遍，网购人群也自有其特点。根据沟通风格不同，可以将网购客户分为以下 3 种类型。

（1）友善大方型。

特点：性格随和，网购显得比较随意，对待事物没有太高的要求，一般选好商品后咨询例行问题或几乎没问题，就直接下单成交了。

对策：**提供最好的服务**。不能因为对方的宽容与理解而放松对自己的要求。这类客户最易发展成为忠实客户。

（2）谨慎分析型。

特点：情感细腻，有很强的逻辑思维能力，对于选购商品非常在行，经常是货比三家，讲道理，最不能接受不公平或不合理的待遇，如果自身利益受到危害，擅长用法律手段保护自己。

对策：**真诚对待**。公平、公正地对待客户的需求，对问题应做出合理解释，尽量争取对方的理解。

（3）自我独断型。

特点：以自我为中心，缺乏同情心，有很强的决断能力，不善于理解别人，不会站在别人的立场想问题。对自己的付出要获取回报，不允许自己的利益受到任何伤害，性格敏感多疑。

对策：**以礼相待**。让客户受到尊重，在不违反原则的情况下，尽可能满足对方需求，若有过失，对自己的过失真诚道歉。

技能训练 3-1

网店售前客服沟通

登录京东商城，请先从平台特点、商家类型、物流方式、客户群体、盈利模式等方面来了解京东商城的特色和优势。假如你是京东商城的一名客服，对于以下情况，你将如何处理？填写表 3-3。

表 3-3　沟通客户需求

A. 打招呼	
顾客：在吗？	
客服回复：	
应注意事项：	
B. 介绍商品	
顾客：你好，我看中了一款衣服，但是不知道尺码是否适合我。我的身高160cm，体重50kg，穿什么尺码合适呢？	
客服回复：	
应注意事项：	
C. 价格辩论	
顾客：你们的产品怎么那么贵啊？	
客服回复：	
应注意事项：	
D. 质量质疑	
顾客：你们的产品质量怎么样？	
客服回复：	
应注意事项：	

二、做好接待前的准备

（一）与客户面谈前的准备

在与客户见面之前，一个专业的客服首先必须做大量的功课，以确保面谈的效果，提高工作效率。

1. 了解客户对服务的基本要求

要提供优质的服务，就要了解客户如何评价服务，了解客户对服务的要求。一般而言，客户对服务的要求主要有7个方面：可靠度、有形度、响应度、同理度、专业度、尊重度和参与度。

（1）可靠度。可靠度是指企业或客服人员能够可靠地、准确地履行服务承诺的能力。对任何不同的行业或企业，可靠度都是客户最看重的一个指标。

（2）有形度。有形度是指有形的设施、设备、人员等外在呈现出来的东西。客户刚开始接受服务时，通常是通过有形度来感受的。那些享誉全球、备受尊崇的企业，无一不是在客户与之接触的每个真实时刻，通过有形的、可感知的媒介，给客户耳目一新并为之一振的感觉和体验，从而形成鲜明的服务特色和品牌认知。

（3）响应度。响应度是指服务的效率和速度。时间就是金钱，浪费客户的时间自然会影响他们的情绪。

（4）同理度。同理度就是平常所说的同理心，是指客服人员能够在多大程度上理解客户的需求，理解客户的想法，设身处地地为客户着想，并给客户以特别的关注。这要求客服人员在客户需要帮助的时候，一方面体谅客户的心情，另一方面要理解客户的想法，并对客户的立场和想法予以足够的尊重。有些企业有形度很好，但是同理度给人的感觉很差，让客户觉得客服人员高高在上，不关心、不尊重他，这将给进一步的沟通带来困难。

（5）专业度。客户之所以选择这个企业，一是看这个企业是不是很专业，有没有解决其专业问题的能力；二是看其提供服务的人员是否很专业，能否提供专业的服务。专业度是建立信任的关键。当然，客户对客服人员专业度的要求，与企业品牌地位直接相关。2011年"双11"期间，国内知名品牌"湖南梦洁"床上用品店铺选聘了一些在校学生担任临时客服。企业和学校在活动后总结，由于客服人员的专业度与梦洁品牌的美誉度及客户的期望落差较大，因而对企业品牌造成了一定程度的伤害。为了避免类似的情况再次出现，近几年来在"双11"活动之前，公司都会安排专门的培训人员对临时客服进行专业培训，以提升临时客服的专业度。

（6）尊重度。获得尊重是客户的基本需求。礼貌、友好的态度，对客户由衷的赞赏，准确了解客户的问题，对他们遇到的问题表示理解，这些行为都将有助于提升客户的尊重度体验。

（7）参与度。市场将越来越倾向于由消费者主导和掌控，这是现代商业社会最重要的特征之一。让客户有更多的体验机会、更多的参与空间、更多的决策权，这是提升客户服务体验的重要策略。可使客户体会参与感的方法包括询问客户希望如何解决问题，及时告知客户进展情况，等等。

客户往往从以上7个方面来看待一个企业服务的优劣，但通常情况下，客户最看重的是可靠度，这是首选要素。

既然客户是通过这些方面来评价企业所提供的服务的，那么企业客服人员就必须通过这7

个方面的努力来提升自己的能力，为客户提供更好的服务，赢得客户最大的满意。

2．塑造专业的职业形象

做好充分的准备之后，客服人员需要以非常职业、非常专业的态度来欢迎自己的客户，主要体现在以下两个方面。

（1）职业化的第一印象。这是接待客户、欢迎客户最重要的一点。客户非常在意客服人员带给他的第一感受。客服人员要通过穿着、外表等有形度的展示，给人以职业化的感觉。在与客户接近时，个人形象举足轻重。一名优秀的客服人员往往给人着装得体、气质优雅、干净利索、恰到好处的印象。

（2）敬业、乐业的服务态度。良好的服务态度是敬业精神的最好体现。客服人员真诚友善的服务态度，对自身职业及岗位的荣誉感和自豪感，对企业及产品的热爱和信心，会通过客服人员的言行举止等细节源源不断地流露出来，并潜移默化地感染客户，将为进一步的交流打开一扇又一扇的窗口。

3．做好接待前的一切准备

要让一个素不相识或相知不深的客户，在短短的数分钟内产生"这个人值得信赖""这个人真有趣"的印象，绝非仅凭三言两语就能办到，客服人员必须倾注全力做好接待前的准备工作。例如，大致弄清客户的需求，掌握客户的基本信息，知道自己该做什么和不该做什么，只有这样才能赢得对方的好感。

4．打造引人入胜的开场白

要想引起客户的注意，引发客户的兴趣，适时地开始谈话是成功的前提条件。一个积极的谈话开端可以分为以下5个部分。

（1）友好地问候客户。通过友好的问候，可以把客户引入一个信任、友善的氛围中，为后续的沟通进行良好的铺垫。

（2）积极地响应客户。对客户做出的各种姿态都要给予接受。永远不要拒绝客户提供的任何帮助，客户递过来的一把椅子或一杯茶水，都应给予积极的响应和反馈，否则客户会停止提供这种帮助。尤其在下订单时，这种友好的帮助尤为重要。

（3）郑重地交换名片。与客户交换名片后，要将客户的名片认真地拿在手上，这是对自己也是对客户的尊重。不要将客户的名片随意丢在桌上，也不要老拿在手里。

（4）使用尊称进行交流。使用"您"等敬语让客户明白你对他的尊重。开场白力求简明扼要，要一下子就能抓住客户的注意力。只有这样，下面的工作才可能继续。

（5）寻找共同的话题。客服人员为了与客户培养良好的关系，应尽早找出共同的话题。特别是对于客户感兴趣的事物，客服人员多多少少都要懂一点，如流行音乐、体育、时尚话题等。当然，要做到这一点需要长期的积累，应通过不懈的努力来提高自身的修养。另外，还应特别注意，既然在某一方面永远赶不上相关专家，那么谈话要适可而止，不要不懂装懂。

在网络沟通中，彬彬有礼的开场白尤其重要。例如，遇到在线客户咨询时，在回答问题之前，首先应向客人问好，然后再来回答问题。

请比较下述两种沟通方式，不同网店客服服务品质的高下显而易见。

案例一：与客户沟通的第一句话回复得不合适，会降低服务品质和交易的成功率。

买家：老板在吗？

客服：在。

买家：你家有个新款的多用双肩包还有吗？

客服：没。

案例二：第一句话回复及时恰当，产生的良好印象有利于达成交易。

买家：老板在吗？

客服：您好，在的，有什么可以帮您？

买家：你家有个新款的多用双肩包还有吗？

客服：抱歉没有了，不过又有更漂亮的新款，您想看一下吗？

…………

在线客服及时的回复，会让客户对其产生良好的第一印象，而过于简单、生硬的用语，将影响在线的交互体验。另外，标准化的客服礼貌用语非常必要，在网络沟通时配合恰当的表情，如☺等，将产生更好的效果。

（二）在线客服接待前的准备

网上购物的特殊性，使得在线的客服接待无比重要。商品发布到网上后，客户通过各种渠道看到了这件商品，但是可能会觉得商品介绍得还不够详细，因此希望通过直接咨询客服人员的方式来获取更细致的信息。

一个成熟的店铺及客服人员，必须准备一套标准的接待流程，并预先准备一份常见问答，拟定若干常用话术，同时将客户经常关注的一些问题整理成操作手册，下发到每个客服手上。这样，客服人员可尽快进入工作状态，遇到问题时能镇静对待，根据常见问答中的内容来回复客户的常见问题，以保证店铺内所有接待人员对同一问题的答复保持口径一致。

1．规范接待流程

一般情况下，网店在线客服基本接待流程有"问好→提问→分析→推荐→谈判→帮助→核实→道别"8个环节，如图3-1所示，在线客服的操作手册也可以从这几个方面来准备。

以下是某品牌官方网店为"问好""推荐""核实""道别"等环节准备的话术。

亲，您好，我是小芝。（笑脸表情）

欢迎光临×××品牌官方店，很高兴为您服务。有什么可以为您效劳的？

亲，您好！您刚才说的商品有货哦。

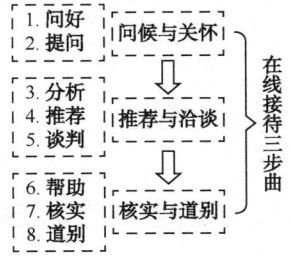

图3-1 在线客服接待的基本流程

亲，您的眼光真不错，这个产品是我们最畅销的，卖得很不错，现在这批也所剩不多了，估计用不了一两天又会没了，喜欢的话别错过了哦。（今天是优惠价的截止日，要把握良机哦，明天就没有这种折扣价了。）如果您今天购买的话，我还可以送您一些小礼品或一些产品分享装，让您体验一下。

亲，已经看到您支付成功了，我们会及时为您发货，赠送您的商品我们已经跟发货部沟通好了，下午就会发货给您，到时您在网上就可以查询到了。感谢您购买我们的商品，有需要请

随时找我。我会立刻为您解决。（表情）

亲，谢谢您！欢迎下次光临！（期待能再次为您服务。祝您生活愉快！）

2．拟定关键话术

所谓话术，一般是指说话的艺术。店铺商品种类繁多，推荐话术各不相同。每个店铺，至少对自己的重点"宝贝"，一定要多问几个为什么，先说服自己，再说服别人。这些问题，至少应当包括以下方面。

（1）重点"宝贝"的卖点是什么？至少要提供 3 个。卖点可能有 3～5 个，甚至更多，没必要一股脑地传输给客户，而应在交流中循序渐进地抛出去；先抛一般的，再抛更有分量的，能在哪成交，就在哪打住。

（2）为什么要买我们的"宝贝"？至少提出 5 个理由。

（3）使用我们的"宝贝"能获得哪些特别的价值及体验？要能充分激发场景想象。

（4）为什么要今天购买，而不是明天或以后？要让客户产生一定的紧迫感。

（5）我们的服务比别人好在哪里？一定要让客户放心、舒心。

（6）我们跟竞争对手的差异是什么？款式、材质，还是品质、知名度，还是其他什么？

技能训练 3-2

接待客户前的准备

以技能训练 2-1 中选定的企业为研究对象，根据表 3-4 中所提供的线索，对接待客户前的准备工作进行规划，说明理由并给出必要的分析结论。

表 3-4 　　　　企业客服人员接待客户前准备工作规划表

规 划 项 目	规 划 内 容	规 划 依 据	备　注
企业客户对服务的基本需要			
如何塑造职业化、专业化的个人形象			
接待前的其他必要准备			
开场白的准备			
分析结论			

三、识别客户的真正需求

客户的需求是不断发展和变化的，随着较低层次需求的满足，较高层次的需求便会凸显。客户的需求千差万别，客服人员应提前预测并准备相应的预案。

（一）了解需求的类型

网络购物的迅猛发展，让企业必须面对线上、线下两类特征分明的客户群体，他们的基本需求也有所不同。

1. 传统客户的基本需求

一般情况下，传统客户的需求主要有4种：信息需求、环境需求、情感需求、便利需求。

1）信息需求

信息需求主要是指需要了解有关产品的质量、价格、品种等方面的信息，实际上是一种客户需要使用到的帮助信息。去餐厅吃饭，客户的信息需求就是餐厅有什么菜、哪道是招牌菜、哪道菜的口味最好、多长时间能够上菜、价格是多少等；如果手机需要维修，客户的信息需求就是手机出了什么毛病、修理需要多长时间、大概会花多少钱等。

为了满足客户的信息需求，客服人员要做好充分的准备，不断充实自己的专业知识。因为只有具备了丰富的专业知识，才有可能为客户提供满意的服务。

2）环境需求

作为服务人员，还应及时预测客户对于服务环境的期望和要求。客户如果去银行取钱，在填写单据的时候，可能需要一把椅子；天气很热的时候，希望营业厅内有空调；如果等的时间较长，那么还希望有一些书刊可以打发时间。这些，统称为环境需求。

环境需求可能还要包括其他的一些因素。例如，对于一些带小孩的客户，他的环境需求和其他客户的就会有所不同。他可能希望能提供一个小孩玩耍的场所。现在很多大型商场都提供儿童托管区域，在托管区内还提供一些玩具。

如果是电话服务，也同样有一些特殊的环境要求。例如，客户希望对方处于一个安静的环境中，不要过于嘈杂，因而很多企业的座席都有很好的隔音装置，就是为了让客户清晰地听到服务代表所说的每一句话。这就是电话服务中客户的环境需求。

3）情感需求

情感需求是指客户在感情上需要获得客服人员的理解和认同。这种情感需求因人而异、因时而异、因地而异，多种多样且变幻莫测，需要客服人员随机应变和灵活处置。

4）便利需求

便利性是满足个人利益的一个重点。为客户购买及使用产品提供尽可能多的便利，是吸引消费者的重要策略。例如，汽车变速器自动变挡的便利性是吸引许多女性客户购车的重要原因，电话软件设计的简便性也是客户挑选的重点。便利性往往是打动消费者做出购买决策的关键因素。

2. 网店客户的基本需求

人们选择上网而不是到实体店去购物，最初可能是因为便宜、方便。当网上购物成为很多人的一种生活习惯或方式之后，他们的需求也日益丰富。

客户光临网店，除了对某个（或某些）具体的商品有需求，还有一些其他的需求关键而又敏感，但常被客服人员忽视，实际上满足客户具体商品以外的那些需求往往并不需要付出更多的成本，却在促成商品交易上发挥着巨大的作用。这类需求主要表现在以下一些方面：

- 安全隐私、感觉舒适的需求；
- 及时服务、有序服务的需求；
- 被识别或记住、受欢迎及尊重的需求；
- 被理解与信任、被称赞与鼓励的需求。

（二）探询客户的需求

探询客户需求的一个重要方法是提出高质量的问题。可惜的是，有很多客户经理或服务人员不会提问，也没有意识去提问，只会介绍产品。

1. 激发客户需求的询问

1）获取客户基本信息的询问

当探询客户需求时，首先我们应该获得客户的一些基本信息。客户的需求是如何产生的呢？客户的需求源于他自身所处的工作环境。所以，在探询客户需求时应当更多地了解客户所拥有的与企业产品应用有关的环境和信息，以便更好地理解客户的需求。例如，假如服务人员销售的是计算机，他就应当如此向客户询问：

- 您的公司有多少台计算机？
- 您的业务主要包括哪些方面？
- 您主要负责哪些方面？
- 计算机出现故障的情况如何？
- 您会花很多时间来解决这些问题吗？
- ……

2）发现问题的询问

客户需求的产生是由于存在需要解决的问题，或者存在需要弥补的差距。当获得了客户的相关基本信息之后，我们需要了解客户对企业产品应用方面的态度，尤其是不满意的地方，这样有助于进一步激发客户的明确需求。这时可向客户如此询问：

- 对现有系统您最不满意的地方在哪里？
- 哪些事情使您很头疼？
- 哪些事情占用了您太多的时间？
- ……

3）激发需求的询问

当发现了客户对现状的不满之处后，客服人员应通过提出激发需求的问题，将客户的这些不满意扩大成更大的不满意，从而引起客户的高度重视。这时可向客户如此询问：

- 这些问题对您有什么影响？
- 您的老板如何看待这一问题？
- ……

4）引导客户解决问题的询问

当客户已经意识到所面临问题的严重性后，通过引导客户解决问题的询问，可让客户看到解决这些问题之后给他带来的积极影响，从而促使客户下决心行动。这时可向客户如此询问：
- ✧ 这些问题解决以后对您有什么有利的地方？
- ✧ 您为什么要解决这些问题？

…………

2. 探询客户具体需求的询问

当客户表达的是明确的需求时，客户服务人员还应花时间尽可能多地了解客户的具体需求，同时也应知道需求产生的原因。这时可向客户如此询问：
- ✧ 我想更多地了解您的需求。您能告诉我您理想中的新计算机是什么样子吗？
- ✧ 对于我们台式机的主要特点，如可靠性、稳定性、易服务性、可管理性，您最感兴趣的是哪一点？为什么？
- ✧ 除了这一点，您还对哪些方面感兴趣？
- ✧ 您想用计算机做些什么工作呢？
- ✧ 您是已经有了产品配置，还是需要我为您推荐呢？
- ✧ 您希望得到一台什么样的计算机？这对您为什么很重要？
- ✧ 您准备如何使用这台计算机？
- ✧ 请告诉我您要的配置，好吗？（听上去很直接，但这对于那些很清楚自己要什么的客户是很奏效的。因为，他们可能就是想听听价格而已。）

3. 引导客户往下继续的询问

在客户服务过程中，需要在销售的阳光大道上不断引导客户前进。从最初接触客户，到与客户达成合作协议，有时候一个电话就可以，而有时候可能要持续 1 个月。在这个过程中，客服人员要引导客户一步步往前走，不能消极地等待客户做决策。要记住的是，很多时候，客服人员要帮助客户做出决策。这时可向客户如此询问：
- ✧ 您下一步有何打算？
- ✧ 如果您感到 ABC 公司的计算机不仅能节省您的支出，而且能提高您的效率，那么还要多久您才能做出决定？
- ✧ 您对 ABC 公司计算机最感兴趣的地方是什么？
- ✧ 如果 ABC 公司计算机可以满足您的要求，我们现在可以谈谈具体的细节问题吗？
- ✧ 为了得到您的同意，我还要做些什么？为了得到其他人的同意，我又要做些什么？
- ✧ 对于 ABC 公司计算机的主要优点：按需配置、可靠性、性价比（或其他优点），您最感兴趣的是什么呢？它可以帮您解决什么问题？解决这些问题很紧迫吗？为什么？
- ✧ 可否请教一下，除了我们，还有谁在与您联系？您认为他们哪一方面做得更好？
- ✧ 除了您，还有谁参与决策？
- ✧ 您希望分批送货还是一次性送货？

以上这些问题仅仅是罗列而已，并没有顺序之分。具体问题和顺序应根据与客户沟通的情况来定。有些客户性子很急，当客服人员问第一个问题"您可否谈谈您的整个想法"时，他就会把所有的信息都说出来。而有些客户未必，他可能并不想说太多，可能仅仅会说"我给你讲讲我要什么，你给我报个价就行了"。所以，要分情况灵活应对。

（三）识别客户的需求

满足客户需求是客户服务的核心，识别客户需求是服务工作中最为重要的一环。客服人员应特别注意的是，在完全、清楚地识别及证实客户的需求之前，先不要推荐企业的产品。对客户有效需求的理解，必须抓住以下两个关键要点。

1. 判断客户的需求类型

客户服务思维的第一步是"了解顾客"，而"了解顾客"要从客户的分类即市场细分开始。所谓"市场细分"，就是将人群按其需求特征进行分类，并由此构建企业自身独特的竞争优势。通过对客户群体的"划分"，就能使各个"族群"的需求变得"一目了然"。并不是简单地把市场进行细分就能解决问题。对于企业来说，关键是如何划分才有意义。弄清划分的基准和切入点极其重要，也非常困难。为此，必须先试着从各个切入点进行细分，从中找出灵敏度高的细分法。

对于一般的消费群体，可以根据以下特征来进行划分。

地理特征：地域/城市规模/人口密度/气候等；

人口统计学特征：年龄/性别/家庭规模/收入/职业/学历等；

心理特征：价值观/生活方式/性格/社会意识；

行为特征：购买量/购买频率/品牌忠诚度/购买体验/购买意向/价格敏感度等。

下面是日本交通出租汽车公司提供的"阵痛出租"的案例，就是因独特的市场细分切入点而产生的特别服务。

所谓"阵痛出租"，就是事先把接送地、医院、预产期等登记好，一旦产妇开始阵痛，一个电话，出租车就飞奔而来，不需要指引就直接送去医院。日本交通出租汽车公司为此配备了单独的呼叫中心，24小时365天随时在岗，绝不会发生"打了可是没人接"的情况。登记免费，接送费和普通的出租车收费一样。这是以女性顾客的需求为基准进行市场细分而产生的一种服务，结果非常受欢迎。据说自2012年5月开始提供此项服务以来，一年内登记了2万人次（相当于东京都内约20%的孕妇都登记了），实际利用率达7700人次。

再比如在网购人群中，可以根据客户对商品的了解程度进行细分，并据此掌握客户需求，采用相应的服务策略。不同网购客户的需求及其服务策略如表3-5所示。

表3-5 不同网购客户的需求及其服务策略

网购客户类型	网购客户需求	服务策略
对商品"非常了解"；知识面广，自信心强，问题往往都能问到点子上	需要用朋友的口气和他探讨专业的知识，给他来自内行的推荐，对他的专业知识和鉴赏品位给予尊重	面对这样的客户，可表达出你对他专业知识的欣赏，表达出"好容易遇到懂行的了"的感觉来
对商品"有些了解"，可能是一知半解；比较主观，易冲动，不太容易信赖别人	需要心平气和、有理有节地回复咨询，向他展示你丰富的专业知识	让他认识到自己的不足，从而增加对客服人员的信赖
对商品"缺乏了解"；充满疑虑但依赖性强	需要像朋友一样细心解答，从他的角度考虑给他推荐，并且给出推荐这些商品的原因	对于这样的客户，你的解释越细致，他就会越信赖你

2．明确客户的具体需求

在基本需求的基础上，对于每次具体的服务，客户还会有一些具体的期望。客户的期望是不断变化的，而且每位客户都有一些独特的需求。因此，当每次面对客户时，都要重新确定客户的具体需求。明确客户具体需求的方法主要有以下 4 种。

（1）设想：换位思考，将心比心。站在客户的角度，设想客户对我们可能会有什么具体的期望。例如，客户购买了一部移动电话，投诉电池有问题。我们设想一下，客户会希望客服人员怎么处理，并将这些设想进行排序。例如：

- ◇ 退货；
- ◇ 换货；
- ◇ 道歉；
- ◇ 上门服务，等等。

对于上述所设想的内容，还必须通过交谈、提问等其他手段进行验证。

（2）倾听：了解需求，明确意图。倾听不但可以帮助自己了解客户的内心世界和处境情况，而且可以表明我们对客户的重视，从而使其对客服人员产生信任感。当然，客服人员只有认真倾听，才能听出客户的弦外之音，才能了解客户的深层次需求。

有些客户对自己的需求非常明确，他们会在交谈中说出自己的需求。除此之外，还要注意观察客户的非语言行为，即所谓听弦外之音、察言外之意，这对于了解客户的真实意图是很有帮助的。

对于那些沉默寡言型客户，可以采取引导法，向对方提问。可针对客户关心的问题询问他的意见，从而促使客户与你交谈。对这类客户，更应该注意他们的表情、举动等非语言行为。

对于喋喋不休型客户，倾听的关键是要非常巧妙地抓住沟通的主动权。认真聆听客户的谈话，向他表达你的重视；同时又要抓住合适的时机引导话题，以获得提供服务所需要的信息，并及时结束谈话。客户谈论与主题无关的话题，任其畅谈可能会影响工作效率，如果暂时没有需要了解的其他信息，可以采用委婉的方式及时结束谈话。例如："不好意思，我必须马上处理您的资料。明天上午 10 点我给您电话，商谈这个问题的解决方案。"

（3）提问：核实细节，确认需求。客服人员通过有针对性地提出一些问题，然后帮助客户做出相应的判断，这样可以提升理解客户的效率。有一些客户并没有明确意识到自己的需求，因此也无法清晰地表达出来。此时，可以采取提问的方式来引导谈话，探询客户心中的需求，从而确保接下来提供的服务能够令人满意。优秀的客服人员通过简单的几个问题的询问，就能迅速找到客户需求的核心问题所在。

提问时可以采用封闭式问题，让客户给出"是"或"否"的答案。这一提问方法可用来获取确定的信息，明确客户的想法，对客户的陈述进行确认。提问时还可以采用开放式问题，使客户可以自由地陈述，从中获取更多的细节和信息。

（4）复述：验证内容，分清责任。复述就是把所听到的内容重新叙述出来，一方面是复述事实，另一方面是复述情感。

在餐厅吃饭，点完菜后，服务人员会把所点的菜名复述一遍，这就是复述事实。首先，复述事实的好处是可以验证所听到的内容，以便在出现异议的情况下分清责任；其次，复述事实可以提醒客户，是否遗漏了什么内容，是否有其他问题需要一并解决；最后，复述具备一定的技巧，还能体现一个优秀服务人员高水平的职业素养。

复述情感，就是对客户的观点不断地给予认同。例如："您说得有道理""我非常理解您的心情""您说得很对""我知道您很着急"……所有这些，都是情感的复述。在所有复述技巧的掌握中，以情感复述技巧的掌握最为重要。

无论是在日常生活中还是服务工作中，通过设想、倾听、提问和复述这4个技巧的使用，能够很快地明确客户的具体需求。

客户的需求应经过其亲口证实，而不应只是客服人员个人的猜测或主观臆断。很多时候，客服人员会对客户的需求进行探测和判断，但这些主观臆断并不能代表客户的真实需求。客服人员要做的就是，帮助客户整理和发掘他们的需求，并经过其确认，从而明确其真实、具体的需求。

另外，与客户商谈的结果也要进行最后的确认，这一点非常重要，又常常被忽略。确认过程应遵循KISS（Keep It Short and Simple）原则，即简洁明了，目的是再次确认双方商定的内容，强调交易中的重要事项，表达对客户需求的重视。

企业连线 3-1 大促数据分析——"双11"关键指标解读

技能训练 3-3

客户需求和期望值的预设与分析

以技能训练3-2中选定的企业为研究对象，根据表3-6中提供的线索，对企业客户的需求和期望值进行预设与分析，说明理由并给出分析结论。

表3-6　　　　企业客户需求和期望值的预设与分析

指标	内容描述	分析依据	备注
信息需求			
环境需求			
情感需求			
便利需求			
客户的主要类型			
不同客户的具体需求			
分析结论			

任务二　选择沟通方式

> **内容提要**
>
> 沟通的核心是获取理解并达成一致。在成本相差无几的情况下，宜优先采用当面沟通。
>
> 倾听是一种主动、积极的学习过程，而非单纯的生理行为。在人际沟通中，"听"比"说"更重要！
>
> 非语言沟通是利用语音语调的变化（副语言）、肢体动作的调整（身体语言）、时空环境的营造（环境语言）来沟通、传递信息。沟通大师，往往也是非语言沟通的高手。
>
> 书面沟通本质上是一种间接沟通，具有传达信息准确的优点，在解决简单问题或发布重要信息时经常采用。
>
> 沟通有技法，服务无止境。唯有锐意进取、精益求精，才能成为沟通高手，才能造就服务达人。

沟通是人与人之间、人与群体之间思想与感情传递和反馈的过程，其目的是达成思想的一致和感情的通畅，如提高人际关系、促进合作、解决问题、表达自己等。沟通可以通过语言、文字、图像、肢体等方式进行，主要的媒介方式有会议、谈判、游说、公关，以及网络、电视、广播、报纸、杂志、户外广告等。

良好的沟通，不管是通过电子邮件、电话，还是面对面，它都是一个双向过程。首先，你必须向客户表明，你已经明白了他们的意思；其次，还需要通过察言观色，见微知著，判断客户是否已经理解了你说的话。有些时候看起来是在沟通，但实际上并没有真正理解对方的意思。因此，沟通的核心是获取理解并达成一致。成功的沟通必然是一个双向、互动的过程，也是双方不断增进理解和积累信任的过程。良好沟通模式的构成要素如图 3-2 所示。

（1）**选择沟通方式**。如果你需要和对方讨论一份长篇报告，电子邮件方式可能是最佳的选择，这样方便在报告中插入你的评语；如果需要和某位情绪激动的客户沟通，面对面的交流可能更有利于问题的解决。当某种沟通方式不适合解决某一特定问题时，就不应拘泥于使用这一种方式。

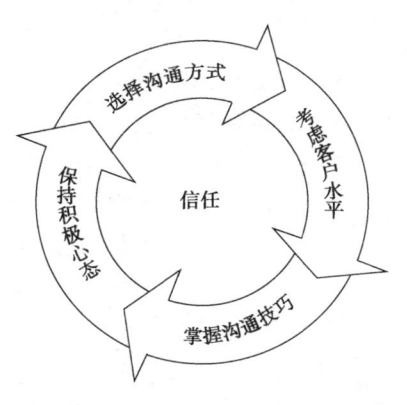

图 3-2　良好沟通模式的构成要素

（2）**考虑客户水平**。不要使用客户难以理解的缩略词或专业词汇，或者浪费时间去解释一大堆客户已经知道的东西。

（3）**掌握沟通技巧**。为了提高沟通的效率和水平，客服人员应该不断提高个人的听、说、写等方面的技能。例如，在交谈时不要过于直白，但一定要简洁明了、切中要害；在写作时则务必删除那些词不达意的句子。

（4）**保持积极心态**。对客户应态度友善，表现良好的亲和力；应尽量使用客户的名字或头衔称呼他们。

选择合适的沟通方式，掌握相应的沟通技巧，是提高沟通效率的关键所在。下面将就这方面问题进行深入探讨。

一、电话沟通

电话沟通是个体沟通的一种方式，也是一种比较经济的沟通方式。电话沟通的技巧是否高明，不仅直接影响沟通目标是否能够顺利达成，还会影响企业的对外形象。例如，以下几种情境宜采用电话沟通方式进行：

- ◇ 彼此之间的距离不是很近，但问题比较简单（如两人在不同的办公室需要讨论一个报表数据的问题等）；
- ◇ 彼此之间的距离很远，很难或无法当面沟通；
- ◇ 彼此之间已经采用 E-mail 等方式进行沟通，但问题尚未解决。

需要特别注意的是，在成本相差无几的情况下，宜优先采用当面沟通的方式。

1．电话沟通前的准备

与客户进行电话沟通之前，首先应选择安静的环境，以便不容易被他人打扰，不会因客观因素影响沟通的进程。此外，还应在以下 6 个方面做好相应的准备。

1）明确沟通内容

明确沟通内容，要清楚自己与客户"谈什么"。例如：确认客户有没有收到寄发的资料；调查客户满意度；售后跟踪调查；进一步明确客户需求；定期进行客户关怀等。

2）定位沟通目标

定位沟通目标是对电话沟通"谈得怎么样"进行预判，以使客服人员将全部精力集中于目标上。定位沟通目标时要注意以下 3 个问题：

- ◇ 要站在客户的立场确立客观实际的预测目标；
- ◇ 尽可能将结果数字化，以便对结果进行最终评测；
- ◇ 如果不能保证沟通目标一定会达成，可以设立第二沟通目标，以便于向客户进行解释。

3）设立系列提问

在电话沟通之前，最好对客户的资料要有一定的了解，并设立一系列符合逻辑的提问。例如，"您对我们的服务还满意吗？""对于这个问题，不知您有什么建议或看法？""什么时候将样品送过去最符合您的要求？""不知您周围的朋友有没有做过这项服务？"等。

此外，对电话中可能发生的事情进行合理的、符合常规的设想。例如，客户可能提出什么问题、可能存在什么样的潜在争执、原因是什么、如何应对，等等。

4）准备所需资料

准备好客户的基本资料与企业资料，可将资料做成工作帮助表，使客服人员可以随手拿到，迅速回答客户的问题。

5）设计让人印象深刻的开场白

电话沟通的开场白应包括以下 5 部分：
- ◇ 热情地表示友善的问候，简洁地进行自我介绍；
- ◇ 对相关的人或物进行一个简明扼要的说明，建立与客户沟通的桥梁；
- ◇ 介绍电话沟通的目的，确保让客户感受到你对他的价值所在；
- ◇ 有礼貌且热情地征询对方的意见，确认与对方交流的可行性；
- ◇ 找到对方感兴趣的话题，转向探询需求。

除此之外，还可以采用一些其他方法吸引客户的注意力，如表 3-7 所示。

表 3-7 吸引客户注意力的方法

方　　法	举 例 说 明
寻找客户熟悉的话题	"最大""唯一"等
引起客户的共鸣	"很多人都认为××服务对××效果很好，不知您怎么看（知道他也认同这点）？"
由衷地赞美客户	"听说您对××很有研究，所以想同您交流一下。"
谈及同行业客户	"最近我们向××公司提供了××服务，他们很满意，所以，我们觉得可能对您也有帮助。"
礼貌而有吸引力的声音	音质、语速等

6）保持积极、热情的心态

随时保持"微笑"的心态，面对任何问题都不要给自己找理由逃避。通过电话中的语气、声调和重音等方法，使电话另一端的客户感受到客服人员的微笑，明白客服人员表达的意思，从而进行有效的信息传递。

2．电话沟通的一般流程

电话沟通流程的制定应以时间为划分标准，以可操作性为基本原则，以细化、明确、具体为基本要求，如图 3-3 所示。

1）事前准备

事前准备主要考虑可能出现的问题，分析自身的优势、劣势及其他方面的机会与威胁等。

2）确认需求

通过有效提问，可确认客户的需求。有效提问的时机一般为收集信息和发现需求时、开始或结束谈话时、控制谈话方向时、制止客户滔滔不绝的谈话时、征求客户意见时、不明白或不相信的需要被确认时、提出建议或处理异议时，等等。

问题的类型一般可分为两种，如表 3-8 所示。

事前准备 → 确认需求 → 阐述观点 → 处理异议 → 达成协议 → 数据录入与服务跟进

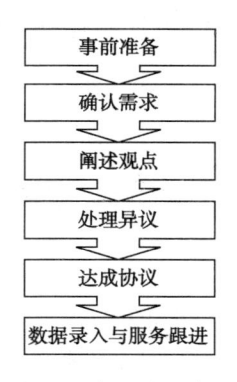

图 3-3 电话沟通流程

表 3-8 问题的类型

类 型	定 义	优 势	风 险
开放式问题	可以让讲话者提供充分信息和细节的问题	信息全面； 气氛友好	花费时间； 容易偏离方向
封闭式问题	可以用一个词来回答的问题	节省时间； 控制谈话时间	信息有限； 气氛紧张

在一般情况下，可以采用开放式问题开头；如果谈话偏离主题，就可以用封闭式问题进行限制；如果发现对方有些紧张，就再改用开放式提问。

3）阐述观点

阐述观点有两种情形：一是阐述计划，提出符合既定需求的建议，对一个问题提出多种方案，让对方来选择；二是描述细节，阐述如何实现所提出的建议。

4）处理异议

提议被客户反对时，不要马上反驳客户的意见。首先要确认对方是"真实反对"还是"烟雾式反对"。如果是"真实反对"，说明客户需要更多的信息。客服人员应根据客户提出的问题，具体就每个细节再次提问，从而辨别客户的真实意图和需求。客户往往会有一种自然的本能即通过反对而达到自我保护，如果是属于这种"烟雾式反对"，客户反对的原因不明确，表达笼统，客服人员应通过提问帮助客户找出原因。

5）达成协议

达成协议后，应适度地向客户表示感谢。在可能的条件下，可对客户有所回报，以表达自己的感激之情，或是积极地与客户分享成果。

6）数据录入与服务跟进

将电话沟通的相关内容录入数据库，以便需要时可以方便地查询。意见达成后，应采取积极的态度，按既定措施处理。如果发生变化，要及时与客户沟通。

3. 接听和拨打电话的技巧

接听和拨打电话可参照下列程序进行，如图 3-4 所示。

当电话沟通的对象是企业之外的人员时，电话沟通状况反映了企业的风貌、精神、文化，甚至管理水平、经营状态，等等。因此，客服人员如果在电话沟通时表现不当，就会导致外部人员做出对企业不利的判断。接听和拨打电话的技巧涉及以下几个方面。

1）重要的第一声

当我们打电话给某单位，若接通就能听到对方亲切的招呼声，心里一定会很愉快，双方的对话也能顺利展开，对该单位也就有了较好的印象。在电话中只要稍微注意一下自己的语音、语气，就会给对方留下完全不同的印象。同样说"你好，这里是××公司"，如果声音清晰、悦耳、吐字清脆，会给对方留下好的印象，并令其对自己所在单位也产生良好印象。因此，要记住，接电话时应有"我代表单位形象"的意识。

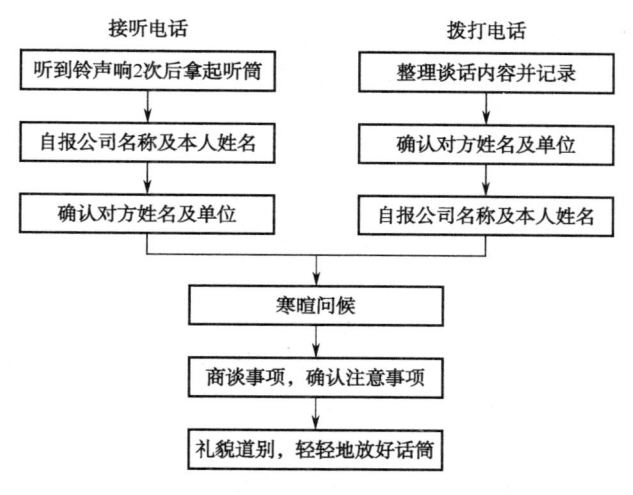

```
    接听电话                          拨打电话
听到铃声响2次后拿起听筒         整理谈话内容并记录
        ↓                              ↓
 自报公司名称及本人姓名         确认对方姓名及单位
        ↓                              ↓
  确认对方姓名及单位          自报公司名称及本人姓名
                    ↓
                 寒暄问候
                    ↓
            商谈事项，确认注意事项
                    ↓
           礼貌道别，轻轻地放好话筒
```

图 3-4　接听和拨打电话的流程

2）喜悦的心情

打电话时我们要保持良好的心情，这样即使对方看不见，但是在欢快的语调中也会被你感染，给对方留下极佳的印象。由于面部表情会影响声音的变化，所以即使在打电话时，也要抱着"对方正在看着我"的心态认真应对。

3）端正的姿态与清晰明朗的声音

在打电话的过程中绝对不能吸烟、喝茶、吃零食，即使是懒散的姿势对方也能"听"得出来。如果你打电话的时候，弯着腰瘫坐在椅子上，发出的声音就是懒散的、无精打采的；若坐姿端正，身体挺直，发出的声音就充满活力。因此打电话时，即使对方看不见，也要认为对方就在眼前，尽可能注意自己的姿势。声音要温雅有礼，以恳切之话语进行表达。口与话筒之间应保持适当距离，适度控制音量，以免对方听不清楚滋生误会，或因声音分贝高让人误解为盛气凌人。

4）迅速、准确的接听

现代人业务繁忙，桌上往往会有两三部电话，听到电话铃声，应准确、迅速地拿起听筒，接听电话，以长途电话优先，最好在3声之内接听。电话铃声响一声大约3秒，若长时间无人接听电话，或让对方久等是很不礼貌的。即使电话机离自己很远，听到电话铃声后，如果附近没有他人，我们应该尽快拿起听筒。这样的态度是每个人都应该具备的，这样的习惯是每个办公室工作人员都应该养成的。如果电话铃响了5声才拿起话筒，应该先向对方道歉。若电话铃响了许久，接起电话后只是"喂"了一声，会令对方不满，容易给对方留下恶劣的印象。

5）认真、清楚的记录

随时牢记 5W1H 技巧。所谓 5W1H 是指 When（何时）、Who（何人）、Where（何地）、What（何事）、Why（为什么）、How（如何进行）。在工作中这些电话记录资料都是十分重要的，与打电话、接电话具有同等的重要性。电话记录既要简洁又要完备，有赖于 5W1H 技巧。

6）有效的电话沟通

上班时间打来的电话几乎都与工作有关，公司的每个电话都十分重要，不可敷衍。即使对方要找的人不在，也切忌草率答复"他不在"便将电话挂断。接电话时要尽可能问清事由，避免误事。对方咨询本单位其他部门人员工作电话号码时，应迅速查找告之，不能说不知道。

接听电话时，首先应确认对方身份，了解对方来电的目的。如果自己无法处理，应认真记录下来，委婉地探求对方来电目的。这样做不但可以避免误事，而且还能赢得对方的好感。

此外，应耐心倾听对方提出的问题。当对方表达意见时，应让他能适度地畅所欲言，除非不得已，不要随意插嘴。其间可以通过提问来探究对方的需求与问题。

注重倾听与理解、抱有同理心、建立亲和力是有效电话沟通的关键。接到责难或批评性电话时，应委婉解说，并向其表示歉意或谢意，不可与对方争辩。

电话交谈事项，应注意正确性，将事项完整地交代清楚，以增加对方认同，不可敷衍了事。

如遇需要查询数据等查催事件，应先估计可能耗用时间之长短，若查阅或查催时间较长，最好不要让对方久候，应改用另行回话的方式，并尽早回话。

7）挂电话前的礼仪

要结束电话交谈时，一般应当由打电话的一方提出，然后彼此客气地道别；应有明确的结束语，说一声"谢谢，再见！"，再轻轻地挂上电话，不可只管自己讲完就挂断电话。

总之，要提高电话沟通的水平，需要不断实践，磨炼个人的话术、声音、倾听及情绪管理方面的技能、技巧，其主要内容如下。

- ✓ **话术技巧**：要用自己的语言去表述，不要模式化，要清晰明了地说明打电话的目的、产品的特点、服务的优势等，要适时地提问和总结，引导出客户的反馈和需求。
- ✓ **声音技巧**：要用声音传递积极的情感，面带微笑，充满活力，语速要适中，不要太快或太慢，要迎合客户的语速和语气，注意语调的变化，增强声音的感染力。
- ✓ **倾听技巧**：要专心致志地倾听客户的话语，不要打断或插嘴，要用肯定或询问的语气表示关注和理解，要抓住客户的重点和隐含的信息，要及时反馈和回应。
- ✓ **情绪管理技巧**：要保持冷静和礼貌，不要与客户发生争执或冲突，要尊重客户的意见和感受，要用积极的语言化解客户的负面情绪，要用赞美或道歉等方式增加客户的信任感和满意度。

企业连线 3-2 BPM 外贸公司电话激励奖金制度

技能训练 3-4

电话沟通话术分析

小王是平台商城新来的客服,今天接到一个客户电话。请针对下面的电话内容,指出小王和客户电话沟通过程中的不当之处,并给出改进意见。请将不当之处的对话序号填到表格 3-9 中的"错误之处",说明错误原因且进行修改。

拨打热线客户 A

小王 B

1 B:喂,你好!
2 A:你好,我是××的一个用户……
3 B:我知道,请讲!
4 A:是这样,我发现前天我购买的××产品已经过了保质期了……
5 B:不会吧,那你当时就应该拒收啊!
6 A:我当时没注意看,今天才发现……
7 B:那我们也没办法,我把销售商的电话告诉你,你跟他们协商吧。
8 A:我是通过你们的平台购买的啊。
9 B:我们只是中介,你直接跟销售商或生产商联系就可以了。
10 A:你这样不是欺诈消费者吗?我要投诉!
11 B:那我也没办法,你自己不看清日期,怪谁。(挂断)

表 3-9　客户沟通技巧

错误之处	错误原因	修改结果

二、有效倾听

在人际沟通中,"听"比"说"更重要。倾听,是指凭借听觉器官接收语言信息,进而通过思维活动达到认知、理解的全过程,其目标是达成思想的一致和感情的通畅。有效倾听可以定义为:在对话中,把感官、感情和智力的输入综合起来,寻求达成共识并相互理解的智力和感情的过程。通俗的说法就是,"听着"的不仅是耳朵,还应有眼睛、脑和心。因此,一个合格的倾听者能洞察一切暗示,并由此提出很多问题,以便挖掘对方更深层次的真正需求。

有效倾听是一种主动、积极的学习过程,而不是单纯的生理行为。当人们进行积极、有效的倾听时,可以听见或接收信息、关注信息、理解信息,并且对信息进行及时的反馈。

1. **有效倾听的重要性**

有效倾听是客服人员了解客户需求的基本手段之一。很多时候,客户的需求不是直接传递给客服人员的,而是客服人员通过一系列的推测、间接评论或非语言信号得知的。

有效倾听的重要性表现在以下几个方面:
- 可获取重要的信息;
- 可掩盖自身弱点;
- 善听才能善言;
- 能激发对方的谈话欲望;
- 能发现说服对方的关键;
- 可使你获得友谊和信任。

2. **倾听出现障碍的原因**

很多因素会造成低效的倾听,一些原因是内部存在的,但同时也存在很多无法控制的外部原因。下面是一些最常见的导致倾听出现障碍的原因。

1)偏见

作为一个倾听者,你与生俱来的很多个性特征都会对倾听造成一定程度的影响。例如,个人对一些人和事物的偏见,会让你无法客观地聆听对方所要表达的意思,从而导致对事物的主观臆断。

2)心理干扰

客服人员个人的心理状态,如生气或情绪低落,会对有效倾听产生负面影响。通常情况下,当人们情绪烦躁时,在与别人继续沟通之前,需要先让自己冷静下来,否则,在与人沟通时可能会自然而然地提高音量,或者将沮丧或失落的情绪带到为下一位客户的服务中去。

此外,导致倾听出现问题的原因还有许多,客服人员在工作中必须时刻注意排除这些可能出现的因素。例如:
- 用心不专;
- 急于发言;
- 排斥异议;
- 厌倦;
- 消极的身体语言。

3. **有效倾听的技巧**

1)少说多听

(1)掌握 80:20 听说比例关系的有效倾听,意味着少说话。客户说,你听,这个比例应当是 80:20,甚至是 90:10。只要保持沉默就能学会很多事,这真是令人惊讶。如果你很沉默,别人可能会以为你比较聪明。靠听的人往往比靠说的人学到更多的东西。

（2）不要打断对方，除非客户偏离主题，或者当你不能理解他们所说的内容时，否则一般不要打断客户的谈话。

（3）注意听客户在讲什么，而不是假装在听。既要听事实又要听情感。听事实：对方说了哪些话，他讲的意思是什么。听情感：要听清楚别人在说这些事实的时候，他的感受是什么，需不需要给予回应。

（4）进行必要的文字记录。如果客户提供的信息比较复杂，应及时做好记录，以帮助记忆和加深理解，也方便谈话内容的存档和日后的查找。这一行为还体现了客服人员对客户的重视和其责任心。

2）确认自己是否理解

（1）提出问题，及时问清你不确定的部分。很多情况下，我们并不能真正理解潜在客户讲话的含义。因此，在倾听过程中，要用你自己的语言重新表述一下你理解的含义，让潜在客户检查正误。

（2）不时插入精要的总结。通过概括对方所说的内容，让双方明白彼此的意思。

（3）适时发问，帮助客户理清头绪。谈话时，客户可能有欠思考，乱说一通，把自己弄得晕头转向，不知所云。假设他就某个问题要阐述三点理由，结果在第一点上就没完没了，这时可以适时发问"您的第二点理由呢？"。这样可以帮助说话的人理清头绪，言归正传。还有一种情形也可以适时发问。例如，当说话者滔滔不绝、谈话不易听懂时，可以适时提出让客户"举例来说"，常能使模糊不清的问题得到清晰的解释。

（4）不要对自己不感兴趣的话题不闻不问。如果你对潜在客户的某些讲话内容感到厌烦，这时你尤其要注意，一些很重要的事实可能会被错过，也许你只得到了部分信息。因为，你可能并不完全理解对方究竟讲了什么。即使是你以前已听过的信息，仍然要继续认真地听下去，"温故而知新"，不会有错。

3）表明你正在倾听

通过发送下列积极的非语言暗示，可以向客户表明你正在倾听。

（1）目光交流——经常保持目光接触，但不要目不转睛地盯着对方。

（2）肢体语言——自然而不僵硬；保持开放的体态，而不要手臂交叉，似有防范；身体略向前倾，但不要侵入对方的私人空间。

（3）感兴趣的语调——不管你说了些什么，如果口是心非，你的声调会告诉别人你心不在焉。

每个人都是对方的一面镜子，谈话时对对方的事情关心与否，往往直接反映在你的脸上。切忌流露不耐烦或反对的情绪。

4）建立人际关系

通过以下途径，与客户快速建立良好的人际关系。

（1）在开始解决问题之前，如确有必要，先让他们发泄掉心中的不满。

（2）表现出你能设身处地地从对方的角度考虑问题。

（3）着眼于未来，采取积极行动，而不要老是翻陈年旧账。

（4）把客户当作下一步行动中的合作伙伴，如"我们能一起想办法解决……"。

（5）及时肯定对方的谈话价值。在谈话时，即使是一个有着小小价值的内容，如果能得到肯定，讲话者的内心也会很高兴，同时会对肯定他的人产生好感。因此，在谈话中，一定要用心去找对方谈话的价值，并给予积极的评价和赞美，这是获得对方好感的一大绝招。

5）诊断式倾听

通过采用下列策略，可将倾听作为一个诊断的过程。

（1）一旦有错误发生，不要急于争辩、反驳或寻找借口。

（2）承认错误并真诚道歉，即便所发生的问题不是你造成的——但对客户而言，你就是整个组织的代表。

（3）找办法解决问题，而不是为困难寻找借口——这种令客户感动的"一定能做到的态度"将更加坚定他们成为你长期甚至终身客户的信心。

阅读材料 3-1

"销售大王"乔吉拉德的倾听教训

"世界上最伟大的推销员"乔吉拉德说过："世界上有两种力量非常伟大，一是倾听，二是微笑。你倾听对方越久，对方就越愿意接近你。据我观察，有些销售员喋喋不休，因此，他们的业绩总是平平。上帝为什么给了我们两只耳朵一张嘴呢？我想，就是要让我们多听少说吧！"乔吉拉德对这一点感触颇深，因为他从自己的客户那里学到了这个道理，而且是从教训中得来的。

有一天，乔吉拉德陪客户转了半个小时，对他要买车几乎有十足的把握，就差进办公室填订单了。他们一路走向办公室，客户满面红光，十分自豪地说起他儿子来："乔，我儿子考进了普林斯顿大学，我儿子要当大夫了。"

"那好啊。"乔吉拉德说。走进办公室时，大厅里几位销售员在说说笑笑。客户还在讲，乔吉拉德则留心着外边。

"嗨，我儿子棒不棒？"他还说个不停。

"成绩很好，是吗？"乔吉拉德问，眼睛仍盯着大厅里的那帮人。

"班上前几名呢！"他答道。

"他中学毕业后想干什么？"

"我刚跟你说过了，乔，他念书要当大夫。"

乔吉拉德说："太好了。"他看了客户一眼，忽然意识到自己刚才一直没注意听。他眼中有点异样的神情。

客户突然说："啊，乔，我得走了。"说完便离开了。第二天下午，乔吉拉德打电话到客户办公室，问对方什么时候来买车。

"哦，世界上最伟大的推销员先生。"客户说，"我要告诉你，我已经从别人那儿买了车了……我从那个欣赏我的推销员那里买的。他能体会我当时的心情，认真地听我夸我儿子。乔，你并没有听我说，对你来说我儿子当不当医生并不重要。告诉你吧，有人跟你讲他喜欢什么不喜欢什么的时候，你应该听他们说，全神贯注地听！"

（资料来源：杜慕群．管理沟通）

技能训练 3-5

倾听技能的诊断及改善

下面的训练很有趣，它可能会改变你认为自己是一个很好的倾听者的看法。请组成三人的沟通训练小组，每个人将轮流充当说话者（S）、倾听者（L）、观察者（O）的角色，这样每个人都能判断他人的倾听技能，并从体验中获得感悟。

请每个参与者都选择一个具有鲜明自我观点的话题，如"我认为，为了保护环境，应当禁止使用所有小汽车"，这种每个人基于常识就能讨论的话题。不管选择什么话题，最重要的是你必须坚持自己的观点。

在以下三次演练开始的时候，扮演倾听者的人将会告诉说话者自己所选择的话题，以及他对此所持有的观点。然后，说话者就开始围绕这一话题反驳（限时 5 分钟）倾听者的观点。说话者的任务是强而有力地（而非漫无边际地）反驳倾听者的观点，阐明新观点的合理性，或者推翻倾听者的观点。

倾听者的任务就是仔细倾听，5 分钟后对说话者所陈述的观点做出总结。

观察者的任务是向倾听者反馈其所表现出的倾听技能和概括的准确性。观察者不需要对说话者的表现做任何评价。

以上三轮演练结束后，小组利用数分钟的时间做一个简单的体会交流，并将个人的心得和体会填入表 3-10。

表 3-10　倾听技能的诊断及改善

	行为观察要点	做到了吗	观察者评语
倾听	80∶20 比例（S∶L）		
	L 没有打断对方说话		
	将跑题的 S 拉回主题		
	做笔记		
确认是否理解	提出问题，问清不明之处		
	给予精当的概括		
	对于不喜欢的话题也能坚持听下去		
表明正在倾听	目光交流		
	身体姿势		
	语气、语调		

续表

行为观察要点		做到了吗	观察者评语
建立人际关系	允许 S 发泄不满		
	能够换位思考		
	用 S 的名字来称呼他		
	着眼于未来采取行动		
诊断式倾听	不争辩、反驳或寻找借口		
	勇于承认错误并进行道歉		
	不妄下结论		
	想办法解决问题,而不是为困难寻找借口		
训练总结			

三、非语言沟通

非语言沟通是指在沟通中不依赖语言文字,而是通过其他方式来表达或理解信息,是人际交往的重要组成部分。非语言沟通的表现形式主要有面部表情、身体距离、姿势和动作、眼神、声音、仪表服饰、身体接触等,大体上可以分为副语言沟通(语气语调的调整)、身体语言沟通(肢体动作的变化)、环境语言沟通(时空环境的营造)三种类型。

1. 副语言沟通

副语言沟通是指有声音但没有具体意义的辅助语言(如说话者的音质、音调、语速及停顿和叹词)的应用,即所谓的"抑扬顿挫",不同的重音表达不同的语义,如表 3-11 所示。副语言能传递非常丰富的信息,副语言有先天的因素,如音质的不同,有的声音很好听,有的声音很刺耳;也有后天的因素,如说话的快慢、声音的高低、音量的大小、声音的变化、发音的准确程度、停顿的使用等。此外,还有些特殊的音节,如"喔""哎呀""呵"等,虽然自身没有确定的语义,但在语言沟通中配合使用,可以对语言沟通起到很好的补充作用。

表 3-11　不同的重音表达不同的语义

不同的重音	不同的语义
为什么我今晚不能<u>请</u>你吃晚饭	我要请别人吃晚饭
为什么<u>我</u>今晚不能请你吃晚饭	你要和别人一起吃晚饭
为什么我今晚<u>不</u>能请你吃晚饭	我要找到一个理由说明为什么我不能请你吃晚饭
<u>为什么</u>我今晚不能请你吃晚饭	你有什么原因
为什么我今晚不能请你吃<u>晚饭</u>	而不是明天吃午饭
为什么我<u>今晚</u>不能请你吃晚饭	而不是明天晚上

2. 身体语言沟通

身体语言沟通是指人们在沟通过程中，有意识或无意识地通过身体的外观、姿势或动作来传递信息，如身体姿势、衣着打扮等，或者目光、表情、手势等身体运动。下面的历史故事清楚地说明了这一点。

春秋时期，齐桓公与管仲密谋伐卫，议罢回宫，来到其所宠爱的卫姬宫室。卫姬见之，立即下跪，请求齐桓公放过卫国，齐桓公大惊，说："我没有对卫国怎么样啊！"卫姬答道："大王平日下朝，见到我总是和颜悦色，今天见到我就低下头并且避开我的目光，可见今天朝中所议之事一定与我有关。我一个妇道人家，没什么值得大王和大臣们商议的，所以应该是和我的国家有关吧？"齐桓公听了，沉吟不语，心里决定放弃进攻卫国。

第二天，与管仲见面后，管仲第一句话就问："大王为何将我们的密议泄露出去？"齐桓公又被吓了一大跳，问道："你怎么知道？"管仲说："您进门时，头是抬起的，走路步子很大，但一见我侍驾，走路的步子立即变小了，头也低下了，您一定是因为宠爱卫姬，与她谈了伐卫之事，莫非您现在改变主意了？"

另外，一个人的形象，对其信息的传递起着非常大的作用，有"致命的7秒"这个说法，即对一个人的第一印象，通常在最初的7秒内就已决定。研究表明，看上去有魅力的人往往更容易被人接受，其说出来的话也更容易被人相信，如外表出众的人往往比外表一般的人更容易获得别人的好感。这并不意味着长相一般的人就不行，很多东西都是可以通过后天的努力来获得的。

曾经有一个人走进饭店点了酒菜，吃罢摸摸口袋发现忘了带钱，便对老板说："店家，今日忘了带钱，改日送来。"店老板连声说："不碍事，不碍事。"并恭敬地把他送出了门。这个过程被一个无赖看到了，他也进饭店点了酒菜，吃完饭后摸了一下口袋，对店老板说："店家，今日忘了带钱，改日送来。"

谁知店老板脸色一变，揪住他，不让他走。无赖不服，说："为什么刚才那人可以赊账，而我就不行？"店家说："人家吃菜，筷子在桌子上找齐，喝酒一盏一盏地筛，斯斯文文，吃罢掏出手绢揩嘴，是个有德行的人，岂能赖我几个钱？你呢？筷子往胸前找齐，狼吞虎咽，吃上瘾来，脚踏上条凳，端起酒壶直往嘴里灌，吃罢用袖子揩嘴，分明是个居无定所、食无定餐的无赖之徒，我岂能饶你？"一席话说得无赖哑口无言，只得留下银子，狼狈而去。

3. 环境语言沟通

环境是沟通必备的要素，所有的沟通都是在特定的环境中发生的；同时，环境也是沟通的工具，通过时间环境和空间环境可以进行信息和情感的交互。

（1）时间环境。沟通时间的确定，能反映沟通主体对于沟通事项及沟通对象的微妙态度。是迫不及待、越早越好，还是无所谓？是客服人员黄金工作时间段，还是无关紧要的时间段？是预留了非常充足的时间，还是两个重要安排中间的一小段"边角料"时间？是只能公事公办的上班时间，还是可以进行深入交流的临近下班的时间？所有这些安排，都流露出客服人员对于沟通的重视程度和所希望达到的结果。

（2）空间环境。不同的空间距离能表达不同的意义和情感，甚至可以反映不同的宗教信仰、文化背景，所以也是非常重要的环境沟通要素。

通常将空间距离分为以下几类。

亲密距离： 一般在 0～0.5 米，因为交谈者有意识地与对方频繁地进行身体接触，适用对象为父母、夫妻、恋人或知心朋友等。

私人距离： 一般在 0.5～1.2 米，表现为伸手可以握到对方的手，但不易接触到对方身体，该距离往往是人们在酒会中与他人接触时的距离。在这种距离下，常常会发生更进一步的人际交往。我们习惯性设定的私人距离会反映出我们的自信心强弱和保护个人隐私的心态。

社交距离： 一般在 1.2～3.5 米，适用于商业活动和咨询活动场合。这种距离的控制基于几个重要因素，如是站着还是坐着、是一个人交谈还是与一群人交谈。

公众距离： 一般在 3.5 米以上，适用于作报告、讲课、表演等场合。在公众距离中的较近阶段（3.5～7.5 米），对非语言因素的理解会千差万别。公众距离中的较远阶段（7.5 米以上）对人际交往的影响是破坏性的，因为距离在 7.5 米以上，声音中的潜在含义在传递中会失真。

四、书面沟通

书面沟通是以文字为媒介的信息传递，其形式主要包括文件、报告、信件、书面合同等。书面沟通是一种比较经济的沟通方式，沟通的时间一般不长，沟通成本也比较低。这种沟通方式一般不受场地的限制，因此可被广泛采用。这种沟通方式通常在解决较简单的问题或发布信息时采用。

1．书面沟通的要素

书面沟通的要素主要涉及以下三个方面。

（1）沟通目的，是指通过书面沟通所要取得的成果。例如，我们写信或发电子邮件给他人，是为了：

- 向他人提供他们所需要的信息；
- 向他人了解我们所需要的信息；
- 进行推荐或提供建议；
- 要求他人采取行动。

有时，书面沟通能达到的只是其中的一个目的；而另外一些时候，一封信或一个备忘录却可能实现好几个目的。如果你在整个沟通过程中始终目的明确，便能从一开始就考虑好最佳的表达方式。

（2）沟通内容。在开始写作前，明确下列要点：

- 判断哪些内容是必需的，哪些内容是无关紧要的；
- 决定文章的思路；
- 明确哪些是需要特别强调或详细解释的事项。

主题单一而且明确的沟通是最有效的。如果一封信中混杂了不同的主题，读者往往难以记住所有的要点，但是，如果能够一封信一个主题，读者便很容易记住。如果你有许多不同的内容要阐述，可以考虑将它们分成几封不同的信函或电子邮件，或者重新组织内容，在每段独立的意思前加上一个小标题。

（3）沟通风格。对于什么是好的沟通风格，不同的人和组织有不同的理解，以下是几个基本原则：

- 简单、朴实的表达方式；

- 使用简单的词汇和短语；
- 开门见山，直奔主题；
- 不能过于精简而令人理解困难。

2．书面沟通的优点

书面沟通本质上是一种间接沟通，这使得其有许多优点。
（1）可以是正式的或非正式的，可长可短。
（2）可以使写作人能够从容地表达自己的意思。
（3）词语可以经过仔细推敲，而且还可以不断修改，直到准确表达出个人观点。
（4）书面材料是准确而可信的证据，即所谓的"白纸黑字"。
（5）书面文本可以复制，可以同时发送给多人，传达相同的信息。
（6）书面材料传达信息的准确性高。

3．书面沟通的障碍

书面沟通的间接性也给书面沟通造成了一些特殊障碍。
（1）发文者的语气、强调重点、表达特色，以及发文的目的经常被忽略而使理解有误。
（2）信息及含义会随着信息内容所描述的情况，以及发文和收文的部门而有所变更。例如：
- 个人观点——收文者很容易忽略与他自己的看法有冲突的信息；
- 发文者的地位——发文者是上司、部属或同一阶层的同事，会影响信息的意义；
- 外界的影响——收文者能否专心阅读收到的信息，收文者的心情如何，你写这封函或备忘录的时候心情如何，这封函送达的时间是大清早或是午餐的时候，等等。

（3）发文者选择的格式或时机不当。收文者很可能因为你开始采用的格式不当，而不太注意信息的内容。

4．书面沟通适用的情形

书面沟通主要适用于以下几种情形。
（1）简单问题，小范围沟通时（如3～5人沟通一下，做出最终的评审结论等）。
（2）需要大家先思考、斟酌，短时间不需要或很难有结果时（如项目组团队活动的讨论、复杂技术问题提前通知大家思考等）。
（3）传达非重要信息时（如分发周项目状态报告等）。
（4）澄清一些谣传信息，而这些谣传信息可能会给团队带来影响时。

5．书面沟通的技巧

好的书面沟通形式是易于读者阅读和理解的，从而有助于更好地表现文章的内容，以下是一些这方面的小技巧。
（1）给文章冠以标题，以便一开始就明确主题。
（2）把几个意思相关的段落组织起来，冠以小标题，使读者能够迅速地掌握要点，并能很快地对全文的大意有个了解。
（3）在可用的页面空间内，尽量保持写作布局的平衡。例如，不要把一小段文字挤在页首，然后留下大片空白。

（4）尽可能运用图表，如果图表能够更清楚地表达你的意思——但不要为了用图表而用图表，这样只会分散读者的注意力并浪费时间。

（5）每一个意思都单独成段——每个段落的数个句子都围绕一个中心思想展开。

（6）如果要求读者发表评论或依此行事，将段落进行编号通常会对读者很有帮助。

（7）保持形式的统一性——最多选择三种正文风格和两种字体颜色，并贯穿通篇（太多的花样会使你的文章显得杂乱无章）。

技能训练 3-6

书面沟通易读指数测试

易读指数能够让你判断自己的写作风格是否会给读者带来阅读理解上的困难，具体的操作可根据表 3-12 中所列提示进行。易读指数测试结果出来之后，请参照表 3-13 中所列的易读指数测试分析内容，对自己的文章进行评价。

表 3-12　易读指数测试表

操作步骤	操作结果	备注
1. 找出一篇自己写的不少于 200 字的文章		
2. 统计文章中""。""";"""?""!""四种标点符号的个数		
3. 将文章总字数除以标点符号个数，得出单句平均长度的数值		
4. 标出文章中所有的生僻词语（包括文言文、专业术语等非日常用语），并统计它们的总字数		
5. 计算生僻词语总字数占文章总字数的百分比，公式为： （生僻词语总字数/文章总字数）×100%＝____ %		
6. 取（第 3 点）平均单句长度数值和（第 5 点）生僻词语百分比数值（%），将两者相加，这个总和就是你的易读指数得分		
分析结论		

表 3-13　易读指数测试分析参照表

易读指数得分	文章易读性评价
15～18	文风过于简洁，但用于备忘录、批示应无大碍
19～20	表明文章大量使用短句和简单词汇，文风可能稍显生硬，看上去更像是一封电报
21～25	对于书信而言，恰到好处
26～30	相当于典型的日常会话，这应当是提高写作水平的一个参照标准（这并不意味着将写作等同于说话——众所周知，说话并不十分讲究语法，应力求将书面表达能力提高到优于日常会话所能达到的程度）
31～40	技术和专业文献通常处于这一范围内
>40	似有利用生僻词语和复杂句子结构故意将文章拉长之嫌，这使文章看上去漫无边际、不得要领，读者很可能会觉得不知所云

（资料来源：宋丽萍，张玲. 客户服务课堂）

五、网络沟通

网络沟通（Internet Communication）是指通过基于信息技术（IT）的计算机网络来实现信息的沟通活动。网络沟通与传统的沟通最根本的区别在于沟通媒介的不同，它凭借的是信息技术，特别是计算机网络及无线移动技术，而不再是电视、广播、报纸、杂志等传统媒介。

1. 网络沟通的特点和优势

网络沟通这种新型沟通方式，超越了时空的限制，使得沟通的内容更加丰富和广泛，也让信息的交互性极大地增强，可以实现"推"与"拉"相结合的互动性双向沟通。另外，网络化的数字媒体，让信息的管理和查询变得异常方便，特别是多媒体手段的介入，极大地提升了沟通的效果。

作为商品交易的卖方，其客户群体明确而具体，使得沟通更具有针对性；作为买方，将面临更为丰富的产品选择，拥有更为全面的信息支持，使得消费行为更趋理性。

网络沟通的优势具体表现在以下方面：
- ◇ 大大降低了沟通成本；
- ◇ 使语音沟通立体直观化；
- ◇ 极大地缩小了信息存储空间；
- ◇ 使工作便利化；
- ◇ 跨平台，容易集成。

2. 网络沟通的主要形式

1）电子邮件

电子邮件是一种用电子手段提供信息交换的通信方式，是 Internet 应用最广的服务。通过电子邮件系统，用户可以用非常低廉的价格，以非常快的速度，与世界上任何一个角落的网络用户联系，这些电子邮件可以是文字、图像、声音等各种形式。与此同时，用户还可以获得大量免费的新闻、专题邮件，并实现轻松的信息搜索。这是任何传统方式都无法比拟的。

正是由于电子邮件的使用简易、投递迅速、收费低廉、易于保存、全球畅通无阻，使它在商业活动中被广泛地应用，使商务沟通和交流方式发生了极大的改变。另外，电子邮件还可以进行一对多的信息传递，同一封邮件可以一次发送给多人。最重要的是，电子邮件系统是直接提供人与人、点到点之间信息交流的系统，邮件的数据发送方和接收方都是人，所以极大地满足了广泛存在的人与人之间通信的需求。以下是一个用电子邮件减肥的有趣案例。

位于美国加利福尼亚州的减肥研究中心公布了一项成果，那些经常使用电子邮件接收减肥指导的人，比那些没有接收这种指导的人的减肥效果要好得多。这项调查结论是他们将 90 名至少超重 20 磅的人分为两组进行试验后总结得来的。

两组人员事先都接受了减肥的咨询服务，他们都获得了营养及减肥方面的指导。第一组人员要求每天上网写出他们的饮用食品，定时进行锻炼，并且每周会得到专家的反馈意见和建议。

他们也可利用网上的公告牌，同其他减肥者进行交流；而第二组人员只按照最先的减肥计划进行减肥。结果他们发现如下事实。

三个月后，用电子邮件进行交流的那组人员平均减少了 9 磅，而另一组人员只减少了 3 磅。在之后六个月里，专家继续用电子邮件对第一组人员进行指导。

到第六个月的时候，第一组人员平均减少了 10 磅，而第二组人员平均只减少了 4 磅。但在 9～12 个月的时候，专家停止给他们建议，结果两组人员的体重都有所恢复。到年底时，第一组人员体重恢复了 3 磅，实际只减少了 7 磅，而第二组人员体重恢复了 2 磅，实际只减少了 2 磅。

尽管通过互联网获得的减肥效果，比当面进行的减肥指导要差，但这也向人们提供了一个选择，如果有人在接受面对面的减肥指导有困难时，使用网络进行指导也不失为一个好方法。

2）网络新闻发布

网络新闻是突破传统的新闻传播概念，在视、听、感方面给受众全新的体验。它将无序化的新闻进行有序的整合，并且大大压缩了信息的厚度，让人们在最短时间内获得最有效的新闻信息。网络新闻的发布可省去平面媒体的印刷、出版，电子媒体的信号传输、采集声音图像等流程。

3）即时通信

即时通信（IM）是指能够即时发送和接收互联网消息等的业务。即时通信自 1998 年面世以来，其功能日益丰富，逐渐集成了电子邮件、博客、音乐、电视、游戏和搜索等多种功能。即时通信不再是一个单纯的聊天工具，它已经发展成集交流、资讯、娱乐、搜索、电子商务、办公协作和企业客户服务等为一体的综合化信息平台。

3．网络沟通的策略

网络沟通，本质上还是在和人交流，因此，现实生活中如何沟通，网络上也该如此。

网络沟通中，首先必须遵循基本的网络礼仪。网络礼仪是指在网上交流时应遵守的一些基本的行为规范和礼貌原则，是网络文明的体现。进行网络沟通时，首先要自信，但要注意谦虚，做好细节，不要刻意放低自己。如果对某个方面不熟悉，不要冒充专家。发送任何消息前，要仔细检查语法和用词，不要故意挑衅和使用脏话。另外，要特别注意尊重对方，主要表现在以下方面。

- ◇ 尊重他人的隐私：不要随意公开私人邮件、聊天记录、个人视频等内容。
- ◇ 尊重他人的知识：人都会有犯错误的时候，不要好为人师，不要自诩高人一筹。
- ◇ 尊重他人的劳动：不要剽窃、随意修改和张贴别人的劳动成果，除非他人主观愿意。
- ◇ 尊重他人的时间：在沟通提问前，先做必要的前期准备，以提高沟通效率。

下面介绍不同的网络沟通形式采用的沟通策略。

1）电子邮件的沟通策略

（1）主题应当精当，不要发送无主题和无意义主题的电子邮件。

（2）注意称呼，避免冒昧。当与不熟悉的人通信时，请使用恰当的语气、适当的称呼和敬语。

（3）注意邮件正文拼写和语法的正确，避免使用不规范的用语和表情符号。要注意使用简单易懂的主题，以准确传达电子邮件的要点。

（4）因为邮件容易丢失，因此应当小心查问，不要无理猜测并责备对方。在自己做到及时回复邮件的同时，不要对他人回复信件的时效性做过分期许。

（5）不要随意转发电子邮件，尤其是不要随意转发带附件的电子邮件。除非你认为此邮件对于别人的确有价值。邮件一般要使用纯文本或使用易于阅读的字体，不要使用花哨的装饰。

（6）如果不是工作需要，尽量避免群发邮件，特别是不要参与发连环信这种活动（把这条消息发送给 10 个好友之类）。群发邮件容易使收件人的地址相互泄露，因此，最好使用邮件组或暗送。两个人商量事情牵涉到第三方时，应该将邮件抄送给第三方。

（7）在给不认识的人发送邮件时，要介绍一下自己的详细信息，或者在签名中注明自己的身份。没有人乐意和自己不明底细的人讨论问题。

（8）如果对方公布了自己的工作邮件，那么工作上的联系不要发送到对方的私人信箱。没有人乐意在和朋友们联系的信箱中看到工作上的问题。

2）即时通信的沟通策略

（1）不要随便要求别人加你为好友，除非有正当理由。应当了解，别人加不加你为好友是别人的权利。

（2）在别人状态为"忙碌"的时候，不要轻易打扰。如果是正式的谈话，不要用"忙吗""打扰一下"等开始对话，让对方做无谓的回复，而是把对话的重点压缩在一句话中。

（3）如果谈工作，尽量把要说的话压缩在 10 句以内。要记住，IM 不适合谈工作。

（4）不要随意给别人发送链接，尤其是不加说明的链接。随意发送 URL 是一种很不礼貌的行为，属于强制推送内容给对方，而且容易让别人的计算机感染病毒。

3）论坛社区的沟通策略

（1）尊重别人的劳动，不要随意转载，不要随意点评或者否定对方的知识层次，不要自诩高人一筹，切忌使用侮辱性的词句。

（2）不要做鉴定师和价值判断人，不要断章取义，不要抓住对方的一句话发挥，要认真阅读全文后再发言。

（3）在发表个人观点时，说出理由，而不是说出脏话。

企业连线 3-3 大促数据分析——如何识别异常数据

技能训练 3-7

旅游网站的邮件沟通

目前，携程已发展为中国最大的在线旅游服务公司，并努力打造中国人自己的旅游帝国。公司曾在南京、杭州、成都等机场相继推出"度假体验中心"，摒弃了之前无门槛滥发会员卡的"硬销"品牌推广方式(发会员卡这种推广方式被各行业滥用,发卡效果降到最低,无法获得下游客户)。"过去在销售柜台发卡,一般只能预订机票、酒店,对度假产品几乎没有直接帮助,因为度假产品信息量大,从目的地信息、产品特点到出发日期,这些很难在电话预订时三言两语说清楚,现在客人可以在体验中心上网,海量度假信息一览无余,预订也非常方便,这对携程度假业务的拉动非常大。"携程旅行网度假业务总监说。

请根据携程的特色与优势,撰写邮件来进行网站推广,写出邮件的标题及内容(要求300字左右),填入表3-14。

表3-14 邮件的标题和内容

邮件标题:	
邮件内容:	

任务三 满足客户需求

🔍 内容提要

在完全、清楚地识别及证实客户的需求之前,不要急于向其推荐企业的产品。

使用FAB法则(Feature-Advantage-Benefit,特点—优点—利益),可以将产品的特点,转化为客户的价值与利益。

满足客户的需求,是一种技术上的操作;而拒绝客户的要求,则需要更多的技巧,如用肯定的语气拒绝、用恭维的语气拒绝、用商量的语气拒绝、用同情的语气拒绝等。

"决定"有着巨大的力量,优秀的客服人员要善于帮客户做正确的"决定"。

人民对美好生活的向往,就是我们的奋斗目标。

客户的需求和期望,有些可以满足,有些是不能满足的。客服人员要通过自己的专业服务和沟通技巧,来满足客户的需求,或者降低客户的期望,并最终与客户达成协议。

一、有针对性地推荐企业产品

如果已经对客户的需求有了清楚的了解,并经过了证实,接下来就要根据自己的经验和专业知识,为客户做针对性的推荐,并提供适宜的解决方案。

1. 推荐产品的时机

客服人员常见的一个错误就是,在他们对客户的需求还没有搞明白和弄清楚时,就过早地开始推荐产品。甚至有些客服人员根本不关心客户的需求,只是一味地介绍产品。

为了使服务能够更顺利地进行下去,减少客户的不同意见,客服人员要把握好产品推荐的时机,不要过早地推荐产品。当下列情况同时发生时,客服人员推荐产品获得成功的可能性将大大增加。

(1)当客户有明确的需求时,并且客服人员对这一需求有清楚、完整的认识,同时,与客户就这一需求已经达成了协议。

（2）客服人员可以解决这一需求。

（3）客户愿意与客服人员沟通、交谈。

2．推荐产品的步骤

在向客户推荐产品的过程中，客服人员可采用下面的步骤及策略。

1）表示了解客户的需求

通过下面这段话，可以开启向客户推荐产品的谈话。

"刚才您告诉我……（运用客户的话），从这些情况来看，下面的方案对您最适合不过了。下面我给您做个介绍！"

2）将产品的特点转化为客户利益

要将产品的特点转化为客户利益，可以采用 FAB 法则（Feature-Advantage-Benefit，特点—优点—利益），即根据客户的需求，陈述与客户需求有关的特点，并且强调这些特点给客户带来的利益和好处。

（1）特点：指产品的基本特性/功能。不过，一个产品会有很多的特点，不可能全部将这些特点介绍给客户，因此主要介绍其独特的卖点（Unique Selling Proposition，USP；又称独特销售主张），从而增加竞争优势。

（2）优点：从特性/功能引发出来的、具有明显便利的用途，即产品的这个特点可以帮助客户做什么。例如，40 GB 的硬盘可以存储更多的数据和资料，以方便客户备份。

（3）利益：该用途能够为客户带来的益处。强调利用独有商业价值（Unique Business Value，UBV）来进行利益陈述，即你的 USP 带给客户的价值和利益是什么。要注意利益的陈述一定与客户的需求有关，如果所陈述的利益没有与客户的需求相关，那就不能算为利益陈述，只是在陈述功能或优点。

客服人员在进行产品描述时，既可以遵循产品"特点—优点—利益"这样的顺序，也可以先谈利益再讲特点。例如，"我认为最适合您的掌上电脑是 OP11，您可以在外出时很轻松地将它装入口袋中而并不会有太多的感觉（UBV 和需求）。因为这款机器仅有扑克牌一般大（独有销售特点），比其他机型都要小（优势）。"

有时客服人员在电话中向客户介绍产品的特点时，如产品的尺寸、颜色、重量等，如果他告诉客户的是一串数字，如长 13 厘米、宽 26 厘米、重 1.2 千克等，这些数字对于客户来讲可能没有直观的认识，在他们的脑海中并不知道它到底是多大或多重。所以，为了使客户更好地理解，客服人员可以用一些比喻来表示，这样会更加形象。

下面以家具为例来说明 FAB 法则的使用。

特点：采用 20 年以上黑金木，根系扎根 20 米以上，金属含量丰富。

优点：厚重、结实、防虫、防水、100 年不变形、纹理丰富。

利益：家族传承，保值增值（收藏爱好者）；家具气场与人体磁场融合（健康需求）、豪华气派、彰显尊贵（土豪需求）……

3）确认客户是否认同

当完成前两个步骤后，客服人员应当确认客户是否认同自己的推荐。例如：
- "您觉得这款机器如何？"
- "它符合您的要求吗？"

在客服人员进行确认时，客户可能会接受其建议，直接进入达成协议阶段，也有可能客户还会表达一下自己的看法。这时，客服人员需要针对客户的不同反应，做出不同的解释。

在有针对性地推荐产品时，一定要注意不要介绍太多不相关的特征，只陈述与客户的需求相关的特征和利益。很多不成功的销售案例，就是因为销售人员讲了太多客户不感兴趣的东西。

3. 专业地介绍产品

要使客户购买企业的产品，必须使客户对自己的产品有所了解，这是促成客户购买的前提和关键。所以在客户购买之前，向客户专业地介绍自己的产品非常重要。

1）对产品了如指掌并发自内心地喜欢

只有自己对产品了如指掌，才能流利地向客户介绍。要发自内心地喜欢自己的产品，只有喜欢自己的产品，在讲解时才能让它具有生命力，讲解才会更具说服力。

2）明确目标，做好产品演示前的准备

为了达到让客户购买的目的，必须使客户对产品产生兴趣。所以，产品的介绍要有非常明确的目的性，使客户产生购买的欲望。

在介绍产品之前，必须做好产品的演示准备。在每次介绍产品前都应确定：要介绍什么，怎么介绍，以什么顺序介绍才能给客户留下深刻的印象。

3）产品介绍条理清楚，简单易记

在对产品介绍之前必须对要介绍的内容烂熟于心，这样才能在介绍时简明扼要、条理清楚、逻辑合理，否则很难打动客户。

要特别注意的是，产品的操作及使用方法必须简单、易学，能够使客户有兴趣立刻就进行操作。换言之，通过系统的介绍，应使客户能够"学会"如何使用产品。最后，对讲过的事情，最好要确认客户是否已经明白并记住。

如果可能，应利用一些引人注意的辅助资料来充实自己的论证内容，因为大多数的客户都不是专业的，也不太了解企业的产品。要想打动客户，必须通过产品介绍让客户知道怎样使用和操作，而且要让他们相信购买以后能给他们带来好处。

4）以客户兴趣为中心，充分调动客户的积极性

在介绍产品之前，要对客户的兴趣点，即他们想了解什么进行仔细分析，这样才能有针对性地介绍产品。

调动客户的积极性对激发客户购买欲非常关键，一个积极性不高的人是不会采取购买行动的。这就需要在介绍产品时要想方设法地从客户的需求出发，让产品演示能够吸引客户的注意力，尽量多演示，少说话！

产品介绍是促成客户购买的直接动因。恰当的介绍不仅能使客户更快地掌握产品的性能和使用方法，而且能促使正在犹豫的客户早下决心。但是，如果产品介绍含混不清或夸大其词，那就会弄巧成拙，适得其反。

4．推荐产品的其他技巧

1）数字、折数、百分比

在介绍产品过程中，如何打动客户，并激发客户的购买欲望是成功的关键，可通过具体的数字、折数、百分比，让客户意识到对他的价值和帮助。例如，"您现在每个月的话费是 200 元左右，平均每分钟 4 角。使用了这个套餐后，每个月只需要 150 元就可以打 400 元话费的电话，平均每分钟 1 角 5 分，是原来的 1/3 左右，就如同您现在 5 个月的话费可使用 1 年，真的很划算。您觉得呢？"这种用数据说话的表述，能让客户直观、真切地感受到价值和利益的增加。

2）利益需要最大化

俗话说"小数怕长计"。有时候，你的产品可能每个月给客户的回报较小，但如果折算为一段时间的利益，那就是一笔大的好处了。例如，"每个月可以帮您节省 50 元，一年算下来可就是节省 600 元了"。

3）支出需要最小化

在谈到价格时，客户对于一次性支付的费用总是很敏感的。例如，客户问："一年多少钱？"客服人员说："每年只需要 2 800 元。"然而，这 2 800 元对一些客户来讲也是一笔不小的支出，无形中可能造成"还是太贵"的感觉。如果客服人员换种方式说，如"一年只需要 2 800 元，平均下来每个月才 240 元左右"。这样，相比较而言，会让客户感到，虽然他是一次性支付了 2 800 元，但他是在持续消费，从而降低了客户对价格的敏感度。

4）对比优势最明显

在客户服务过程中，为了让客户更为清楚、明白地了解产品对他的价值和帮助，往往要在介绍过程中运用对比法。这种介绍方法常用的结构是，"您现在的情况是……使用这个产品的情况是……"运用对比法时，要遵循一个原则：用相同的对比项进行对比。例如，下面两种话术，给人带来的感觉是大不相同的。

方法一：您现在每个月的话费是 120 元左右，而使用我们这项套餐后，您将有 600 分钟的通话费。

方法二：您现在每个月的话费是 120 元左右，您可打的电话是 530 分钟左右，而您使用现在的优惠后，每个月只需要 88 元，但却可以打 600 分钟的电话。

显然，消费者会更容易理解第二种表述。因为第二种表述是用相同的对比项在进行对比，即每月的话费、通话的时长，这样才能突出介绍产品的优势。

5）形象举例易说明

有时候，客户对你所讲的产品并不太清楚，不能很好地理解，这时候，举个生活化的例子，客户理解起来就不太难了。例如，移动的客户问："手机上网的流量是什么意思？"客服人员给他举了个例子:"流量就像是我们的水龙头一样,当您拧开水龙头时,水表就开始计算水费了。手机上网的流量就是指,当您上网时就像拧开了水龙头,而您在看内容时就相当于水流了出来。看了多少内容,就相当于流了多少水。"通过这种形象化的表述,采用轻松的话题,将复杂的专业术语变难为易、化繁为简。

6)一条一条显逻辑

一条一条介绍的方法可使话语特别具有逻辑性。常用的话术是,"这项业务对您来讲,可在三个方面帮您节省费用。第一,……;第二,……;第三,……"。

总之,推荐原则一定是买卖双方能够双赢。通过对客户的提问和分析之后,要推荐最适合的产品。另外,推荐时还要参考店内销售走势和库存情况。

技能训练 3-8

使用 FAB 法则推荐企业产品

以技能训练 3-2 中选定的企业为研究对象,根据表 3-15 中所涉及的内容,对企业产品的特点进行分析,再采用适当的话术,将企业产品特点转化为客户利益,说明相应的理由,并给出分析结论。

表 3-15 将***企业产品特点转化为客户利益

分析指标	分析内容	分析依据	备注
企业提供的产品			
产品的独特卖点(USP)			
产品的主要优点			
产品可给客户带来的独有商业价值(UBV)			
分析结论			

二、提供信息与选择

客服人员可以给客户提供较多的信息和解决方案,供其选择。就像谈判一样,可以提供一号方案、二号方案,一个不行,还可以选另一个。

1. 客户需要更多的信息和选择

客户的需求实际上有表面需求和内在需求两个层次。例如,客户想买一把扇子,他的表面需求就是一把扇子,但是从内在需求的角度看,他实际上是想得到凉快的风或想驱散暑气。从前者讲,你只能卖给他一把扇子;而从后者讲,你可以卖给他电风扇或空调。因此,从内在需求的角度来看,满足客户需求的解决方案可以有很多。

作为客户，首先需要得到尊重和认可，不管要求能不能被满足。客服人员只有表现出非常积极的态度，给客户一种已经尽力的感觉，才能获得客户的认同。

很多客服人员在这方面做得很糟糕，不但不能给客户一种尽力帮忙的感觉，反而给客户一种误解，就是并非公司不想办，而是客服人员嫌麻烦，从中作梗。最后，客户恼火了，可能会这样说："把你们的经理找来！我跟他讲。"

从这个角度讲，客户需要更多的信息和选择。如果客服人员能有多套方案供客户选择，就算这些方案客户都不喜欢，他也会觉得客服人员已经尽力了，甚至会看在这个人的面子上选择一个折中方案。

2．更多的信息和选择等于增值服务

如果能够提供更多的信息和选择，它就有可能变成增值服务。客户不满意，你可以加送一张卡或其他小物品，他就会有一种得到增值服务的感受。因为有些客户在提出自己的要求时，他就非常清楚这个要求是不现实的。这只是他口头上的要求，他往往还会在心里给自己设定一个低于口头要求的底线要求。

客服人员只要能够提供超出甚至等于底线要求的服务，客户实际上就得到了满意的服务或增值服务。这就像买衣服砍价一样，一件衣服卖180元，你的心理承受价是90元，但是你一定不会还价90元。你可能会问："60元卖不卖？"而你也知道60元这个价格是很难实现的，只是想试一下，看行不行。但是毕竟你提出来了，客服人员无法满足你，就要降低你的期望，提供另外一个方案："90元你要吗？"这时你勉强能接受了。"我再送你一个胸针。"那么你会更易于接受，这就是增值服务。但是，如果客服人员所给予的与客户的期望相差太远，就像谈判一样，势必是要谈判破裂的。因此，提供更多信息和选择，在某些时候就等于提供了增值服务，但其前提是客户已经认识到他的要求本身是不够合理的。

三、设定并超越客户期望

1．设定客户期望

1）设定客户期望的目的

设定客户期望意味着你要告诉你的客户，哪些是他可以得到的，哪些是不可以得到的。在现实工作中，很多时候我们都会非常明确地告诉客户，他的问题是否能够按照他所期望的解决。

那么，设定客户期望的目的是什么呢？由于客户往往期望较高，使客服人员很难完全满足他的要求，那么客服人员就要明确客户期望，并告诉他哪些可以满足，哪些不能满足，适当降低客户的期望。其最终的目的是将来能够与客户达成协议，这种协议是建立在双赢的基础上的。

2）设定客户期望的谈判技巧

在客户服务工作中，特别是对于客户期望的设定，需要用到一些谈判技巧。

谈判有四种模式：赢—赢；赢—输；输—赢；输—输。现在的商务谈判都提倡采用"赢—赢"模式，即双赢的谈判模式。双赢谈判是指在双方的让步之下达成协议，即所谓"漫天要价，

就地还钱",在讨价还价的过程中达成双方都可以接受的协议。但是,有的时候通过讨价还价也很难达成协议,除非你早就准备好了不同的方案使对方有接受的可能。例如,你坚决维持原来的价格而不给予客户任何补偿,这时要想达成协议就会变得很难。

因此,谈判技巧并不是万能的,不能解决所有的问题。在实际工作中我们发现,有时候你所设定的客户期望与客户的实际期望相差太大,就算你有各种技巧,恐怕他也不会接受。

因此,如果我们能够有效地设定客户的期望,即告诉客户什么是他可以得到的,什么是他不可以得到的,那么我们与客户就可能最终达成协议。

3)降低客户期望的方法

当你无法满足客户的期望时,可以考虑如何降低客户的期望,从而达成协议。要想降低客户的期望,首先,需要通过提问的方式了解客户的期望,其次,能够对客户的期望进行有效的排序。

客户对一次服务或某一个产品都会有不同的期望,这些期望都是他希望得到的,但是其中一定会存在矛盾的地方,最大的矛盾应该是价值和产品之间的矛盾。作为客户服务人员,这时你所能做的事情就是,先帮助客户分析究竟哪一个期望对客户来说是最重要的。请记住,人和人是不一样,期望也会因人而异。对同样一件事情可能每个人的期望都会不同。并非每一种服务或产品对每一个人都有价值,可能对有些人来说是必不可少的价值,但对另一些人而言却是可有可无的,甚至是完全无用的。

2. 超越客户的期望

要想超越客户的期望,可以尝试下列这些方法。

(1)熟悉你的客户:要清楚谁是你的客户,以及他们购买产品的理由,还要了解他们的好恶。

(2)询问客户的要求:识别他们从你这里购买产品的好处,以及他们希望你能做到而现在还没有做到的事情。

(3)让客户知道他们能得到什么:对客户做出恰当的承诺,但是不要做出不能兑现的承诺。

(4)满足客户的要求:及时地、不折不扣地兑现之前的承诺。

(5)保持一致性并与时俱进:不要向客户承诺你做不到的事情,既然承诺了,就一定要做到。客户希望每一次购买体验都是令人愉快的。

超越客户期望的一个关键,就是要记住客户的期望是不断变化的。可能不久前还是高于客户期望的行为,而现在在竞争对手所做的对比下其期望又提高了。如果我们不能跟上竞争对手的步伐,就可能无法满足客户现在的期望。

在很长一段时间内,美国的汽车行业代表了世界汽车业的最高标准,拥有大量忠实的客户,确定了一系列行业标准,其在市场上的地位坚如磐石。但与此同时,其他国家的汽车制造商都在注视着这个市场,都在关注着客户喜欢什么,不喜欢什么。美国人根本没有注意到这些潜在的竞争对手,毕竟是他们制定了行业的标准。突然,似乎就在一夜之间,一群新的制造商们进入了市场。这些制造商们非常清楚客户认同美国车的方面和不认同的方面。美国的汽车工业因此遭到了极大的冲击。客户为什么会转过身去购买非美国制造商生产的汽车呢?因为美国的汽车制造商忘记了,一套标准的确定,实际上是为竞争对手提供了超越的机会。反观我国汽车工业利用后发优势，2022年产销分别完成2702万辆和2686万辆的成绩，连续14年居全球第一。特别是在新能源汽车市场，中国车企的表现十分抢眼，如在东盟进口电动汽车市场的份额从2019年的25.7%飙升至2021年的46.1%。

总之，没有一个行业是能够不理会竞争者、不满足客户不断变化的需求，却能留住忠诚客户的。

阅读材料 3—2

如何超越客户期望

超越客户的期望，这是一个价值百万美元的法则！这样说毫不夸张，任何人只要遵照这个法则，就可以在所在行业里脱颖而出，创造奇迹。

大家都知道，出租车行业在北京、广州等大城市竞争异常激烈，但就在大家都觉得出租车司机职业不好挣钱的时候，新闻报道了一则关于北京一个五星级出租车司机的事迹，"五星级"的出租车司机，真是头一遭听说，凭什么说他是"五星级"呢？原因就在于他给乘客提供了"超值"服务。

他的"超值"服务，具体表现在以下几点。

1. 车子每天都要洗一次，每换一个乘客，坐垫就擦洗一遍，所以车里车外都干干净净，没有一点异味。

2. 车内每天至少准备五份不同的报纸，而且保证报纸都是当天的，考虑到在北京搭出租车的外国乘客比较多，还特地备有英文报纸。

3. 根据不同乘客的不同爱好，他在车里准备了上万首不同风格的歌曲，乘客可以任意选择自己喜欢的音乐。

4. 车内还特地安装了一个可以弹出来的烟灰缸，为个别有烟瘾的乘客提供方便。

5. 每当乘客招手示意他停车时，他就会立即停在他身边，然后下车，和乘客愉快地打招呼，并把车门打开，等乘客坐好后，才会稳稳当当地启动车子。

6. 他绝不会为了多挣一点钱，带着乘客绕更远的路线。

7. 乘客下车后，他会主动递上一张名片，告诉你下次有需要时，直接给他电话。

8. 每次接到乘客的预约电话，他总会提前10分钟到，因为他的时间观念是，要做到准时就必须提前。

以上8件事，几乎件件都超出了客户的期望，因此，在竞争白热化的出租车行业，这位司机的收入远远超出同行业平均收入，并且获得了"五星级"出租车司机的荣誉。

（资料来源：时代光华管理培训网）

四、拒绝客户的不合理要求

客户的要求源于其过去的经历，还有企业口碑的传递和客户个人的需要，而很多不合理的客户要求都源于客户个人的需要。

界定要求是否合理，应该以行业标准为原则。如果整个行业都没有满足客户某种需求的先例，那就可以认为客户的这个要求是不合理的。例如，住酒店时，如果客户要求加床但不加钱，由于所有的酒店都没有这个规定，就可以认为客户的这个要求是不合理的。反之，如果客户的要求仅仅是某家企业不能满足，而别的企业可以满足，就不能认为客户的这个要求不合理。因此，客户的要求是否合理，应该以行业标准来度量，超过行业标准的要求，就可以认为是不合理的要求。

当客户提出了过分的要求，或者你满足不了客户所要求的服务时，应该予以拒绝。客服人员在进行客户服务的过程中，既是在满足客户的要求，也有一大部分工作实际上是在拒绝客户的要求。满足客户的需求，是一种技术上的操作，只要具备了一定的专业技术就行，而拒绝客户的要求，则需要更多的技巧。

1．用肯定的语气拒绝

在肯定对方观点和意见的基础上，拒绝对方。例如，"好主意，不过恐怕我们一时还不能实行"。用肯定的态度表示拒绝，可以避免伤害对方的感情。

2．用恭维的语气拒绝

拒绝的最好做法是先恭维对方。例如，当客户喜欢你的商品又想压价时，你可以婉转地对他说："您真有眼光，这是地道的××货，由于进价太高，我很遗憾不能给您让价了。"这样就不会让对方觉得不快了。

3．用商量的语气拒绝

如果有人邀请你参加聚会，而你偏偏事务缠身无法接受邀请。你可以这样说："太对不起了，我今天实在太忙了，改天行吗？"这种语气要比直接拒绝好得多。

4．用同情的语气拒绝

最难拒绝的人是那些只向你暗示和唉声叹气的人。但是，你若必须拒绝，用同情的语气可能会好一些。

5．用委婉的语气拒绝

拒绝客户时不要咄咄逼人，有时可以采用委婉的语气拒绝他，这样不至于使双方都感到尴尬。

五、与客户达成协议

1．捕捉成交信号

在介绍产品的过程中，客服人员可以一直试探性提问，使自己处于有利地位，使交易成为一件有计划、有步骤的事，从而顺理成章地引导客户做出成交的决定。

客服人员在与客户初步接触时，除了寒暄问候，进行自我介绍，就是不断对产品的特质、优点进行介绍和宣传，并不断通过提问了解客户当时的状态：他（她）真的听到你的介绍了吗？他（她）目前最关心的是什么？价格？产品的技术？产品的外观？售后还是品牌？这时，客服人员触及的是客户的购买清单，而之后所做出的所有陈述，也是与之紧密相关的。

试探性的问题可以看成客服人员用来传递销售的信号,客户对这些问题的积极反应可以看作打算成交的信号。客服人员必须在第一时间抓住这些信号,并督促或帮助客户完成购买。

客服人员可采用封闭式的问题来试探客户,让客户从 A 或 B 中选择一个成交的答案。例如,"您是想通过银行转账,还是想付现金?"客户自然会沿着你的思路往下想。

常见的反映客户同意成交的信号如下。

(1) 因心中紧张,眯着眼睛或眨眼睛的次数减少。

(2) 进一步提出各种更详细的问题。俗话说"嫌货才是买货人",真正有购买欲望的人才愿意和你说话。

(3) 开始认真讲价。这说明在客户心中"买"与"不买"已经开始较量。

(4) 发出抱怨,而且抱怨的是产品与他本人紧密相关的部分。如果他自己压根没有购买欲望,哪里还会有什么抱怨呢?

(5) 当他与第三者商议时,你要马上笼络第三者。当交易进行到这一步时,要静观其变,不要大张旗鼓地进行游说工作。同时,你要表现出自己的风度,反复肯定客户的购买是"安全的""对的"。

2. 帮助客户做决定

决定是开始改变的动力,它可以改变一个人、一个家庭、一个国家,甚至整个世界。有了决定才有可能解决问题,有了决定才能带来无穷的机会与快乐。

正因为决定有着巨大的力量,所以当客户做购买决定时,往往害怕做出决定,尤其害怕做出错误的决定。优秀的客服人员要善于帮客户做正确的决定。要具体分析客户的实际情况,站在客户的角度帮客户做决定。帮客户所做的决定一定要对客户有利:要么是为客户省钱,要么是为客户创造利润,要么是为客户带来健康或欢乐……

在帮助客户做决定时,应掌握下列技巧。

(1) 不一样的决定会有不一样的结果,今天的成就来源于过去的决定。

(2) 告诉客户做决定可以为客户带来新的方向、新的行动、新的结果。

(3) 告诉客户做决定是一件困难的事情,尤其是一些重大且真正有意义的决定。同时只有做了决定才会有行动,有行动才会有结果。

(4) 享受做决定的乐趣。要知道,任何时候所做的决定,都可能改变整个人生,而且做出了一个正确的决定之后,心情会变得很轻松。

帮客户做决定,这会帮助他们排除购买者常有的后悔感。大部分的购买者喜欢在买过东西后得到正面的回应,以确定他们购买了正确的商品。

3. 向客户提供保证或做出承诺

要消除客户购买产品之后的心理或情绪方面的担心,最好的方式就是向客户提供保证。企业必须做的事就是承担客户购买后存在的风险。

如何做到不让客户遭遇任何风险呢?以下的一些承诺或保证,可以作为客服人员的选项。

(1) 如果客户不满意产品,一定时间内可以无条件退货、退款。

(2) 如果产品有问题,除了可以退换货,还可以得到额外的一些补偿。

(3) 保证产品本身的无风险性。

有一家生产美容化妆品的公司给客户的承诺是，"如果您使用了我们的产品，90天内没有看起来更年轻、更靓丽，皮肤更光滑、更有弹性，我们无条件退款。如果您使用了我们的产品，90天内对产品的效果不满意，我们就不配拿您的钱，您有权利要求我们在任何您指定的时间内，不问任何问题，将您的钱百分之百退还。您也不需要觉得这样做有任何不妥。"

这样一个大胆的承诺是需要足够的产品品质来保证的。事实上，这家美容化妆品公司生产的产品的品质是一流的，他们在此之前做过充分的实验，证明产品的效果确实非常棒。

如果产品是好的，客户的反应也会跟着变好。企业的保证期越长，客户就越放心，就会有更多的人来购买其产品。但是，这些保证必须真诚、全心全意并毫无漏洞。否则，一个有漏洞或不真诚的保证，比没有保证给企业带来的不利更大。

4．达成协议

客服人员要迅速帮助客户并与其达成协议。首先，你需要尽量提出让客户能够接受的建议。如果客户同意就达到了目的，如果不同意就把这个问题搁置起来，先达成一个暂时的协议。

如果客户的要求超出了你的能力范围，可以与客户达成一项暂时的协议。例如，客户说："不行，你一定得赔钱，不赔钱我就不走了。"这时你发现，这是在你的能力范围内无法解决的问题。你可以向客户表示："我很愿意帮助你，但是我的权力有限。您这个问题比较复杂，我已经把您的意见详细记录下来了。我会把您的要求反映给我们的经理，由他来处理。他会在明天上午给您一个答复，您看好吗？"如果客户同意，这次服务就结束了。

可见，达成协议有时候并不意味着是最终方案，很多时候客服人员都是在做一些搁置问题的工作，特别是当问题很难解决时，只能把它暂时搁置起来。但最终还是要说服客户，使他同意按照双方商定的办法完成后续的服务。

企业连线 3-4 大促数据分析——如何进行数据优化

阅读材料 3-3

帮客户做决定的同谋者公司

波士顿有一家从事市场策划与传播的公司——同谋者公司。他们秉承这样一个原则："告诉客户该买什么，不该买什么。"有一次，一位客户想印刷一批宣传册。同谋者公司马上通知该客户和其他有经验的客户，请他们一起来开会。先请有经验的客户谈谈他们自己的看法，然后同谋者公司非常认真、仔细地为该客户分析利弊。看该客户是否真的有必要订货，这些小册子是否真能帮助他们树立公司形象及加强客户关系。请他们想好了再做决定。

公司总裁卡罗·拉丝卡说："怂恿客户订货当然很容易，不过在他们订货前帮他们参谋并做出决定，可以减少他们将来对所购得的产品的失望程度。这样一来，同谋者公司就可以为客户省钱，使客户更有效率地利用资金了。"

（资料来源：百度文库）

技能训练 3-9

通过探询发掘并引导客户需求

请阅读下面的对话，然后根据表 3-16 中所列的提示对该案例进行分析，最后将相关的分析结果填入表格。

陈东是一个网站的电话销售人员，他所销售的产品是中文掌上电脑。一天，一个客户打电话给他，客户想购买 XOX 掌上电脑。可遗憾的是，他们不销售这种产品。但是，客户最终购买了另外一个牌子的产品。陈东是如何做的呢？

销售人员：您好，我是陈东，请问有什么可以帮助您的吗？（问候）

客户：我想咨询一下你们的掌上电脑。

销售人员：首先谢谢您打电话进来，我可以请教您几个问题吗？（征求客户同意提问问题）

客户：可以，请讲。

销售人员：请问怎么称呼您呢？

客户：我姓张。

销售人员：张先生，您是第一次购买掌上电脑，还是以前有过使用的经历呢？（开始探询需求。对于高科技产品，并不是所有人都有购买经验。有购买经验和没有购买经验的人在购买时的心理活动往往不太一样。有购买经验的客户往往清楚自己想要什么产品，而没有购买经验的客户往往不太清楚自己想要什么产品，也就是他对自己的需求可能并不是很清楚，他可能看不到或想象不到他使用这个产品时的状况。所以，有时会买下并不适合他的产品）

客户：第一次。

销售人员：哦，第一次的话，那就应该好好选择一下。您心中有没有一个比较合乎您心意的品牌和型号？

客户：我想买一个 XOXV。

销售人员：XOXV，不错。以前有不少人买这个品牌，您觉得它什么地方满足您的要求？（心里知道他们并没有 XOXV 可销售，但如果直接告诉客户，客户可能会挂掉电话。陈东知道，根据他的经验，客户第一次购买类似产品，往往都不清楚自己的需求。所以，他现在要做的就是帮助客户进一步明确其需求）

客户：其实我也就是想买 XOXV，至于哪种型号还没想好。

销售人员：看来您对 XOXV 情有独钟。您觉得 XOXV 好在哪里呢？（进一步探询）

客户：国外老牌子了，而且可以安装很多软件。

销售人员：哦，明白了。我还有个问题，您准备用这个掌上电脑做什么呢？（陈东知道是品牌的因素在起作用）

客户：主要的用途就是日程安排、存储通信录等，也没有其他的。我们做销售的，有时候一出去就是一整天，有个掌上电脑会方便很多。

销售人员：那是，最近有很多销售人员都买掌上电脑呢。那是不是说，日程安排和通信录是您最常用的两个功能，对不对？（确认）

客户：可以这么讲。不过，还有就是 XOXV 挺小的，而且是银色金属外壳，手感挺好。

销售人员：那，张先生，我知道了。您在选择掌上电脑时最看重的是要小、金属外壳，功

能上能满足基本使用就可以了，是不是？（进一步确认客户具体需求，并有完整的了解）

客户：对。

销售人员：顺便问一下，就功能、外形、大小和重量，您最看重哪一个？（要清楚哪一个需求对客户来讲是最重要的）

客户：如果让我选择的话，我会选择大小和重量。

销售人员：我完全赞同您的看法，很多客户都这样想。选择掌上电脑，大小和重量确实是考虑的主要因素。不过，每个人出发点不同，您为什么会将大小和重量放在第一位呢？（不仅应知道哪个是最重要的，而且也要知道为什么，也就是需求产生的原因）

客户：哦，是这样。有时候休息时外出，不喜欢带包。这样需要将掌上电脑放在口袋中。

销售人员：那是，很多人都是出于这样的考虑。我还有个疑问，您的客户是中国人多还是外国人多？（陈东在对客户需求有个完整、清楚的了解后，开始准备引导客户的需求。因为他们没有销售XOXV，所以，他想引导客户不要购买XOXV）

客户：当然是中国人多。

销售人员：那我的理解就是您会经常用中文输入，对不对？

客户：对。

销售人员：您还需要手机与掌上电脑的数据能够进行互换，对吧？（帮助客户看到未来的需求，同时把需求引导到对自己有利的方面）

客户：可以吗？这我倒还不知道。如果能的话，当然更好了。

销售人员：可以的，操作起来也很方便。张先生，我知道您需要用中文进行输入，同时还需要与手机上的信息互换。如果是这样，我觉得XOXV可能并不适合您。

客户：为什么？

销售人员：张先生，首先，XOXV到目前为止还没有推出中文操作系统，您如果用中文输入的话，需要安装中文系统，这会比较麻烦，而且识别率和速度也较慢，同时也会占用内存。另外，如果需要与手机互换数据的话，XOXV中的中文有时会出现乱码，如您通过手机和XOXV群发短信，就会出现乱码。所以，我觉得XOXV不太适合您。（陈东以自己的专业知识，从顾问的角度帮助客户寻找最适合的产品，当然也是对他自己最有利的产品。这就是顾问型销售）

客户：那你觉得哪款会好一些？

销售人员：我的建议是……它具有……可以让您……您觉得怎么样？

客户：也行。

表3-16　通过探询发掘并引导客户需求案例分析表

分 析 指 标	分 析 结 果	分 析 依 据	备　　注
客户原有的决策标准			
客户最终的决策标准			
陈东所在企业产品的USP			
企业产品USP给客户带来的UBV			
陈东是怎样与客户建立信任关系的			
客户表现的需求是明确的还是潜在的			

续表

分析指标	分析结果	分析依据	备注
陈东通过探询觉察到了哪些客户自己尚未发现的需求			
分析结论			

项目小结

沟通不仅是了解客户需求的方式,更是满足客户期望的关键;沟通不仅是一种实用的技术,更是一门人性的艺术。

沟通是指人与人之间通过语言、文字、符号或类似的表现形式,进行信息、知识与情报等的交流,并获取理解及达成协议的过程。一次良好的沟通离不开以下四大要素:选择合适的沟通方式、考虑客户的知识水平、保持积极的沟通心态、掌握良好的沟通技巧。

了解客户的沟通风格,可以帮助我们迅速调整自己的行为,选择合适的沟通方式,以客户乐于接受的方式进一步建立友好关系,从而提供更加适应客户需求的服务。

满足客户需求是客户服务的核心,探询客户需求是服务工作中最为重要的一环。探询客户需求的一个重要方法就是提出高质量的问题,以判断客户的需求类型、识别客户的真正需求、明确客户的具体需求。在完全、清楚地识别及证实客户的需求之前,不要急于推荐企业的产品。

客服人员要通过自己的专业服务和沟通技巧来满足客户的需求或降低客户的期望,并最终与客户达成协议。首先,在全面了解客户需求的基础上,有针对性地为客户提供最适合的产品;其次,可以给客户提供较多的信息和解决方案供其选择;最后,客服人员要通过谈判技巧设定并适当降低客户的期望,在此基础上力争超越客户的期望,从而达成协议并提高客户满意度。在此过程中,当客户提出过分的要求时,应该予以拒绝。

沟通客户需求的技巧有以下几种。

> **用心倾听**:设身处地地站在客户的立场上,理解客户给你的信息,不打断或反驳。
> **关键提问**:当不明确客户的需求时,用开放式或封闭式的问题引导客户,获取更多的细节和信息。
> **复述确认**:把理解的内容用自己的话复述给客户听,让客户核实是否正确,避免误解或遗漏。
> **沉淀记录**:完成需求沟通后一定要做记录,从商家维度记录客户的全部需求,方便后期执行和跟进。

思考与练习

在线测试

1. 请简述网络沟通有哪些特点和优势。
2. 请详细叙述推荐产品的步骤。

项目四　处理客户投诉

➥ 项目知识点

- ◆ 客户不满、客户异议与客户投诉
- ◆ 真实异议与虚假异议
- ◆ 异议处理原则及步骤
- ◆ 客户投诉的价值与作用
- ◆ 客户投诉的原因及类型
- ◆ 客户投诉的心理动机
- ◆ 一般投诉处理的 LSCIA 法
- ◆ 严重投诉处理的 CLEAR 法
- ◆ 危机处理的 5S 原则
- ◆ 网店投诉的处理策略

文本：项目知识点　　视频：项目知识点

➥ 项目技能点

- ◆ 客户异议类型分析及处理
- ◆ 将客户异议具体化
- ◆ 用补偿法化解客户异议
- ◆ 客户投诉类型的分析与处理
- ◆ 用 LSCIA 法处理一般投诉
- ◆ 用 CLEAR 法处理严重投诉
- ◆ 客户投诉处理及客户维护

视频：项目技能点　　文本：项目技能点

➥ 项目素养点

- ➢ 情绪调节：在工作和生活中保持积极乐观的心态，有效避免情绪对工作产生负面影响
- ➢ 团队协作：与团队成员保持良好的沟通和协作关系，共同完成任务并提升整体绩效

随着市场竞争日趋激烈，商品和服务的选择日益丰富，客户也会变得越来越挑剔与苛刻。物更美、价更廉、服务更完善，这是所有客户的内在需求。人的欲望永无止境，产品和服务总有局限，异议或投诉自然在所难免。

客户对产品或服务的不满，有些会以抱怨或投诉的方式表现出来，而更多的是采取了沉默或潜隐的方式，让人难以觉察，如图4-1所示。由于抱怨与投诉的客户只是心存不满客户中冰山的一角，这就要求企业在提升处理客户抱怨与投诉的能力的同时，还要更多地去关注那些心存不满却隐忍不发的客户。也许，这才是塑造一流企业竞争优势真正的分水岭。

不满意（潜在的抱怨）→ 显性的抱怨 → 投诉

图4-1　客户抱怨与投诉的产生过程

以客户需求为参照，探寻并管理客户的抱怨，清晰地界定客户的不满、抱怨及投诉，构建完善的客户反馈系统，从而提升抱怨和投诉的处理能力，是塑造和保持服务竞争优势的核心和关键。

任务一　处理客户异议

内容提要

异议是客户宣泄内心想法的表达，经验丰富的客服往往能克服客户异议带来的挫败感与恐惧感，并从中发现异议的另一层含义：嫌货才是买货人。

异议处理四步法：采取积极的态度→认同客户的感受→让客户异议具体化→给予补偿（心理补偿）。

探寻客户的异议，首先可采用开放式提问，鼓励客户尽量说出更多的想法和意见，然后采取封闭式提问，以确认客户的真正意见。

客户异议与投诉，是商家纠偏的"良方"，更是企业发掘隐藏商机的"密码"。

所谓客户异议，是客户针对客服人员及其在营销推广过程中的各种活动所做出的一种反应，是客户对推销品、客服人员、推销方式和交易条件发出的怀疑、抱怨、质疑，提出的否定或反对意见。在实际推销过程中，客服人员经常遇到"对不起，我很忙""对不起，我没时间""对不起，我没兴趣""价格太贵了""质量能保证吗"等，被客户用来作为拒绝接受产品的借口，这都是客户异议。

人们通常对异议都抱有负面的看法，太多的异议会让人产生一种挫折感与恐惧感。而那些经验丰富的客服人员，却能从另外一个角度积极地看待和体会各类异议，并发现异议的另一层含义：嫌货才是买货人。因为，异议是客户宣泄内心想法的表达，它表明当前的条件不能满足他的需求。异议经妥当处理，将利于订单的签订；而处理不当，则会影响订单的签订。

实践表明，没有异议的客户，才是最难接待的客户！异议不仅能提供更多有价值的信息，它还表示客户仍将有求于你。掌握客户异议的处理技巧，冷静坦然地化解异议，才能不断清除客户关系发展的障碍，让企业与客户的关系更亲近、更和谐！

一、了解客户异议的种类

客户表达异议的方式多种多样,可能直接说对产品没有兴趣,也可能借口要开会或需要和他人商量等。这些异议,有可能是真的,也有可能是假的。但是,即使在虚假异议的背后,也隐藏着真实的反对意见。

客户异议,往往如同汪洋大海中的一座冰山,人们平常见到的只是整个冰山露出海面的一角,更大的部分却隐藏在海底。真正的异议,是客户隐藏起来的更大的那一部分,需要客服或销售人员去深入发掘。

1. 根据异议的性质分类

从性质上对异议进行辨别,主要有真实异议、虚假异议两种类型。客服人员要辨别客户异议的真和假,透过现象看本质,只有找到了客户异议的真正原因和含义,才能有针对性地化解异议。

1)真实异议

真实异议是指客户不愿意购买的真正原因,如客服人员所推销的产品不符合他们的需求,或者他们确实无力支付等。如一对即将结婚的恋人将拍婚纱照的预算控制在3000元以内,而你向他们推荐6000元的婚纱摄影套餐,即使他们很感兴趣,但由于严重超出了原来的预算,他们可能提出价格异议。这种异议就属于真实异议,因为他们的确无力支付。

客户提出的是真实异议,意味着客服所介绍的产品带给客户的吸引力还不够,或者客户根本不感兴趣。客服首先要做的是加强对产品知识的了解,进一步挖掘产品能为客户带来的利益,并积极洞察客户的心理。如果客户仍然不感兴趣或确实无力支付,则应适时打住,转而介绍其他相关产品。

2)虚假异议

与真实异议不同,虚假异议是指客户对产品有需求,但没有将真正的异议提出来,而以其他理由掩盖其真实想法,目的是要借此假象形成对其有利形势。

虚假异议是拒绝客服人员的一种借口。"这件衣服的款式还可以,但布料好像粗糙了点儿,不值这个价!"这可能是客户对一件爱不释手的衣服提出的虚假异议。很多客户提出价格异议是希望降价,但又不好意思开口,所以提出其他如材料、品质、外观、颜色等异议,以降低产品的价值,从而达到降价的目的。如果客户提出虚假异议,客服人员就要分析其真实原因,并采取相应的应对方法。

一般来说,客户提出虚假异议时,往往会给出以下四种理由。

拖延理由:就是客户想推迟购买的时间,如"这件大衣是挺合适的,但现在天气还暖和,再过一个月再说吧。"如果客户用拖延理由来拒绝,客服人员应该针对客户的具体情况,用恰当的理由去说服客户。如"这件衣服穿在您身上比量身定做的还要合适,确实能衬托您高贵典雅的气质。看您也是真心喜欢它,这样吧,我们给您打个九折,您也不用浪费时间去其他地方逛了,好吗?"对于那些犹豫是否马上购买的客户,客服人员可以主动做出一点适当的让步,促使其立即决定。对于那些坚决要推迟购买时间的客户，客服人员不要再步步紧逼、死缠烂打，而应以积极的态度欢迎与其下次洽谈。

信心理由： 当客户提出信心理由时，说明他给出的是虚假异议。客户不愿意购买的绝大多数理由就是信心理由，即对客服人员的承诺或对产品本身缺乏信心，或是对客服人员的讲解表示怀疑，或是客户不喜欢客服人员的仪容仪表、言谈举止或行为方式等。不信任的主要原因可能是客服人员不恰当的行为方式引起了客户的反感。针对这种情况，客服人员应该首先强调"我们是一家信誉良好的公司，本公司的产品都有严格的品质保障。"另外，客服人员要态度诚恳、实事求是，建立自己的专业形象，不要随意夸大产品的功效，或者把客户不需要的产品强行推荐给对方，这样才能博取客户的好感和信任。

价格理由： 价格理由就是客户对产品价格的抱怨，希望降低成交的价格，这是一种常见的虚假异议，如"太贵了""价格太高了""我买不起""这个产品哪值这个价"等。当客户提出价格异议时，客服人员可以采取化整为零法，即在对客户讲解时，将付款总额拆散为较小的份额，这样就可以化解客户心里的价格压力。

隐藏理由： 客户给出的理由不是真正的理由，而只是一个虚假的借口，如"我以前也用过同类的化妆品，但现在不想买了。""我目前还不需要，如果有需要我会联系你的。"对于这种隐藏理由，客服人员可用开放式问题来发问，如"你以前使用的这类化妆品的效果如何呢？"以此来进一步与客户探讨其需求，并介绍自己所销售的商品的价值，说明该商品既能满足他的需求，又物有所值。

一般而言，虚假异议都是无效异议。所谓无效异议，是指那些虚假的、不可靠的、不正当的、无根据的反对意见，一般是客户提出的各种借口。对这类异议要采取耐心说服、有效引导的处理方式。另外，当客户提出虚假异议时，客服人员只要做好充分准备，多与客户沟通，并就客户提出的异议向资深人士请教、探讨和学习，就能消除这些虚假异议，并达成交易。

2．根据异议的内容分类

客户异议的内容五花八门，主要可归纳为以下七类。

（1）需求异议。客户以自己没有这种产品需求为由而提出的异议。该异议的实质应从两个方面来解读：一是客户真的不需要，可能他已经有了；二是客户需要，只是没有决定购买，此时需要深层次挖掘，找出客户拒绝的真正理由。

（2）价格异议。讨价还价是大多数客户的购买习惯，客服人员可以用产品质量、款式等打消这种价格异议。

（3）产品异议。产品异议也称质量异议，是对产品质量提出的质疑，属于异议中较难处理的一种。

（4）购买时间异议。这类异议多数是借口，客服人员要有效地让客户表达出这背后的真实原因。

（5）客服人员异议。客服人员异议主要指由客服人员的语言、行为、眼神、礼仪等不恰当导致的异议。

（6）服务异议。服务异议是指客户对购买产品前后一系列服务的具体方式、内容、时间等提出的反对意见。对于这类异议应通过提高服务水平与客户进行协商来解决，最好能采取一些补救措施。

（7）支付能力异议。这类异议很少直接表现出来，往往转变成了其他异议。如果直接表示没钱时，可能是在掩饰需求或价格等。即使客户真的没有支付能力，也要对其真诚，给对方留下好的印象。对于假装不具备支付能力的客户，要想方设法找到其异议的真正原因，然后再来化解异议。

技能训练 4-1

客户异议类型分析

根据客户异议性质的不同，可以将异议分为真实异议、虚假异议；根据异议内容的不同，可以将异议分为需求异议、价格异议、产品异议、购买时间异议、客服人员异议、服务异议和支付能力异议七种类型。请根据异议分类的原则，对表4-1中所列的具体客户异议进行分类，并给出相应的处理建议，然后给出一个总的分析结论。

表4-1　客户异议分类及处理

客户异议	所属类别（根据性质划分）	所属类别（根据内容划分）	处理建议
客户："这种鞋设计得太古板，颜色也不好看。"			
客户："算了，连你（推销员）自己都不明白，我不买了。"			
客户："给我10%的折扣，我今天就给你下订单。"			
客户（一中年妇女）："我这把年纪买这么高档的化妆品干什么，一般的护肤品就可以了。"			
客户："××公司是我们的老关系户，我们没有理由中断和他们的购销关系，转而向你们公司购买这种产品。"			
客户："嗯，听起来不错，但我店里现在有7个品牌21种型号的牙膏，没地方放你的××牙膏了。"			
分析结论			

二、分析异议产生的原因

异议有的是因客户产生的，有的是因客服人员产生的。只有了解异议产生的根源，才能冷静地判断异议产生的原因；只有针对原因进行处理，才能化解异议。

1. 原因在客户

（1）拒绝改变。大多数人面对改变都会产生抵触情绪，客服人员的工作，在很多时候都将给客户的现状带来或多或少的改变。例如，从目前使用的A品牌转为B品牌，从目前可用的所得中拿出一部分购买未来的保障等，这都要让客户改变目前的状况。

（2）情绪处于低潮。当客户情绪正处于低潮时，没有心情进行商谈，容易提出异议。

（3）没有意愿。客户的意愿没有被激发出来，没有引起他的注意及兴趣。

（4）无法被满足需求。当客户的需求不能充分地被满足时，就无法认同客服人员提出的建议。

（5）预算不足。客户预算不足导致产生价格上的异议。

（6）借口和推托。客户不想花时间商谈。

（7）抱有隐藏异议。当客户抱有隐藏异议时，会提出各种各样的其他异议。

2. 原因在客服人员

客服人员本身的不当表现，将导致客户产生各种各样的异议。

（1）举止、态度不当。客服人员的举止、态度不当，无法赢得客户的好感，反而让客户产生了反感。

（2）夸大不实的陈述。为了说服客户，当客服人员以不实的说辞哄骗客户时，结果往往是带来了更多的异议。

（3）过多的专业术语。当客服人员说明或介绍产品时，若使用过于高深的专业知识，会让客户觉得自己无法胜任使用，从而提出异议。

（4）事实调查不正确。当客服人员引用了不正确的调查资料时，往往会引起客户的异议。

（5）不当的沟通。客服人员说得太多，或听得太少，都无法真正抓住客户问题的关键点，从而产生了许多异议。

（6）展示失败。商品或服务展示的失败，会立刻遭到客户的质疑。

（7）姿态过高，处处让客户词穷。客服人员每次都要说赢客户，让客户感觉不快，从而提出了许多主观的异议。例如，不喜欢这种颜色，不喜欢这个样式，等等。

> **企业连线 4-1** 舆情&风险的定义及影响

三、明确异议处理的原则

1. 事前做好准备

客户提出的异议是有一定规律的，无非就是功能、价格、服务等方面的内容。因此，客服人员在与客户交流之前，就要将客户可能提出的各种异议罗列出来，然后再考虑一个完善的答复。对客户的拒绝，事前有准备，就可以从容应对；事前没有准备，就可能不知所措；或是不能给客户一个圆满的答复，从而说服客户。一些专业公司，会组织专家搜集客户异议，制定标准应答语，并要求客服人员记住并熟练运用。

编制标准应答语，是一种比较好的异议处理方法，具体步骤如下。

步骤1：把大家每天遇到的客户异议写下来。

步骤2：进行分类统计，依照每种异议出现的次数多少排序，将出现频率最高的异议排在前面。

步骤3：以集体讨论的方式编制适当的应答语，并整理编写成文。
步骤4：大家都要记熟。
步骤5：由有经验的客户经理扮演客户，大家轮流练习标准应答语。
步骤6：对练习过程中发现的不足，通过讨论进行修改和提高。
步骤7：对修改过的应答语进行再练习，最后定稿备用。最好是印成小册子发给大家，以供随时翻阅，达到运用自如、脱口而出的程度。

2．选择恰当的时机

有人通过对数千名客户经理的研究，发现好的客户经理收到客户强烈反对意见的概率，只是较差的客户经理的十分之一。这是因为，优秀客户经理对客户提出的异议，不仅能给予一个比较圆满的答复，而且能选择恰当的时机进行答复。异议答复时机的选择有下列三种情况。

1）异议尚未提出时回答

防患于未然，是消除客户异议的最好方法。对于客户可能提出的某一异议，最好在客户提出之前，客服人员就主动提出来并给予解释。这样可使客服人员争取主动，先发制人，从而避免因纠正客户看法或反驳客户意见而引发其不快。

客服人员是完全有可能预先揣测到客户异议并进行事先处理的，因为客户异议的发生具有一定的规律性。例如，客服人员在谈论商品的优点时，客户很可能会从商品的缺点方面去琢磨问题。有时客户没有提出异议，但他们的表情、动作，以及谈话的用词和声调可能有所流露。当客服人员觉察到这种变化时，就可以抢先予以解答。

2）异议提出后立即回答

绝大多数异议提出后需要立即回答。客服人员对客户异议响应的速度，既体现了客服人员的个人素质和修养，也反映了企业服务流程设计是否合理及企业管理水平的高低。对客户异议的及时反馈，既可以促使客户购买，也是对客户的尊重。

3）异议提出后过一段时间再回答

当客户提出下列四种异议时，需要客服人员暂时保持沉默，过一段时间再来回答，或让其他经验丰富的客服人员前来接待。

（1）客户过早地提出价格异议。

（2）异议属于琐碎无聊的问题，如异议显得模棱两可、含糊其词、让人费解，或异议显然站不住脚、不攻自破等。

（3）客户提出的异议，在以后的沟通中会有合适的解答。

（4）异议的处理超出了客服人员的权限范围或能力水平，涉及较深的专业知识，自己的解释不易被客户理解等。

急于回答这四类异议是不明智的。经验表明：与其仓促答错十题，不如从容答对一题。

此外，有些异议不需要回答。例如：无法回答的奇谈怪论、容易造成争论的话题、可一笑置之的戏言、异议具有不可辩驳的正确性、明知故问的发难，等等。

客服人员在不回答客户提出的异议时，可采取以下技巧：沉默；假装没听见，按自己的思路说下去；答非所问，悄悄转移对方的话题；插科打诨，幽默一番，最后不了了之。

3．不要与客户争辩

不管客户如何批评，客服人员永远不要与客户争辩。因为，争辩不是说服客户的最好方法。正如一位哲人所说："您无法凭争辩去说服一个人喜欢啤酒。"与客户争辩，失败的永远是客服人员。一句客服人员的行话是，"争论占的便宜越多，客服人员吃的亏越大"。请仔细体会下面两句话表达的情感：

"是的，这件产品价钱比较高，<u>但是</u>，它比市场上其他产品经久耐用。"

"是的，这件产品价钱比较高，<u>而且</u>，它也比市场上其他产品经久耐用。"

前一种表达让人感觉有辩解的意味，而后者则有表达产品品质高档的意味。

4．要给客户留"面子"

客服人员无论如何都要尊重客户的意见。客户的意见无论对或错、深刻或幼稚，客服人员都不能表现出轻视的样子，如不耐烦、轻蔑、走神、东张西望、绷着脸、耷拉着头等，而要微笑、专心、专注对待客户。而且，不能语气生硬地对客户说："您错了""连这您也不懂"；不能显得比客户知道得更多，如"让我给您解释一下……""您没搞懂我说的意思，我是说……"。这些说法，明显地抬高了自己，贬低了客户，会挫伤客户的自尊心，不利于实现交易。

四、确定异议处理的步骤

1．采取积极的态度

俗话说："嫌货才是买货人！"在很多时候，客户异议不是简单的抱怨、挑剔，而是蕴含着丰富的内容。有经验的客服人员知道，最困难的是面对那些保持沉默、不愿交流的客户。那些提出异议的客户，实际上是对产品感兴趣的人。有研究表明，当客户有异议时，64%的概率能达成交易；而当异议不存在时，则交易成功的概率只有54%。因此，客服人员要控制好自己的情绪，积极地看待客户异议。

下面是一个小案例，在手机专卖店中，一名客服人员正在向一位客户推销手机。

客服：我看，这款手机满足了您所有的要求，它真的很适合您。

客户：可是它太贵了。

客服：什么？太贵了？你怎么不早说呢？我们有便宜的呀！这一款就便宜得多，但是没有上网功能。

客户：要是没有上网功能，我为什么要换一部新的手机呢？

客服：那你就买那部具有宽带上网功能的吧！

客户：可是那一款又实在太贵了呀！

客服：一分钱一分货啊！

客户：贵的我买不起啊！

客服：（非常愤怒）那你到底买不买？

在上述案例中，这位客服人员没能有效地控制好自己的情绪，说明他没有积极地看待客户提出的异议。实际上客户对这款手机的价格提出异议，恰好说明客户很关注这款手机，异议之中隐藏着购买的可能性。如果客服人员以不耐烦的生硬态度消极地对待异议，就会失去一次很可能成功的销售机会。为了赢得销售机会，客服人员在处理异议时首先应该采取积极的态度。

2. 认同客户的感受

认同的作用是淡化冲突，然后提出双方需要共同面对的问题，以利于进一步解决异议。认同并不等于赞同。赞同是同意对方的看法，而认同是认可对方的感受，了解对方的想法，但并不是同意对方的看法。客服人员要做的不是赞同，而是认同！一个有效的认同方法是：重复客户的反对意见，并将语气淡化。

技能训练 4-2

区分正确的认同与错误的认同

表 4-2 中所列的对话，是客服人员（保险推销员）在向某公司负责人介绍公司员工保险计划的两种情形。请仔细阅读，区分正确的认同与错误的认同，并给出相应的理由。

表 4-2　正确认同与错误认同对比分析表

分析步骤	情景 1	情景 2
认同表述	客户：我们研究了你们的建议书，这套员工保险计划花费太大了。 客服人员：对，我完全同意您的看法！花费实在是太大了。但是我们的服务的确是一流的。 客户：而且实施起来很复杂，附加条件太多了。 客服人员：对，你说得不错！确实有点复杂。	客户：我们研究了你们的建议书，这套员工保险计划花费太大了。 客服人员：我明白您的意思，您认为这份保险计划的花费不是一笔小数目。 客户：而且实施起来很复杂，附加条件太多了。 客服人员：我了解您的感受，您认为实施起来较复杂，而且附加条款较多。
认同判断 （正确/错误）		
分析依据		
分析结论		

3. 使客户异议具体化

在认同了客户的想法和感受之后，客服人员要尽最大努力，使客户的反对意见具体化，即了解客户反对的细节是什么，有哪些因素导致了客户的反对，这将有助于彻底找出导致客户异议的真正原因。使客户异议具体化的方法主要有以下几种。

1）利用提问技巧将客户异议具体化

客服人员在听取了客户的异议后，不要急于对客户的异议进行解释，而要尽量听到客户更为详细、具体的反对意见。这就需要客服人员利用提问技巧来获得。

提问通常有下列两种方式。

（1）开放式提问：咨询性的提问，询问细节的问题。

(2）封闭式提问：验证性的提问，要求回答是与否。

优秀的客服人员在向客户询问异议细节时，常常开始采用的是开放式提问，鼓励客户主动地细说、多说，说出更多的想法和意见，最后采取封闭式的提问方法，确认客户的真正意见。只有听到客户的真正的意见，才能有针对性地去解释和解决客户异议。

2）通过询问细节将客户异议具体化

通过对具体细节的询问，可将客户异议具体化，以便于提出双方都乐于接受的解决方案。值得客服关注的细节，主要涉及以下几个问题。

（1）客户的真实需求是什么？

（2）客户需求的迫切程度怎样？客户的真实需求中可能涉及若干方面，客服人员要了解客户真正需求的优先次序，哪些是客户最迫切需要解决的，哪些是可以稍后解决的。了解相关需求的优先次序后，客服人员就可以确定解决的重点了。

（3）导致客户异议的问题可能是什么？善于分析的客服人员能有的放矢地发问，这样就能更容易地了解客户的真实意思。

下面是一些客户的异议，请仔细分析 A 与 B 两种回答方式。

① 交货时间太迟了，影响了我们整个项目的进度。

A．按您的订货量，这个交货时间很合理。

B．我能了解一下项目的进度吗？

② 一次性订货 100 箱，量太大了。

A．100 箱不多，您怎么会觉得量太大呢？

B．您认为多少箱更合适呢？

③ 你们的售后服务不太好。

A．您放心，我们会改进的。

B．有哪些您不满意的地方吗？

④ 有一些技术问题我还要和同事商量一下。

A．那我就等您的消息了。

B．我能了解一下是哪些技术问题吗？

对上面四种异议的回答方式进行分析和比较后，我们发现，B 这种回答方式采用了有的放矢的提问方式，能有效将客户异议具体化。

3）拒绝模糊信息将客户异议具体化

在对客户进行询问时，客服人员往往得到的是客户模糊的信息。例如："您的产品还可以""我们会尽快答复你""我要和领导商量一下""你过几天再来吧""我再考虑考虑"，等等。

在遇到这类模糊信息时，客服人员可以先认同客户的想法，然后再进一步地询问客户明确的信息，或者一针见血地询问客户的真实想法。在听到客户的模糊信息后，就急切地结束谈话是一种失败的做法。不处理客户的模糊信息往往意味着交易的终结。

请参照表 4-3 中所列的内容，进一步分析在处理模糊信息时应采取的策略和方式。

表4-3 客户模糊信息处理方式的比较

失败的方式	正确的方式
客服人员：我们的标书怎么样？ 客户：还可以。 客服人员：太好了，什么时候我们能得到答复？ 客户：我们会尽快决定的。	客服人员：我们的标书怎么样？ 客户：还可以。 客服人员：我是否可以这样理解，您已经认真考虑过我们的标书，并有可能采用它？ 客户：还不能这么说，还有一些事情我们正在考虑。 客服人员：有哪些方面还没有最后确定呢？ 客户：我们担心供应商的信誉和按时完工的能力。 客服人员：对于我们公司，在这两个方面您也有这样的担心吗？ 客户：我们担心你们不能按时完工。

技能训练 4-3

将客户异议具体化

请首先阅读表4-4中所列的情景1的对话，分析其失败的原因，然后在情景2中精心设计客服人员的提问，最后给出必要的分析结论。

表4-4 客服人员提问技巧分析

分析步骤	情景 1	情景 2
提问表述	客服人员：李先生，我知道你们对上次订购的地板非常满意。这次你们公司又承接了这么大的工程，我想您一定还需要订更多的货吧。 客户：我们不需要订购地板了。 客服人员：为何不需要了？这批地板是优质松木，经过最新技术压制，受潮不易变形，在市场上非常畅销的呀！ 客户：我知道你们的产品质量不错，但是我们不需要了。 客服人员：你是说这次不打算买了？ 客户：不买了。 客服人员：哦，感谢您这么直率。	客服人员：李先生，我知道你们对上次订购的地板非常满意。这次你们公司又承接了这么大的工程，我想您一定还需要订更多的货吧。 客户：我们不需要订购地板了。 客服人员：_____ 客户：因为我们不再需要了。 客服人员：_____ 客户：因为我们采用了新的材料。 客服人员：_____ 客户：我们要用石料进行地面装饰。 客服人员：_____ 客户：（表现出兴趣）哦，是吗？那我们可以好好谈谈。 客服人员：_____ 客户：听起来不错。
情景分析	A. 这个客户没有需求，不必再耽误时间了。（　　） B. 改变提问方式，运用开放式问题鼓励客户说出细节。（　　）	
分析结论		

4．给予补偿

处理异议的前三个步骤都是基于同一个目的：找出客户持反对意见的真正原因。在知道了客户异议的真实原因之后，给予客户补偿是解决问题、达成交易的一种有效途径。

补偿法又叫以优补劣法。如果客户的反对意见的确切中了产品的缺陷，千万不要回避或直接否定。明智的做法是肯定有关缺点，然后淡化处理，利用产品的优点来补偿甚至抵消这些缺点，使客户心理达到一定程度的平衡，利于客户做出购买决策。如当推销的产品质量确实有问题，而客户恰恰提出："这东西质量不好。"客服人员可以从容地告诉他："这件产品的确有些瑕疵，所以我们才削价处理。不但价格优惠很多，而且公司还确保产品的质量不会影响您的使用效果。"这样一来，既打消了客户的疑虑，又以价格优势激励客户购买。补偿法侧重于心理上对客户的补偿，以使客户获得心理平衡感。

1）利用产品的其他利益对客户进行补偿

一个产品是由多方面的要素组成的，这些要素就构成了多方面的利益。例如，对于汽车这一产品来说，价格和售后服务都是构成要素。如果客服人员在价格上不肯让步，那么可以在售后服务上给予客户更多的优惠，以此来有效地抵消客户在价格要素上的异议。

客户：这部车价格不算贵，但最快每小时只能跑 180 千米，太慢了。

客服人员：180 千米的时速确实不算高，但设计这种车时考虑的是经济性，非常省油。我想您也不会将钱浪费在您很少用到的高速度上吧。

2）将异议变成卖点进行补偿

对于客户提出异议的地方，客服人员往往可以巧妙地将其转化为产品的卖点，即可向客户显示其所认为的异议因素通过转化是可以从别的因素上得到补偿的。例如，客户如果认为某件产品的价格太高，那么这时就应针对客户的这一异议向客户强调，导致价格高的原因是正规渠道进货的成本高，但能保证产品都是著名厂家生产的质量最优的名牌真货，优质正牌产品以其优异的性能，可长久地为客户提供优质的服务，不出现或较少出现质量问题，相应地为客户节省维修费用。这不仅能使客户彻底免除质量问题的困扰，甚至还能间接地为客户带来更大的经济效益。诸如此类的答复，客户在很多情况下是会乐于接受的。

在给予客户补偿时，往往意味着客服人员一方要做出让步。因此，在给予补偿时，要有让步的心理准备，并根据自己的权限设定可以让步的范围。在让步时，一定要考虑两点：让步的价值和自己所要求的回报。之所以考虑这两点，是因为让步并不是意味着一味后退，而是在让步的同时也要尽量争取自身的利益。

五、掌握异议处理的技巧

在处理异议的过程中，客服人员要与不同文化背景、不同性格、不同情绪状态的人接触。由于服务对象的多样性，让客户服务工作面临很多挑战，这就要求客服人员应针对客户的具体情况，选择合适的异议处理技巧。

1. 一般客户的异议处理技巧

1）询问法

客户："我希望您的价格能再降 10%！"

客户经理："××总经理，我相信您一定希望我们给您百分之百的服务，难道您希望我们给您的服务也打折吗？"

客户："我希望您能提供更多的颜色让客户选择。"

客户经理："报告××总经理，我们已经选择了5种最能被客户接受的颜色了。难道您希望有更多颜色的产品，增加您的库存负担吗？"

在上述的案例中，客服人员正是通过询问，把握了客户真正的异议点，了解了客户真实的反对原因并明确地捕捉到了客户反对的内容，从而直接化解了客户异议。

询问法的优点是可以把握客户真正的问题要点。如果运用得好，就带有请教的意味，可以营造良好的气氛。而在客户思考问题的同时，也为我们思考对策赢得了时间。主动提出问题与客户探讨，给客户讲话的机会，我们可以得到更多的信息。在没有确认客户反对意见的重点及程度之前，直接处理客户的反对意见，往往可能引出更多的异议，其结果是自寻烦恼。

下面举一个属于询问法错误应用的案例。

潜在客户："这台复印机的功能，好像比别家的要差。"

客户经理："这台复印机是我们最新推出的产品，它具有放大/缩小功能，纸张尺寸可从B5到A3；有3个按键用来调整浓淡；每分钟能印20张，复印品质非常清晰……"

潜在客户："每分钟印20张实在不快，别家复印机的速度每分钟可达25张，有6个按键用来调整浓淡，操作起来好像也没那么困难，复印品质比您的要清楚得多……"

上述这个案例告诉我们，若稍加留意，不是急着处理客户的反对意见，而是提出这样的询问："请问您觉得哪个功能比哪一家的复印机差？"客户的回答也许只是他曾经碰到的×××牌复印机，具有6个按键调整复印的浓淡度，因而觉得您的复印机功能好像较差。若是客户经理能多问一句，他所需要处理的异议仅仅一项，可以很容易地处理。例如，"贵企业的复印机没有专人操作，任何员工都会去复印，如果调整浓淡度的按键过多，往往员工不知如何选择，常常造成误印。本企业复印机的复印浓淡度调整按键只有3个，一个适用于一般的原稿，一个专印颜色较淡的原稿，另一个专印颜色较深的原稿。"经过这样的说明，客户异议就可获得化解。

在客户经理的字典中，有一个非常珍贵、价值无穷的字眼——"为什么"。不要轻易地放弃了这个利器，也不要过于自信，认为自己已经猜出客户为什么会这样或为什么会那样，要让客户自己说出来。

2）忽视法

当客服人员拜访经销店的老板时，老板一见到你就抱怨说："这次空调机的广告为什么不找成龙拍，而找×××拍？若是找成龙拍的话，我保证早就向您再进货了。"碰到诸如此类的反对意见，我想你不需要详细地告诉他为什么不找成龙而找×××拍的理由。因为导致经销店老板异议的真正原因恐怕不是这个。

所谓忽视法，顾名思义，就是当客户提出一些反对意见时，并不是真的想要获得解决或讨论，而这些意见与眼前的交易也扯不上直接的关系，这时你只要面带微笑地同意他就好了。

对于一些"为反对而反对"或"只是想表现自己的看法高人一等"的客户意见，若是你认真地处理，不但费时，还有旁生枝节的可能。因此，你只要让客户满足了表达的欲望，就可采用忽视法迅速地引开话题。忽视法常使用的方法如下：

◇ 微笑点头，表示"认同"或表示"听了"；

- 回答："您真幽默！"
- 回答："嗯！真是高见！"

3）补偿法

潜在客户："这个皮包的设计、颜色都非常棒，令人耳目一新，可惜皮的品质不是最好的。"

客服人员："您真是好眼力，这个皮料的确不是最好的，若选用最好的皮料，价格恐怕要高出现在的5成以上。"

当客户提出的异议有事实依据时，应该承认并欣然接受，强词夺理否认事实是不明智的。但是要记得给客户一些补偿，让他取得心理上的平衡。在上述案例中，该方法可使客户产生以下两种感觉：

- 产品的售价与质量一致；
- 产品的优点对客户是重要的，产品缺点对客户而言是不太重要的。

世界上没有十全十美的商品，客户当然要求产品的优点越多越好，但真正影响客户购买与否的关键点其实不多，补偿法能有效地弥补产品本身的缺点。

4）太极法

太极法取自太极拳中的借力原理。太极法用在销售方面的基本做法是，当客户提出某些不购买的异议时，客户经理立刻回复说："这正是我认为您要购买的理由！"也就是，客户经理可立即将客户的反对意见，直接转换成他要购买的理由。

我们在日常生活上也经常碰到类似太极法的说辞。例如，主管劝酒时，你说不会喝。主管立刻回答说："就是因为不会喝，才要多喝多练习。"你想邀请朋友出去玩，朋友推托心情不好，不想出去。你会说："就是心情不好，所以才需要出去散散心！"这些异议处理的方式，都可归类于太极法。

场景一　服饰业

客　户："我这种身材，穿什么都不好看。"

客服人员："就是身材不好，才需要稍加设计，以修饰不好的地方。"

场景二　儿童图书卖场

客　户："我的小孩，连学校的课本都没兴趣，怎么可能会看课外读本？"

客服人员："我们这套读本就是为激发小朋友的学习兴趣而特别编写的。"

场景三　经销市场

经销店老板："贵企业把太多的钱花在广告上了，为什么不把钱省下来作为进货的折扣，让我们的利润好一些呢？"

客户经理："就是因为我们投入了大量的广告费用，客户才会被吸引到指定地点购买指定品牌。这样不但能节省您的时间，同时您还能顺便销售其他商品，您的总利润还是最大的啊！"

太极法能处理的异议，大多是客户通常并不十分坚持的异议。太极法最大的目的，是让客服人员将异议迅速地转化为它带给客户的利益，以引起客户的注意。

5)"是的……如果"法

人都有一些共性,不管有理没理,当自己的意见被别人直接反驳时,内心总是不痛快的,甚至会被激怒。因此,客服人员最好不要直截了当地提出反对意见。在表达不同意见时,尽量使用"是的……如果"法,软化不同意见的表达。用"是的"同意客户的意见,在"如果"后面表达另外一种状况是否更好。

场景一

潜在客户:"这个金额太大了,不是我马上能支付的。"

客服人员:"是的,我想大多数的人都和您一样,是不容易立刻支付的。如果我们配合您的收入状况,在您发年终奖金时多支付一些,其余配合您每个月的收入,采用分期付款的方式,可让您支付起来一点也不费力。"

场景二

潜在客户:"我今天只是随便转转,没有带钱。"

客服人员:"是的,我理解您现在的心情。如果您不愿意错过这次购买机会,可以先预付100元定金,等送货上门时您再付剩下的钱"。

养成使用"是的……如果"方式表达不同的意见,能让客服人员受益无穷。请比较表4-5中所列的两种表达方法,感觉是否有差别?

表4-5 直接解释法与"是的……如果"法的对比

直接解释法	"是的……如果"法
您根本没了解我的意见,因为状况是这样的……	是的,平心而论,在一般的状况下,您说的都非常正确。如果状况变成这样,您看我们是不是应该……
您的想法不正确,因为……	是的,您有这样的想法,一点也没错。当我第一次听到时,我的想法和您完全一样,可是如果我们做进一步的了解后……

6)直接反驳法

在"是的……如果"法的介绍中,我们强调不要直接反驳客户。但是在下列情况下,客服人员必须直接反驳客户,以纠正客户的不正确观点:

◇ 客户对企业的服务、诚信有所怀疑时;

◇ 客户引用的资料不正确时。

当出现上面两种情况时,客服人员必须直接反驳客户,因为客户若对企业的服务、诚信有所怀疑,你拿到订单的机会几乎为零。例如,若你怀疑保险企业的理赔诚信,你还会向这家企业投保吗?如果客户引用的资料不正确,你能以正确的资料佐证您的说法,客户会很容易地接受,从而对你更加信任。

使用直接反驳法时要注意技巧,尤其在遣词造句方面要特别留意;要做到态度诚恳,对事不对人,在不伤害客户自尊心的同时,又让客户感受到你的专业与敬业。

客户:"这个房屋的公共设施占总面积的比例,比一般的房屋高出不少。"

客服人员:"您大概有所误解,这次推出的花园房,公共设施占房屋总面积的比例为18.2%。一般大厦公共设施的比例平均达19%,我们比平均的低0.8%。"

客户："你们企业的售后服务风气不好，电话叫修姗姗来迟！"

客服人员："我相信您遇到的一定是个案，有这种情况发生，我们感到非常遗憾。我们企业的经营理念是服务第一。我们企业在全省各地的技术服务部门都设有电话服务中心，随时联络在外服务的技术人员，希望能以最快的速度替客户服务，以达成'电话叫修后2小时内一定到现场修复'的承诺。"

上面介绍了6种处理异议的技巧，熟练地使用这些技巧，能让你面对客户异议时更有自信。技巧能帮助你提高效率，但只有在对异议秉持正确的态度时，才能使你面对客户异议时冷静、沉稳；只有冷静、沉稳，才能辨别异议的真伪，才能从异议中发掘客户的需求，才能把异议转换成机会。因此，当客服人员训练自己处理异议的能力时，不但要练习技巧，同时也要培养面对客户异议的正确态度。

2．棘手客户的异议处理技巧

情绪激动、怒气冲冲，或苛刻刁蛮、粗鲁无礼、盛气凌人的客户，都是客服人员不得不面对的服务对象。这些类型的客户不好应付，能否处理好与他们的关系，取决于客服人员的专业知识、经验和能力，以及能否针对客户的个性特点选择恰当的异议处理技巧。

1）愤怒型客户的异议处理技巧

在客户服务对象中，往往会有一些不冷静、易发怒的客户，与这种类型客户相处时一定要格外谨慎。因为如果处理不当，事态扩大，则可能给客服人员和企业带来非常严重的影响。所以对待愤怒型客户，你应该关心他，就如同一个患者等待心理医生的治疗一样。愤怒的程度越高，你越要委婉曲折，让他的心情能够慢慢平静下来。然后需要你超越情感层面，挖掘客户愤怒的根源，以便采取正确的策略。

（1）理解客户的情绪或愤怒之情。你不能也不应该质疑客户的气愤之情，否则只会导致更严重的冲突。不要说"您真的不必这么激动"，而应该对客户说"我知道您很激动，我也想解决这个问题，您能告诉我发生了什么事情吗？"采用这种方法，就能缓解客户的情绪。客服人员应该向客户表明一种乐意帮忙的意愿，同时也可以要求客户参与到解决问题的过程中。

（2）积极聆听。积极地聆听，让客户平静下来，鼓励他把心事说出来，不要打断他。通过询问、倾听、反馈、分析等综合方法，试着去确定问题的原因，并弄清客户的要求。

（3）根据客户的期望找到解决问题的途径。如果客户的要求是公司可以接受的，那么就立即愉快地接受要求。斯坦利·马库斯在他的"*Minding the Store*"一书中写道："答应客户的要求要比讨价还价好得多。讨价还价可能导致失掉诚意。如果客户的要求是公司不能接受的，可设法从客户那里找到解决问题的方法。通过参考客户的意见，你很可能获得他们高度的认可。"

（4）保持客观冷静的态度。面对高声的斥责或亵渎的语言，客服人员更加需要保持客观、冷静的态度。如有必要，客服人员可以在服务客户之前在心中默数1到10或深呼吸一口气。记住，客户是对公司、产品或你提供的服务表示气愤，而不是针对你个人。如果他们无法保持冷静，你可以沉着、坚定地向他们解释，尽管你很想帮助他们，但这必须在他们提供了有关信息之后。如果可能，建议客服人员将客户转移到一个远离其他客户的私人区域，情况适宜时还可以请求主管或团队组长给予帮助。

2）苛刻或专横型客户的异议处理技巧

苛刻或专横型客户，可能由于过去曾经有过不愉快的被服务经历，他们通常缺乏安全感。处理这类客户提出的异议，可以尝试采用以下几条应对策略。

（1）做到专业化。即使是非常苛刻或专横的客户，在专业、职业、娴熟、精湛的服务面前，也会慢慢地习惯对规则的尊重，从而逐渐变得通情达理。从某种意义上说，做到专业化，是应对这类客户异议的关键技巧。

（2）尊重客户。尊重客户并不意味着要满足客户的每一个愿望，而是指在异议处理过程中，应尽可能做到：用积极的眼神进行交流（而不是怒视），保持冷静，称呼客户的姓名，在合适或必要的时候能够道歉，让客户感觉他对你及你的公司至关重要，积极地寻求解决问题的方法。

（3）合理、公平，以客户的需求为主。某些客户之所以表现出苛刻或专横的一面，或者是担心自己应得的利益得不到保障，或者是希望通过显示自己的强硬而获得更多额外的利益。在为这些客户提供服务时，客服人员既要为客户的需求和价值提供足够的安全承诺，也应该让他们清楚地了解——合理、公平、可靠的服务范围和限度。

（4）告诉客户你的能力范围。当解决这类客户的异议时，不要总是陈述消极的或做不到的事情，而要将陈述重点集中在可能的或你愿意去做的事情上。

3）粗鲁或不顾及他人型客户的异议处理技巧

一些客户似乎习惯通过故意冒犯他人以引起他人的注意。尽管他们表面上很自信，但通常因缺乏安全感而在寻求自我保护。他们很可能表现出以下行为：提高说话声调，要求与上级主管谈话，使用亵渎的语言，不按顺序排队，等等。处理这类客户提出的异议时，客服人员可尝试采用以下策略。

（1）保持专业性。不能因客户的不得体行为而采取同样的行动，要保持冷静、自信，控制好局面。例如，你正在接待一位客户，另一位粗鲁的客户突然冲过来打断你们的谈话。此时，你可以暂时中断谈话，然后面带微笑且坚定地说："先生，我一结束与这位先生的谈话，就去找您。"如果他不肯罢休，你可以再重复一遍刚才的话，以便让他知道，你越快服务完当前客户，才能越快地处理他的事情。同时，你处理客户异议的专业表现，可能会说服这位粗鲁的客户，或者至少使他有所收敛。

（2）不要采取报复行为。报复行为只会惹怒这类客户，特别是你当着他人的面使他难堪时。无论如何，这些人仍旧是你的客户。如果他们或外人觉察你的行为不得体，那你失去的就不仅是手上的这笔业务了。

3. 网店客户的异议处理策略

网店客户的异议，主要集中在商品品质、价格、信誉、安全及服务等方面。

（1）商品品质异议的处理策略。怎么证明是正品？怎么辨别呢？支持专柜验货吗？验货说是假的怎么处理呢？这些是网店客户问得最多的问题。很多网店店主在产品描述里都写上了"本店所有商品均为正品，支持专柜验货，请大家不要再咨询产品真假问题"。虽然如此，仍然打消不了客户的疑虑,这时候就需要客服人员通过语言技巧去沟通解决。表4-6是某知名化妆品品牌应对客户对品质提出异议的策略。

表4-6 客户对品质提出异议的应对策略

问 题	提问背景	解 答 参 考	策略和技巧
你家卖的是正品吗?	网购假货泛滥,怕遇上;无网购经历客户,怕上当;第一次到店铺的客户;对商城不了解的客户。	我们店铺是×××官方直营店铺,所有产品品质绝对有保障;反问:您是第一次到商城或第一次到我家店铺查看商品吧!我们是淘宝商城首批元老店铺呢,所有商品您都可以放心购买。	强调是官方商城首批元老店铺;公司直营,工商备案,公信力。
怎么辨别呢?	还是不相信客服。	全国已经有几十万客户购买了×××护肤品,您可以随意看一下。需要我帮您简单介绍一下吗?	证据说话:我家已有好几十万的老客户了,打消顾客疑虑;撇开这个话题,提出问题,了解客户需求。
支持专柜验货吗?	懂得一些维权知识,对网络销售环境略有了解。	可以的,支持专柜验货,假一赔百的,保证正品。	以亲切言语来拉近距离。
验货说是假的怎么处理呢?	思维比较缜密,购买很小心。	公司为×××品牌持有者,×××正品仅我们一家生产,不存在销售假货。我们是可以提供正规销售发票的,对您是有保证的。	证据说话;进行对比;提供商品发票。

(2)商品价格异议的处理策略。价格无论高低,都会引起异议和疑虑。

价格这么低,是不是商品有问题?这时就要跟客户说明价格的由来。店铺在做什么活动,或者是其他特别的原因,并非是商品有瑕疵。

这款能不能再便宜点?最低多少钱?能再给个折扣吗?送不送东西啊?下次来会不会优惠点?能不能包邮?能多送点赠品吗?这些异议针对的是价格偏高。如果价格偏高,也要给出合情合理的解释。表4-7是某知名化妆品品牌应对客户对价格提出异议的策略。

表4-7 客户对价格提出异议的应对策略

问 题	提问背景	解 答 参 考	策略和技巧
价格能再便宜点吗?能再打个折吗?	客户养成的习惯问话;碰到较贵的商品;讨价还价心理。	我家商品是正品商品,价格已经很实惠了,您可以多看看店内的相关促销活动;售价是公司统一规定的,我们客服是没有权力议价的,希望您能理解。	话语可以随和一些,缓和气氛;告知网络购物,已经比线下专卖店便宜很多了。
你家卖得挺贵呀?	客户试探性话语。	不知道您是不是在和我们开玩笑啊?贵与不贵是相对的,我们店铺不是靠低价起家的,如果您了解的话,我们更乐意为您提供一种有价值的服务。	缓和一下气氛;探听客户背后有什么信息。
有没有礼品什么的呀?	习惯性问法;爱好此类优惠方法。	直接法:能够为您赠送的东西,我一定会为您努力争取的;提醒法:店铺在节假日会有一些促销活动,回馈新老客户,促销类型很多,不一定就是送礼品,届时您可以关注一下。	回复后提醒客户关注节假日活动;有必要,可以告知客户最近一次促销情况,提早单独告知,让客户感觉受到礼遇。

续表

问　　题	提问背景	解 答 参 考	策略和技巧
别家都送礼品了？你家怎么这么死板？	其他店铺也许在促销。	在同一时间段内不同店铺可能会有不同的促销方案，但不排除个别非正规渠道商家售价低，但是其他服务也许就得不到保证了，这个要慎重考虑（试探间接询问，他是否会说出别家促销方式）； 公司拟定商品价格不是随便轻易定价的，怎样的商品卖怎样的价格，公司是有计划、合理定价的。	强调打折或送礼品，其他服务能否跟上，做提醒； 强调价格是公司行为，有其合理性。
你们不优惠我就走了。	威胁，但希望在我们家下订单的一种心理。	您进了我家店铺，选择信任官方店铺的品质，相信您的道理； 对于其他商家的经营行为，我们没法过多干涉，许多老客户在官方店铺买了又买，说实在的，官方店铺是倡导为客户提供价值，而不是价格； 您来到我们店铺也是种缘分，您放心，您买过我们的商品就能体会到我们的服务，另外，您选择的这款商品目前销售得很是火热，我先为您看看库存（您如果觉得款式满意，就赶紧拍下吧）。	"三明治"策略： 1．先赞美客户优点； 2．强调店铺理念"让客户收获价值"； 3．促成交易行动。
客户再次声明，价格不便宜就走了。	再次威胁，但希望在我们家店下订单的一种心理。	您真的认为我们价格很贵吗？是觉得和您的心理价位有差距，还是别家比我们家价格低呢？ 如果属于高于心理价位，就缓和一下气氛，可以这样回答：您应该是确实想购买这款商品，真是说不过您呀，这样我为您向店长申请一个小礼品，但愿能够获批； 如果属于高于竞争对手价位，可以这样回答：这样的价格也太低了，如果是我，我还真不敢买。价格方面确实是没法再低，我帮您申请一个×元代金券吧，您下次购物时可以直接享受优惠。	最后一步，确认对方是心理价位贵还是和竞争对手相比贵，提出单独申请，给顾客帮助，让客户感觉受到特别待遇； 事情快办完时，可以半开玩笑地说，到时候可要给个好评哟。
下次来会不会优惠点？	这次没订到便宜，希望下次优惠。	我们都很希望老客户多多光临，下次如果有活动，一般会有优惠的； 多买多优惠，您购物累计到××金额的时候，多数单品都是可以享受到折扣的，同时还可以参与店铺满就送的活动，希望您多关注。	礼貌用语，提醒活动有优惠，不好正面回答。
能不能包邮？	商品价格也许还没有达到包邮标准。	店铺目前是购物满××元就全国包邮； 如果您一次性购物满400元，不仅仅这次为您包邮，而且您在我们店铺购物是终身免邮费的； 如果您购买了包邮商品，那么其他商品也可一同免邮，建议您看看包邮商品（这时候做主动推荐）。	告知政策； 灵活应用购物×××元以上可以终身免邮费的政策。
你们价格怎么这么便宜呢？	质疑产品价格以及货源是否是正品。	反问：是吧？您之前是在我们的实体专柜购买的吗？ 网络销售，省去了传统企业很多渠道和门店费用，商品价格一般都比较优惠，所以现在有越来越多的人热衷网络购物，也挺时尚的。	看对方下一个问题说话。

（3）其他异议的处理策略。同类商品那么多，为什么要选择你家？如果商品方面没有太大优势，可以用地理优势、快递优势、服务优势等，说服客户下单。

卖家信誉可不可靠？对于客户的这一担心，可以用商品的交易记录来打消客户的疑虑。

交易是否能够保证安全？可以说明第三方收款平台的优势，建议客户使用第三方支付平台付款，确保安全交易。

企业连线 4—2　风险与舆情的规避及应对

阅读材料 4—1

缓解客服工作压力的常用技巧

客户服务是一项富有挑战性的工作，需要面对各种情况和各类客户。特别是愤怒客户的情绪，通常会给客服带来很大的压力。持续的压力可能会损害客服人员的健康。因此，学会心理调适和压力管理，有效缓解所受到的压力，对客服人员而言非常重要。这将有助于客服人员保持自信，更有效地处理各种复杂情况，同时还能让客服人员事后有个良好的心态。客服人员可以尝试采用下面的方法来减轻工作压力。

1. 改善时间管理技巧

练习时间管理技能，通过提高效率可缓解工作压力。除此之外，尽量做到公私分明。如果将相当一部分上班时间用来处理私人事情，而私人时间的一部分则要用来处理公务，这会让你感觉始终处于压力之中，难以放松。

2. 减少忧虑

通常，我们为之忧虑的事情，有些会向好的方向发展，还有些根本不会发生。因此，只有很小的一部分真正值得忧虑。当我们感到忧虑时，可尝试以下做法：

◇ 对那些你无法控制或影响的事情，停止忧虑；
◇ 对那些你可以控制和施加影响的事情，也停止忧虑，寻求解决办法。

3. 整理办公桌

定期整理自己的办公桌，不仅能带来一个舒适的办公环境，更重要的是，井然有序的工作环境使你便于寻找各种资料和物品，从而避免因忙乱而带来的紧张和烦恼。

4. 放松心情

每天花片刻时间放松一下心情，也能起到减轻压力、提高效率的作用。例如：

◇ 缓慢地做深呼吸；
◇ 活动身体，放松肌肉；
◇ 通过向朋友倾诉等方式，发泄情绪。

5. 庆祝成功

庆祝自己或同事在工作中取得的成功，有助于增强信心，保持积极向上的状态，从而继续努力地工作。一顿午餐、一束鲜花、一句祝贺，都可以是一种庆贺。例如：

◇ 将客户投诉电话或面谈的内容告诉同事或朋友，还可以与他们交流在服务中所获得的经验和教训。这样既可以放松，又可以互相提升，何乐而不为。
◇ 处理完一个难缠的客户后，先放松一下，不要紧接着就接待下一位情绪激动的客户。
◇ 关注自己的健康，适量运动并保持良好的饮食习惯。
◇ 学会做深呼吸，这样有助于缓解压力。

（资料来源：Tim Ang，姜旭平. 客户服务课堂[M]）

技能训练 4—4

用补偿法化解客户异议

请仔细阅读表 4-8 中所列的两个情景的对话，对客服人员提供补偿的两种方式进行分析和判断，并给出分析结论。

表 4-8　补偿法的应用分析

客　户　异　议	可能的服务补偿	正确的方法	判　断　理　由
客户： 　　这套家具设计得很时尚，价格也很合理，可惜不是实木的。	客服人员： 　　A. 正如您所说的，我们的产品是以时尚见长的，所以才采用了时尚的复合材料。 　　B. 依据实木家具的制造特点，很难达到这样时尚的做工。		
客户： 　　这台打印机虽然打印的照片很清晰，但速度太慢了。	客服人员： 　　A. 另一台打印机的速度倒是快一些，但打印出来的照片就没有那么清晰了。 　　B. 这台打印机的设计特长是能打印出清晰的照片，并不是追求打印速度。相信您不会仅仅因为速度快而放弃更为重要的出图质量吧。		
分析结论			

任务二　解决客户投诉

内容提要

客户投诉的主要原因：产品质量投诉、商家服务投诉、价格投诉、诚信投诉等。

客户投诉的心理动机主要有尊重心理、认同心理、表现心理，以及发泄心理、补救心理、报复心理等。

一般投诉的处理技巧：用心倾听→分担责任→澄清事实→陈述方案→征询意见。

严重投诉的处理技巧：控制情绪→认真倾听→建立共鸣→真诚道歉→解决问题。

伦理与道德，是客服的水平线，有待提升；法律与法规，是客服的高压线，必须坚守。

任何企业都会面临客户投诉问题。所谓投诉，是指客户针对企业的产品质量或服务方面的不满意，所提出的书面或口头上的抱怨、抗议、索赔和要求解决问题的行为，它是客户对企业管理或服务不满的一种比较正式、明确、强烈的表达方式。

对企业而言，成也客户，败也客户。因为满意的客户，特别是抱怨或投诉得到圆满解决的客户，不仅他们自己很可能成为企业的忠实客户，而且他们还有可能会将自己令人愉悦的体验和经历传播出去，与自己的朋友和亲人分享。当然，如果问题没有得到解决，他们的不满、失望和愤怒，同样也会广为传播并让人知晓，甚至给企业带来严重的危机。客户不满的发展变化，如图 4-2 所示。这就要求企业和客服人员必须认真对待客户的投诉，并积极化解客户的不满。

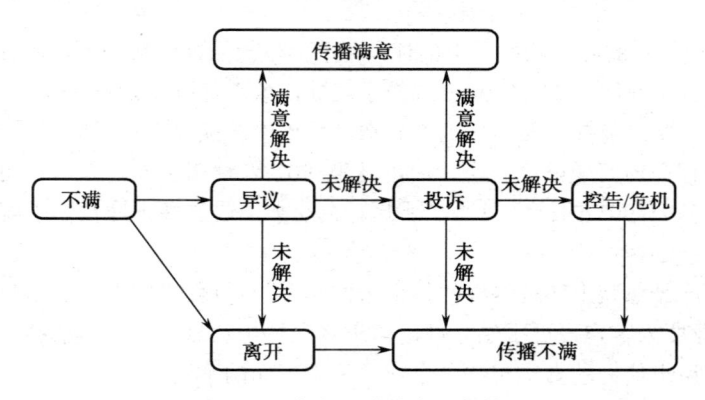

```
                    传播满意
                      ↑
              满意        满意
              解决        解决
                ↑          ↑
    不满 → 异议 ──未解决→ 投诉 ──未解决→ 控告/危机
       ↘    │            │              │
       未解决 未解决       未解决           │
         ↘  ↓            ↓              ↓
           离开    →    传播不满    ←────┘
```

图 4-2　客户不满的发展变化

一、积极看待客户投诉

客服人员应该积极地看待客户投诉，因为它是企业有价值信息的来源，它可为企业创造许多机会。利用处理客户投诉的合适时机，赢得客户的信任，把客户的不满转化为客户满意，锁定他们对企业和产品的忠诚，获得竞争优势，已成为企业客户服务实践的重要内容。

20 世纪 70 年代，美国一位名叫爱德华·诺顿·罗伦兹（Edward Norton Lorenz）的气象学家提出了著名的蝴蝶效应理论：假设在南美洲亚马孙河流域热带雨林中的一只蝴蝶偶尔扇动了几下翅膀，所引起的微弱气流对地球大气的影响可能并不随时间减弱，而可能两周后在美国的得克萨斯州引起一场龙卷风。一个微小的变化，经过不断放大，最终产生的效应，可能变得不可想象！西方流传的一首民谣对此有一个形象的描述。这首民谣如是说：

丢失一个钉子，坏了一只蹄铁；
坏了一只蹄铁，折了一匹战马；
折了一匹战马，伤了一位骑士；
伤了一位骑士，输了一场战斗；
输了一场战斗，亡了一个帝国。

客户投诉也是同样的道理。一份调查研究表明，一个不满意的客户会把他的不满告诉 10 人，其中的 20%又会告诉 20 人。按照这样的算法，10 个不满意的客户会造成 120 个不满意的准新客户，其破坏力让人难以想象。因此，企业不能轻视客户的投诉，而应积极应对，用心处理，将客户投诉看作珍贵的资源，正视客户投诉对于企业的价值和意义。

1. 客户不投诉不等于满意

单从客户没有投诉，不能得出客户主观上对商品满意的结论。不投诉的客户，或许更加理性，他权衡了各种得失：

◇ 不满意的产品对自己的损害有多大（D）；
◇ 投诉可能带来的利益有多大（B）；
◇ 投诉可能需要付出的成本有多大（C）。

这里的损害、投诉利益和投诉成本都不仅直接表现在经济上，还包括时间、精力、精神等多个方面。当 C>D（投诉成本大于损害）、C>B（投诉成本大于投诉利益）或 D>B（损害大于投诉利益）时，最基本的心理状态是不信任，即不信任商家能解决问题，或者不信任商家能为他顺利、及时地解决问题。于是客户就选择了沉默，或者选择了走掉——即"用脚投票"。当然，这里有一个重要的前提，即客户因不满意产品遭受的损失在自己的忍受限度之内。

客户服务中存在的问题好比一座冰山，几乎 90%隐藏在水面之下，公司或员工根本无法直接看到客户服务中 90%的核心问题。因此，企业必须通过多种途径去了解客户，尤其是要健全投诉制度，鼓励客户投诉。

有些企业在产品包装上印有这样的标语来鼓励客户投诉："默默忍受质量低劣的产品并非一种美德。"企业要为客户投诉提供方便，请求客户提出意见，鼓励他们帮助企业提高服务质量。为方便客户说出他们的真实想法，企业常采用下面的手段：

- ◇ 使用投诉问卷、免费电话或者网络；
- ◇ 随机寻找一些客户，询问他们的想法；
- ◇ 以客户的身份向客户了解情况；
- ◇ 倾听——在倾听时不要带着对抗的态度；
- ◇ 向客户征求建议，如"我们怎样做才好？"询问在客户眼中你做得怎样，询问与其他公司相比较你们的差距在哪里，客户对你的期望是什么等。

通过以上措施，公司可以很快地了解客户的想法，并迅速采取有效措施，为客户及时解决问题。

2. 令人满意的投诉处理，可以培养客户的忠诚度

事实证明，那些向企业提出中肯意见的人，都是对企业依然抱有期望的人，他们期望企业的服务能够加以改善，并愿意无偿地向企业提供很多信息。因此，从某种意义上讲，投诉的客户对企业意义非凡。

某消费者协会对不满意消费者是否继续选择企业产品的情况进行了调查，不满意客户的行动选择如表 4-9 所示。统计结果显示，即便不满意，但只要投诉得到解决，特别是如果得到了及时、有效的解决，也将给企业带来大批的忠诚客户。那些选择不投诉的客户，绝大部分选择了"用脚投票"——这种对企业伤害最大的方式。

表 4-9　不满意客户的行动选择

客户类型（不满意的客户）	客户保持比例
不投诉的客户	9%（91%的客户不会再回来）
投诉过但没有得到解决	19%（81%的客户不会再回来）
投诉过且得到了解决	54%（46%的客户不会再回来）
投诉迅速得到了解决	82%（18%的客户不会再回来）

注：这里的客户是指虽然进行投诉（损失超过 100 美元）但还会继续购买产品的客户；其中 4%的不满意客户会向你投诉，96%的不满意客户不会向你投诉

3. 客户投诉可以促进企业成长

市场营销的核心理念，就是以消费者需求为导向。消费者需要或期望什么样的产品或服务，企业就应提供什么样的产品或服务——这些道理说起来容易做起来难。因为在一般消费者的"期望"与企业的"期望"之间，总会存在一定的偏差；企业认为这样好，而消费者不一定领

情和认可。因此，正视客户投诉是个有效方法，因为客户投诉的地方，也是企业的问题所在，客户的批评、指责是企业纠偏的"良方"。

4．巧妙处理客户投诉可以帮助企业提升形象

塞翁失马，焉知非福？对于有些投诉，如果有效地采取了补救措施，并巧妙地处理好，不但消除客户的抱怨，也能体现企业良好的信誉，树立正面的企业形象，使坏事变成好事。

有个生产汽车零件的厂家，有一次客户投诉部分零件在矫正时出现了断裂的现象。客服部门把情况反映给了厂长，厂长亲自带头检查原因。结果发现是从钢厂进的100多吨钢管中混有不合格的钢管。于是企业对这些钢管制成的成品、半成品和库存产品全部进行了封查，向各个已经发货的单位发出紧急通知，要求他们停止出售；接着对厂内库存进行翻箱清查，同时派人到外地经销单位追查。为此，企业花费了巨资和精力。他们的这一做法，使各经销单位大为感动，企业此举不仅没有降低信誉，反而赢得了更高的声誉。

5．客户投诉可以帮助企业发现隐藏的"商机"

在市场竞争日益激烈的今天，一些聪明的企业家善于从客户的投诉中发现商机，开辟一个又一个新的经济增长点。

例如，计算机刚面世时，一些计算机客户由于操作不当，常常造成计算机系统死机，因而对计算机的质量和功能非常不满意，对厂商投诉较多。此时，有一家计算机公司就是从客户的投诉中受到了启发，开发了"一键恢复"功能。当客户操作失误导致系统死机时，按一下恢复键，系统就自动恢复了。结果具有这种功能的计算机，一面市就受到了消费者的青睐。

在IBM公司，据说40%的技术发明与创造都来自客户的意见与建议。海尔集团的一位设计师在商场听到正在挑选冰箱的客户说："冷冻肉解冻最麻烦了！"这位设计师以其特有的敏锐认为这句抱怨的话大有文章可做。3个月后，比普通冰箱多设置了一个软冷冻室的海尔快乐王子007冰箱，经过反馈调查和反复调试后上市，储存在软冷冻室里的肉类食品无须解冻可以直接料理，因而深受消费者的青睐。

松下公司创业初期，创始人松下幸之助偶然听到几位客户抱怨现在的电源都是单孔的，使用很不方便。他从中得到启发，马上组织力量进行研发，很快就推出可同时插多个电器的"三通"插座，投放市场后取得了巨大的成功。

以上这些知名的企业，都是善于从客户"投诉"中发现"商机"的典范。从客户投诉中挖掘"商机"，寻找市场新的"卖点"。因此，沉默最可怕，投诉才是"金"！

二、分析投诉产生的原因

企业总是希望自己的产品能够卖出去，没有哪个企业希望收到客户投诉。客户代表着订单，订单代表着收入，关系到企业的生死存亡。但是在企业的经营中，客户投诉始终存在，并且客户投诉一旦发生企业就不能回避，必须积极面对。即使投诉是出于客户误解，也仍然是企业的错，为什么没有让客户正确理解呢？即使企业已经事先做了大量的宣传和解释，一般客户都能看明白，但个别客户不理解，还是企业的错，为什么没有个性化的服务呢？

客户要求退货、赔偿，企业的销售业绩和收入受到了影响；客户投诉牵扯了企业大量的人力，增加了企业的人力成本，耗费了企业的资源；有的投诉客户到处散布不满言

论甚至诉诸媒体，威胁企业的声誉。一旦处理不慎，客户投诉会给企业带来严重的影响。所以，我们要正视投诉对企业的影响，深入分析投诉产生的原因，寻找积极面对客户投诉的方法和策略。

按投诉原因的不同，投诉可分为产品质量投诉、商家服务投诉、价格投诉和诚信投诉等。

1. 产品质量投诉

对产品的质量、性能、安全等方面不满意而提出的投诉。有关数据表明，在各类投诉中，此类投诉比例最大，占了整个投诉的一大半比例。

2. 商家服务投诉

对商家提供的售后服务、客服人员的服务方式和态度等方面不满意而提出的投诉。

3. 价格投诉

客户认为他所购买的产品价格过高，或者物非所值而产生的投诉。

4. 诚信投诉

客户购买产品后，发现产品实用价值或其感受到的服务并非如售前或售中所宣传和承诺的那样而产生的投诉。近年来，诚信投诉主要集中在美容、医疗、中介等行业。

客服人员应注意区分客户投诉的原因，从而采取正确的应对和补救措施，对客户投诉进行有效处理，化解客户的不满，最大限度地改善客户满意度。

阅读材料 4—2

英国航空公司的"抱怨冰山"

"抱怨冰山"一词最早是由英国航空公司提出的。公司在对客户的投诉处理过程中，将客户满意度与抱怨的关系进行了调查、统计和分析，并绘制了图表，因为图形很像海面上的冰山，因此将其命名为"抱怨冰山"，如图4-3所示。

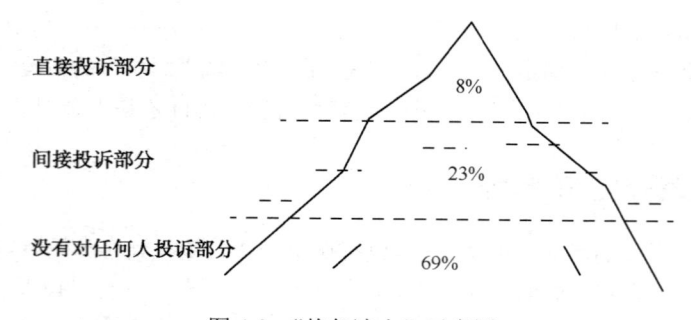

图4-3 "抱怨冰山"示意图

在提供服务的过程中，大部分公司认为，当客户没有提出投诉时，他们是处于满意状态的。通过"抱怨冰山"，我们注意到，大部分的客户尽管不满意也不会投诉。当公司没有注意到这部分客户，并且没有采取任何措施时，我们的客户正在流失。消费行为学研究表明：尽管有

69%的客户不会投诉,但其中有50%的客户会将这种不满意传递给他人,其中小问题会传递给9人以上,大问题会传递给16人以上。因此,"抱怨冰山"应得到服务部门的高度重视。投诉只是意见冰山的一角。实际上,在投诉之前就已经产生了潜在的抱怨,即服务存在某种缺陷。潜在抱怨随着时间的推移逐步变成显性的抱怨,最后进一步转化为投诉。

如何使用"抱怨冰山"这一工具来化解冰山,有以下3个基本措施。

1. 分析客户不满的原因

客户不满意的原因主要有产品质量问题、没有达到期望、客服人员态度差等。客服人员通过主动征询和调查,可发现公司客户服务表现与客户期望之间的差距,某航空公司调查的结果如表4-10所示。

表4-10 某航空公司的调查结果

服务	对客户的重要性所占比率/(%)	实际表现所占比率/(%)	差距/(%)
准时抵达	89	39	−50
登机手续	75	53	−22
行李运送	75	31	−44
预订机位	75	65	−10
对客户关心	75	40	−35
机舱整洁宜人	60	49	−11
座位宽敞	59	33	−26
机上服务亲切、迅速	56	48	−8
班次密集	35	23	−12
机上饮食服务	31	21	−10

2. 获取冰山下隐藏的抱怨

通过表4-10中所列的数字可以看出,航空公司的实际表现与客户的期望并不一致。例如,对客户来讲最重要的是准时抵达,而航空公司却认为预订机位是最重要的,这就很可能造成客户的投诉。因此,公司应根据暴露出来的客户投诉与行为分析冰山之下存在的问题。

对公司而言,主动搜集信息是了解冰山潜在抱怨的主要渠道。信息搜集方式主要分为两类:一类为主动征询,另一类为被动搜集。例如,开客户座谈会、发放客户意见征询表等为主动征询。另外,通过对已经发生的投诉进行统计分析,可找出被隐藏的投诉;同时,应保证一线员工接到的投诉可以通畅上达,这对于管理者来说十分必要。

3. 建立危机预防机制,调整差异

通过分析,获取客户的隐藏抱怨后,公司应建立投诉冰山危机预防机制,通常所采用的方法如下。

(1)投诉接待与受理标准化。各部门工作人员的文化程度和生活阅历千差万别,与人沟通的能力也有强弱、高低之分,这些因素都会影响受理投诉的工作人员的行为,产生不同的投诉接待方式。因此,投诉接待应标准化、系统化,应制订近期和远期培训计划,给予员工充分的沟通技巧培训,提高员工的沟通能力。

(2)投诉记录。目前大部分公司普遍有意见箱、呼叫中心、客户座谈会、客户意见征询表等投诉渠道。各种渠道的意见和建议都应该完整搜集,为管理人员分析和判断服务系统所存在的误差提供第一手资料。

（3）投诉重要性的分级。将投诉按重要性分级，尽量量化评判标准，制定客观指标，以保证最紧急的投诉总能最先得到处理；同时，可按投诉的级别对当事人采取不同等级的奖惩手段，在警示被投诉者的同时，也可以淡化投诉带给员工的压力。例如，可以将最紧急需要处理的问题定为红色，一般问题定为黄色，一些恶意的无理取闹问题定为灰色。

（4）危机的预防处理及投诉反馈。公司应该向投诉的客户承诺，无论结果如何，短期内必将给予回复。接到的投诉被证实后，被投诉者及被投诉者的上级应向客户当面解释，采取补救行动。公司应该制定统一的反馈程序，由专职管理人员代表公司向客户反馈处理结果。投诉处理完毕并完成反馈后，应再次致电投诉者，确认是否有足够的客户满意度。

（资料来源：李先国，曹献存．客户服务实务）

三、了解客户投诉的类型

客户投诉的类型可以从不同的角度进行划分，对于某一起具体的投诉，也能够从多个侧面来进行界定。

1．按投诉的严重程度划分

按投诉严重程度的不同，投诉可分为一般投诉和严重投诉。

（1）一般投诉。一般投诉是指投诉的内容、性质比较轻微，投拆内容没有对投诉人造成大的损害或投诉人的投诉言行对被投拆者影响不是很大的投诉。

（2）严重投诉。严重投诉是指投诉所涉及的问题比较严重，投拆内容对投诉人造成了较大的物质或精神上的伤害，引起投诉人愤怒进而做出对企业不利的言行。如张女士在某美容机构办了一张5 000元的美容年卡，可是做了几次美容之后，感觉皮肤有灼热感，并且起了很多红疹。于是，张女士跑到美容院要求退款并赔偿损失，否则就向媒体曝光或要求通过法律途径来解决。

严重投诉主要有以下几种类型。

① VIP客户的投诉。消费高的客户属于VIP客户，消费低但影响力大的客户也属于VIP客户，如社会名流、政府官员、传媒记者等。

② 激烈或要价高的投诉。有时投诉者来势汹汹，其本意只是想提个建议；而有些看似漫天要价的客户，只是要解决当下的问题；这些都不应归入严重投诉之列。正确识别是否为严重投诉的窍门在于回应客户的环节：直截了当地复述客户需要解决的问题，不涉及客户漫无边际提到的其他问题，请客户确认你是否理解了他的意思，以试探他的本意。这样是否属于严重投诉就可立见分晓。

③ 由一般投诉升级的严重投诉。由于投诉无门或遭遇"踢皮球"或不受尊重、不被重视等，都可能激化矛盾，将一般投诉升级为严重投诉。

2．按投诉的表现行为划分

按投诉表现行为的不同，投诉可分为消极抱怨型投拆、负面宣传型投拆、愤怒发泄型投拆和极端激进型投拆。

（1）消极抱怨型投诉。消极抱怨型投诉主要表现为，投诉人不停地抱怨，数落这不好那不好，投诉的重心在于表达"不满意"。

（2）负面宣传型投诉。负面宣传型投诉主要表现为，投诉人在公共场合或除商家外的其他人面前历数或负面评论产品、服务等，其投诉的重心在于"广而告知"商家的缺陷与不足。

（3）愤怒发泄型投诉。愤怒发泄型投诉主要表现为，投诉人情绪激动或失控，投诉的重心在于以愤怒、敌对的方式宣泄"不满意"。

（4）极端激进型投诉。极端激进型投诉主要表现为，投诉人以极端的方式与商家发生口角或做出一些过激的行为，不达目的，决不罢休，这类投诉一般也称客户冲突。

3．按投诉的心理动机划分

客户投诉时心里是怎么想的？希望通过投诉获得什么？客服人员还需要深刻洞察客户投诉的心理动机，只有具备准确分析客户心理的能力，才能对不同的投诉给予合理解决。

（1）尊重心理。所有客户来投诉的目的，都是希望获得关注和能对他所遇到的问题加以重视，以达到心理上的被尊重的感觉，尤其是一些感情细腻、情感丰富的客户。在投诉过程中，客服人员能否对客户本人给予认真接待，及时致歉，并及时采取有效的措施等，都被客户看作是否被尊重的表现。如果的确是客户做得不妥，客服人员也要用聪明的办法给客户台阶下，这也是满足客户尊重心理的需要。

（2）认同心理。客户在投诉过程中，一般都努力证实他的投诉是对的和有道理的，希望获得认同。所以，客服人员在了解客户的投诉问题时，对客户的感受、情绪要表示充分的理解和同情，但是要注意不要随便认同客户的处理方案。例如，客户很生气时，客服人员可以说："您别气坏了身体，坐下来慢慢说，我们商量一下怎么解决这个问题。"这个回应是对客户情绪的认同，对客户期望解决问题的认同，但是并没有轻易地抛出处理方案，而是给出了一个协商解决的信号。客户期望认同的心理得到回应，有助于拉近彼此的距离，为后续的协商处理营造良好的沟通氛围。

（3）表现心理。客户前来投诉，往往潜在地存在表现心理。客户既是在投诉和批评，也是在建议和教导，好为人师的客户随处可见。他们通过这种方式获得一种成就感。

客户表现心理的另一方面，是客户在投诉过程中，一般不愿意被人负面评价，他们时时注意维护自己的尊严和形象。利用客户的表现心理，客服人员在处理投诉时，注意夸奖客户，引导客户做一个有身份、有理智的人。另外，可以考虑性别差异进行区别接待，如男性客户则由女性客服来接待，在异性面前，人们更倾向于表现自己积极的一面。

（4）发泄心理。客户遇到不满而投诉，一个最基本的需求是将不满传递给商家，把自己的怨气发泄出来，这样，客户不快的心情会得到释放和缓解，恢复心理上的平衡。客服人员的耐心倾听是帮助客户发泄的最好方式，切忌打断客户，让他的情绪宣泄中断，淤积怨气。此外，客户发泄的目的在于获得心理平衡，恢复心理状态，所以客服人员在帮助他们宣泄情绪的同时，还要尽可能营造愉悦的氛围，引导客户的情绪。

某商业银行有一个制胜秘诀——招聘那些外向的可使别人开心的员工，然后对他们进行培训、培训、再培训，使每个员工都具备让客户开怀大笑的本事。作为投诉处理人员，即使有着过硬的业务能力和极强的责任心，如果整天苦着脸或神经质地紧张，给客户的感觉必然大打折扣。但是，营造愉悦氛围也要把握尺度和注意客户的个性特征，如果让客户感到轻佻、不受重视，那宁可做一个严肃的倾听者。

（5）补救心理。客户投诉的目的在于补救，因为客户觉得自己的权益受到了损害。值得注意的是，客户期望的补救不仅指财产上的补救，还包括精神上的补救。根据我国法律，绝大多数情况下，客户是无法取得精神赔偿的，而且实际投诉中提出精神赔偿金的也不多。但是，商家客服人员通过倾听、道歉等方式给予客户精神上的抚慰是必要的。

（6）报复心理。客户投诉时，一般对于投诉的所失、所得都有一个虽然粗略却是理性的经济预期。如果不涉及经济利益，仅仅为了发泄不满情绪、恢复心理平衡，客户一般会选择投诉、批评等对商家杀伤力不大的方式。当客户对投诉得失的预期与商家的预期相差过大，或者客户在宣泄情绪过程中受阻或受到新的伤害时，某些客户会演变，生出报复心理。

存有报复心理的客户，不计个人得失，不考虑行为后果，只想让商家难受，出自己的一口恶气。自我意识过强、情绪易波动的客户更容易产生报复心理，对于这类客户要特别注意做好服务工作。

客户处于报复心理状态时，客服人员要通过各种方式及时让双方的沟通恢复理性。对于少数有报复心理的人，要注意搜集和保留相关的证据，以便客户做出有损商家声誉的事情时拿出来给公众看，适当的时候提醒一下客户这些证据的存在，对客户而言也是一种极好的冷静剂。

企业连线 4-3 网店投诉的原因及分类

四、确定投诉处理流程

客户的投诉或抱怨虽然有损企业的形象，但是客服人员必须以积极的心态来看待这一现象，并采取适当的方式正确处理客户投诉，变"不利"为"有利"，化"风险"为"机遇"，将不满意客户转变为满意客户甚至忠诚客户。对外，化解客户的抱怨，创造客户的满意；对内，利用客户投诉进行检讨与改善，并将其转化为企业发展的一个契机。

明确投诉处理的基本步骤，并进行合理优化，可有效缩短服务时间，提高服务效率。客户投诉处理的基本步骤如图4-4所示。

基于对客户投诉心理的分析，客户一般具有以下需求。

被关心：客户需要你对他表现出关心与关切，而不是不理不睬或应付，客户希望自己受到重视或善待。他们希望他们接触的人是真正关心他们的要求或能替他们解决问题的人，他们需要被人理解和设身处地的关心。

被倾听：客户需要公平的待遇，而不是埋怨、否认或找借口，倾听可以针对问题找解决之道，并可以训练我们远离埋怨、否认、借口。

服务人员专业化：客户需要一个明智与负责的反应。客户需要一个能用脑而且真正肯为其用心解决问题的人，一个不仅知道怎么解决，而且会负责解决的人。

迅速反应：客户需要迅速的反应，而不是拖延或沉默。客户希望听到"我会优先考虑处理你的问题"，或者"如果我无法立刻解决你的问题，我会告诉你处理的步骤和时间"。

在实际操作过程中，客服人员要根据客户投诉的实际情况，针对处理客户投诉的每个环节进行细化。下面介绍客户投诉处理的一般操作流程。

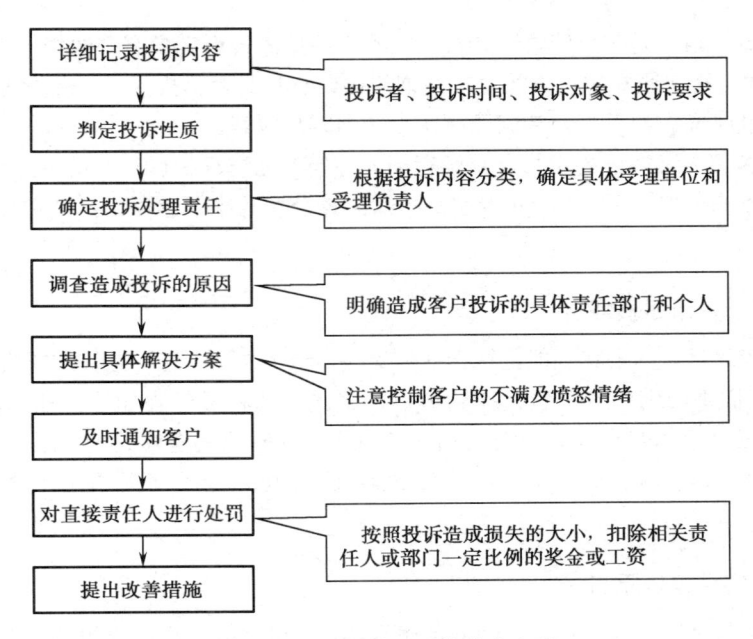

```
详细记录投诉内容 ──→ 投诉者、投诉时间、投诉对象、投诉要求
      ↓
   判定投诉性质
      ↓
 确定投诉处理责任 ──→ 根据投诉内容分类,确定具体受理单位和受理负责人
      ↓
 调查造成投诉的原因 ──→ 明确造成客户投诉的具体责任部门和个人
      ↓
 提出具体解决方案 ──→ 注意控制客户的不满及愤怒情绪
      ↓
   及时通知客户
      ↓
 对直接责任人进行处罚 ──→ 按照投诉造成损失的大小,扣除相关责任人或部门一定比例的奖金或工资
      ↓
   提出改善措施
```

图 4-4　客户投诉处理的基本步骤

1. 快速反应,以诚相待

无论多么好的企业、多么好的产品、多么好的服务都有其不足之处,但如果这种欠缺在客户提出投诉后得不到及时的纠正,在客户看来是对错误本身和客户的不尊重,进而会激怒客户,使客户对商家彻底失去信心。在处理客户投诉的问题上,时间拖得越长,客户的积怨越深、越大,客服人员处理起来的难度就越大,处理的成本就越高。打持久战,最终输掉的是商家。

一位客户购买了某品牌的电视机,结果看电视时,电视机偶尔会发生突然断电的现象,这位客户怀疑电视机的电源质量不过关。由于这种现象发生时,电视机还在质保期内,于是这位客户找到了该厂家的售后服务部门,请求解决。该部门让其与当地的代理商联系,而代理商宣称有关产品的售后服务工作由厂方负责。因此客户又一次与厂家取得了联系,终于厂家答应过几天派人过来处理。

结果,此事拖了一个星期还毫无音讯。万般无奈之下,客户只好拨通了当地"消协"的电话。后来问题总算得到了解决,但那位客户已经对该厂家失望了。以后,他以及他的亲戚和朋友再也不会购买该厂家的产品了。

处理客户投诉的目的是获得客户的理解和再度信任,这就要求在处理客户投诉时必须以诚相待。从另一个角度来看,客户投诉是因为客户相信企业愿意并且有能力帮助他解决问题,才会来投诉的。假如你的处理能令客户满意,客户不仅不会抛弃你,还会更加坚定地忠实于你。

某货运公司的 A、B 两名客服人员分别有一票 FOB 条款货物,均配载在 D 轮从青岛经釜山转船前往纽约的航次上。开船后的第二天,D 轮在釜山港与另一艘船相撞,造成部分货物损失。接到船东的通知后,两位客服人员的解决方法如下。

A 客服人员：马上向客户催收运杂费，收到费用后才告诉客户有关船损一事。

B 客服人员：马上通知客户事故情况并询问该票货物是否已投保，积极协调承运人查询货物是否受损并及时向客户反馈，待问题解决后才向客户收费。

结果，A 客服人员客户的货物最终没有损失，但在知道真相后，A 的客户对 A 客服人员及其公司非常不满并终止了合作。B 的客户事后给该公司写来了感谢信，并扩大了双方的合作范围。

2．明确身份，承担责任

接到客户投诉后，如果你不能直接帮他们解决，绝不能用"这不是我的职责，这事不归我管""责任是我们供应商的……"之类的借口搪塞。不能将责任强加给其他部门或找其他方面的借口，而应该帮助客户找到公司的相关负责人，并确保其能够处理。服务客户是每个人的责任，要让客户确信他（她）是在与一个运作协调的组织接洽，而非是在与各自为政的"诸侯"打交道。

3．询问事实，分析原因

客服人员在接待投诉客户时，要询问清楚事实，准确理解客户所说的话，切忌在掌握所有信息之前妄下结论。任何事情都要寻因问果，客户投诉也不例外。客服人员可利用表 4-11 中所列的项目内容对客户投诉进行具体分析。

表 4-11　客户投诉分析表

客户名称		受理日期	
投诉类型		承诺期限	
投诉缘由			
客户要求			
在处理中可能遇到的困难			
应对策略			
客户期望是否达成			
采取的主要措施			
客户投诉主管建议			
客户投诉专员建议			

制表人：　　　　　审核人：

4．判断客户类型，寻找解决方案

解决客户投诉是一门集心理学、社交技巧于一体，并体现客服人员道德修养、业务水平、工作能力等综合素养的学问。根据投诉客户个性特点的不同，可将投诉客户分为 4 种类型，即完美型客户、力量型客户、活泼型客户和和平型客户，其个性特点及处理方法如表 4-12 所示。

表 4-12　不同类型客户的个性特点及处理方法

客户类型	个性特点	处理方法
完美型客户	逻辑严密，理论充足，咄咄逼人	商家表现诚意，晓之以理，动之以情

续表

客户类型	个性特点	处理方法
力量型客户	率直，意志坚决，目标性强，喜欢支配与主导，情感感觉迟钝，追求效率，缺乏耐心	处理时反应要快，短时间内拿出解决方案
活泼型客户	感性，率直，性格随和，容易沟通，表现欲强，希望认同与赞美	先处理心情，后处理事情
和平型客户	易相处，少冲突，有耐心，易解决	让客户感觉到"替他着想"，激将法

对于投诉，有的客户只是希望通过投诉发泄一下，有的客户可能希望得到退款，有的客户是希望给商家提建议，等等。因此，在解决客户投诉时应分析客户投诉时心里是怎么想的，希望通过投诉获得什么，在此基础上为客户设计解决方案。对于问题的解决，也许应该准备三四套方案。可将自己认为最佳的一套方案提供给客户，如果客户提出异议，再换一套方案，待客户确认后再实施。当问题解决后，至少还要征求一两次客户对该问题的处理意见，争取下一次的合作机会。客服人员可利用表4-13记录对客户投诉的处理情况。

表4-13 客户投诉处理表

受理编号			投诉类型		日期		
承办人			承办主管		查证人		
投诉者	姓名				电话		
	企业名称				地址		
投诉标的	品名				金额		
	项目				其他		
双方意见	对方意见						
	本方意见						
调查	调查项目及结果						
	调查判定						
最后对策							
产生原因							
情节严重程度							
备注							

制表人： 审核人：

5．提供超值回报，放弃另类客户

三流的投诉处理，不能满足期望；二流的投诉处理，满足期望；一流的投诉处理，超越期望。因此，在处理客户投诉时，不要简单地认为有了处理方案，客户的心理就平衡了，就可以草草收场，万事大吉。优秀的客服人员会好好利用这一机会，将投诉客户转变为企业的忠实客户。当与客户就处理方案达成一致后，还应该追加一些赠品或小礼物等作为惊喜，以超出客户预期的方式真诚地道歉，同时再次感谢客户。老子说："慎终如始，则无败事"，"善终"比"善始"更为重要。

在客户服务行业有一句谚语：客户永远是对的！但是，果真如此吗？

被怠慢的客户往往会对他们的遭遇添油加醋，夸大事实。另外，客户是否可以出言不逊，而企业的代表则是否必须听下去？在处理言辞激烈的投诉时，客服人员应当知道：企业管理层肯定会全力支持他们，并且有权要求那些不能平静下来的客户离开现场。

有一些客户非常愤怒，以至于不论你做什么都无法令他们满意。当然这属于极少数的情况，这时可以考虑放弃这部分客户。

哪些客户属于企业的标准客户？哪些客户属于企业的优质客户？哪些客户本来就不属于企业的目标客户？客服人员要心里有数，并在服务过程中灵活应对。如果一个客户不能从你那里得到满意的服务而另投他处，这对双方都是有益的。

6. 强化过程管理，持续投诉反馈

管理大师德鲁克说："衡量一个企业是否兴旺发达，只要回头看看其身后的客户队伍有多长，结果就一清二楚了。"客户忠诚度形成的最重要的途径，就是当客户一次购买后得到了企业的持续关怀，从而对企业产生了高度信任及情感偏好。而客户一旦对企业进行投诉，这种信任与偏好就会大打折扣。处理客户投诉是企业"将功补过"的最好机会。

处理客户投诉不仅要求处理的结果令客户满意，还要求处理的过程令客户满意。因此，在客户提出投诉后，企业一定要对投诉进行持续反馈、追踪和回应。如果处理过程涉及的部门很多，或者因其他原因难以迅速拿出最终解决方案，企业也不能等到确定方案后才告知客户，而应在方案形成过程中，向投诉客户持续反馈事情的最新进展，让客户放心，让客户感觉到企业把他的事情放在心上了。在等待处理结果时，性急的人超过 2 天就难以忍受，他们往往认为两三天没有任何反馈，就意味着石沉大海。所以，企业在处理复杂的客户投诉时，一定要坚持每天向客户反馈一次。另外，投诉处理完后，企业应在最短的时间内主动给客户打一个电话，或发一封邮件，或亲自回访，了解客户对该解决方案还有什么不满意的地方，是否需要更改方案等。这样做可以使客户的信任度成倍增长，从而形成再次购买或正向的人际传播。

技能训练 4-5

客户投诉类型分析及处理

针对下列 3 种情景中的客户投诉，请根据用户投诉目的判断客户投诉的类型，分析投诉产生的原因，最后请将圆满解决客户投诉的方法填入表 4-14。

情景 1 张女士在某家电专卖店购买冰箱时，导购员向她推荐了一款冰箱。导购员说："这款冰箱采用了新技术，静音且省电。"可是用了一个星期之后，张女士感觉冰箱的制冷效果不太好，主要是制冷速度慢。于是，张女士找到商家要求换货。商家不同意，说："又想马儿好，又想马儿不吃草怎么可能呢。这就如同鱼和熊掌不能兼得一样，既然省电环保，当然不能速效制冷。"但是，张女士认为，导购员在她选购冰箱时存在故意突出冰箱优点，隐藏冰箱不足的误导。因为导购员当时除向张女士大力宣传节能环保外，并没有如实提醒她制冷效果较慢等不足之处。现在张女士知道了这一不足，认为这款冰箱不适合他们家使用，要求商家给她换一款其他制冷速度快、制冷效果好一点的冰箱。可是商家不同意，认为张女士既然选择了这款冰箱，而冰箱又不存在质量问题，没有理由要求换货，双方争执不休。最后，张女士一气之下，提出"现在我不想换了，要求退货"，商家更不愿意退货了。于是，张女士向消费者协会进行了投诉，

并咨询了律师，表示如果商家不能满足其要求，她就准备向当地法院起诉。

情景 2 某孕妇到一家超市购物。当天因下雨地面潮湿，超市的地面很滑，她一不小心闪了腰，不过还好没什么大问题，只是虚惊一场。但是，该孕妇考虑到如果地面还是那么湿滑，其他孕妇有可能被滑倒。于是，她向客户服务中心建议，超市能否下雨天在地面上撒一些防滑粉末等。可是，客服人员爱理不理地扔出一句话："我没有权力决定这件事情。"受到如此冷落之后，该孕妇一气之下，向客户经理进行了投诉：因为超市地面很滑，导致她闪了腰，现在肚子有点痛，要求超市赔偿或支付检查费，看看是否动了胎气。

情景 3 李先生是某家酒店的常客，他每次入住后，饭店的销售部经理都要前去问候。大家知道，李先生好面子，总爱当着他朋友的面批评酒店，以自显尊贵。果然，这次当销售经理前去问候时，李先生和他的几位朋友正在房间里聊天。李先生一见销售部经理就说："我早就说过了，我不喜欢房间里放什么水果之类的东西，可这次又放上了。还有，我已经是第 12 次住你们酒店了，前台居然还不让我在房间里办理入住。我知道，你们现在生意好了，有没有我这个穷客人都无所谓了。"

表 4-14　客户投诉类型、原因及解决方法

情　景	投 诉 类 型	投 诉 原 因	解 决 方 法
情景 1			
情景 2			
情景 3			
分析结论			

五、掌握投诉处理技巧

无论多么规范、多么优秀的企业，都不能百分之百地保证自己的产品没有任何瑕疵；无论多么幸运、多么豁达的人，都不能百分之百地保证不会遭遇投诉。绝大多数都是比较好处理的投诉，我们称为一般投诉。但是，一般投诉如果没有处理好，就可能上升为更为激烈或更为复杂的严重投诉，甚至导致企业出现重大危机。针对不同严重程度的投诉情形，客服人员应掌握不同的投诉处理技巧。

（一）一般投诉的处理技巧

对于一般投诉的处理，通过采用 LSCIA 处理法，可以较好地解决客户的投诉问题。LSCIA 是 Listen（倾听）、Share（分担）、Clarify（澄清）、Illustrate（陈述）、Ask（要求）这 5 个英文单词首字母的缩写。

1. 用心倾听

当客户进行抱怨或投诉时，客服人员首先要学会倾听，搜集数据，并做好必要的记录，然后要弄清问题的本质及事实。

为了能让客户心平气和地诉说，客服人员在倾听时应注意以下三点。

1）让客户先释放情绪

客服人员切记不要打断对方的谈话，一定要让客户把自己想说的话都说出来，把想表达的情绪都充分释放出来。因为客户在尽情释放自己的不满情绪后，心情能平静下来，这样有利于问题的解决。

2）善于运用肢体语言

如果是面对面的交流，客服人员在倾听客户谈话时，要专注地看着对方，并用间歇的点头来表示自己正在仔细倾听对方说话，这会让客户感觉自己被重视了。同时，客服人员还要注意观察客户在说话时的各种情绪和反应，以便采取更好的应对方式。

3）仔细确认问题所在

倾听不仅是一个动作，还必须注意同时了解事情的每一个细节，以便确认问题的症结所在。倾听时最好用纸笔将重要的信息记录下来。如果对客户所抱怨的内容不是特别清楚，可以在客户说完之后再仔细询问对方。这时要特别注意，应以委婉的方式请对方提供信息，避免让客户产生被质问的感觉。

2．分担责任

如果基本上弄清了问题的实质及事件发生的原因，客服人员可以采用分担责任的方式安抚客户。例如，对客户说："您讲得有道理，我们以前也出现过类似的事情。"无论是产品本身的问题，还是由于客户使用不当等原因，都不能责备客户，而是应帮客户分担一份责任和压力。

3．澄清事实

在已经基本了解客户投诉的原因和目的的基础上，客服人员此时可以对问题加以定义，是产品本身的问题还是因为客户的使用不当。如果是产品本身的问题，应立即向客户道歉，并在最短的时间内给客户解决问题；如果是客户使用不当造成的，要说明问题的实质，但无论如何，客服人员都要诚心诚意地对客户表示理解和同情。

4．陈述方案

在客户投诉的问题得到澄清之后，客服人员可提出并对客户说明处理方案，同时要用鼓励的话语感谢客户的抱怨和投诉。无论客户的投诉正确与否，必要时可对其予以精神或物质的奖励。

5．询问要求

在基本解决客户的抱怨和投诉后，客服人员还要再次询问客户还有什么要求，以诚恳的态度告诉客户，假如还有其他问题，请随时联系自己。

技能训练 4-6

用 LSCIA 法处理一般投诉

请仔细阅读下面的一封投诉回信,对投诉处理过程中的技巧使用情况进行分析和辨别,最后将分析结论填入表 4-15。

约克先生:

您好!谢谢您抽空写这封信。十分感谢您的来信,让我们有机会令您满意。您的抱怨对我们来说是份礼物,也是改进的机会。您说的一点儿也没错,您的专业踏步机应当动作正常,但目前的状况显然并非如此,您有权立即获得解决。您对产品的满意,才能为敝公司带来真正的满意。我们永远欢迎您提出抱怨,您是本公司努力的动力,您能协助我们确保产品的品质。

本人要向您道歉,抱歉使您遭受不便。同时,我向您保证,我们会以最快的速度解决此问题。真的对不起!这种事情不该发生,我保证会公平、合理地对待您。

我们的司机荣伦斯·杜鲁门将致电给您,以便安排时间收取您的踏步机。他在收件时会送上另一部机器供您使用,直到我们找出其中的问题为止。

我们希望尽量带给您方便,不要带给您任何麻烦。我们会在一周之内加以解决,我会立刻行动。

我本人将负责此案件。希望您仍旧对敝公司保持信心,也希望您继续惠顾本公司。我注意到,您 4 年前向本公司购买了第一部运动器材。谢谢您一直以来的支持。

我和我的同事都希望留住您这位客户。

再次谢谢您!

斯坦佛
20××年 12 月 21 日晚 8 时

表 4-15 投诉处理技巧分析表

投诉处理技巧	使用与否	具体表现	改进建议
用心倾听			
分担责任			
澄清事实			
陈述方案			
询问要求			
分析结论			

(二)严重投诉的处理技巧

与一般投诉相比,对于严重投诉的处理需要更多的耐心和技巧。对于所出现的投诉,首先要进行是否为严重投诉的识别。

对于严重投诉,前来投诉的客户心情往往不好,有很大一部分客户情绪激动,甚至失去理智。这时候采用 CLEAR 法——令客户心情晴朗的"CLEAR"法,即客户愤怒清空法,可以较好地解决问题。CLEAR 是 Control（控制）、Listen（倾听）、Establish（建立共鸣）、Apologize（道歉）、Resolve（解决）这五个英文单词首字母的缩写。

1. 控制情绪

客户的过激语言和行为往往会让客服人员因感觉受到攻击而不耐烦，从而被惹火或难过。为了避免客服人员以暴制暴，使客户更加激动，客服人员首先要控制好自己的情绪。这里要坚持的原则是，客服人员可以不同意客户的投诉内容，但一定要认可客户的投诉方式。不管面对什么样的投诉方式，客服人员都要控制好自己的情绪。

2. 认真倾听

面对情绪激动的客户，客服人员不要急于解决问题，而应先安抚客户的情绪，等客户冷静下来后再解决他们的问题。为了处理好客户的抱怨，客服人员需要弄清楚客户为什么抱怨或投诉，应静下心来积极、细心地聆听客户愤怒的言辞，做一个好的听众。这样，才能有助于把握客户所投诉问题的实质和客户的真实意图，真正了解客户想表达的感觉与情绪。

3. 建立共鸣

共鸣被定义为站在他人立场，理解他们的思想、感情、行为和立场的一种能力。共鸣与同情不同，同情意味着被卷入他人的情绪，并丧失了客观的立场。与客户共鸣的原则是换位真诚地理解客户，而非同情。只有站在客户的角度，想客户之所想，急客户之所急，才能与客户形成共鸣。客服人员所表现的对客户的理解，必须使客户感受到真诚，而不能给客户造成敷衍应付或老套油滑的感觉。

4. 真诚道歉

要通过对客户表示歉意，使双方的情绪得到控制。这就要求客服人员不能推卸责任，要及时向客户道歉。要特别注意的是，客服人员道歉时一定要发自内心而不能心不在焉，不能一边道歉，一边说"但是……"，这个"但是"会否定前面的努力，使道歉的效果大打折扣。

5. 解决问题

对于客户的投诉，要迅速做出应对，客服人员要针对具体问题提出应急方案。同时，还要提出杜绝类似事件再次发生或对类似事件进行处理的预见性方案，而不仅局限于消除眼前的问题。

客服人员在使用 CLEAR 法处理客户投诉时，每个步骤都要注意掌握相关的技巧和分寸，这样才能快速平息客户的不满，赢得客户的理解和信任。使用 CLEAR 法处理客户投诉的技巧和具体要求如表 4-16 所示。

表 4-16 使用 CLEAR 法处理客户投诉的技巧和具体要求

技巧		具体要求
控制情绪	深呼吸	要注意呼气时不要大声叹气，避免给客户带来不耐烦的感觉
	注意思考	要注意不能让客户觉得自己在走神，而没有好好倾听他的话
	看开一点	要记住，客户不是对你个人有意见，即使看上去是这样
	以退为进	如有可能，就给自己争取点时间，如"我需要调查一下，10 分钟给您回电"。当然，要在约定的时间内兑现承诺，否则会火上浇油

续表

技　巧		具　体　要　求
认真倾听	全方位倾听	充分调动左右脑，用直觉和感觉去听，比较自己所听到、感受到和想到的内容是否一致；用心体会、揣摩，听懂客户的"弦外之音"
	不要打断客户的陈述	要让客户把心里想说的话都说出来，中途打断客户的陈述可能会令客户更加反感
	向客户传递被重视的信息	运用各种体态语言表达对客户的重视，如静静地注视客户，不时地点头表示听懂了客户的话
	明确理解客户的话	对于投诉内容不是很清楚时，要请对方进一步说明，但措辞要委婉
建立共鸣	复述内容	用自己的话重述客户难过的原因，描述并稍微夸大客户的感受
	对感受做出回应	把自己从客户那里感受到的情绪说出来
	换位思考	想象一下，自己的供应商以相同或类似的方式对待自己时，自己会做出什么样的反应
	不要只是说"我能理解"这样的套话	当客户说"你才不理解呢——不是你丢了包，也不是你连衣服都没得换了"这种话时，如果客服人员使用"我能够理解"这种说法，一定要在后面加上自己理解的内容（客户难过的原因）和自己听到的客户的感受（他们表达的情绪）
真诚道歉	为情形道歉	要为情形道歉，而不要去责备谁。要注意，不要让客户误以为企业已完全承认是自己的错误，我们只是为情形而道歉。例如，"让您不方便，对不起""给您添了麻烦，非常抱歉"等。这样既有助于平息客户的愤怒，又没有承认导致客户出现问题的具体责任
	肯定式道歉	当客户出了差错时，我们不能去责备他们。要记住，他们也许不对，但他们仍是客户； 我们无法保证客户在使用产品的过程中能百分之百的满意，但必须保证当客户不满意而找上门来时，我们的态度能让他们完全满意
解决问题	迅速处理，向客户承诺	应迅速就目前的具体问题，向客户说明各种可能的解决办法，或者询问他们希望怎么办，充分听取客户对问题解决的意见，对具体方案进行协商； 然后确认方案，总结将要采取的各种行动——你的行动与客户的行动，进行解决。要重复客户关切的问题，确认客户已经理解，并向客户承诺不会再有类似的事件发生
	深刻检讨，改善提高	在事后检查客户投诉时，要记录好投诉过程的每一个细节：客户投诉的意见、处理过程与处理方法，深入分析客户的想法；对每一次的客户投诉记录存档，以便日后查询，并定期检讨产生投诉意见的原因，从而加以修改，以降低或避免将来发生类似的投诉
	具体落实	对所有的客户投诉及其产生的原因、处理结果、处理后客户的满意程度及企业今后改进的方法，均应及时用各种固定的方式，如例会、动员会、早班会或企业内部刊物等，告知所有员工，使全体员工迅速了解造成客户投诉的种种原因，并充分了解处理投诉事件时应避免的不良影响，以防止类似事件的再次发生
	反馈投诉的价值	写一封感谢信感谢客户所反映的问题，并就企业为防止以后类似事件的发生所做的努力和改进办法向客户说明，真诚地欢迎客户再次光临。为表示慎重的态度，感谢信应以企业总经理或部门负责人的名义寄出，并加盖企业公章

技能训练 4-7

用 CLEAR 法处理严重投诉

客户购买某公司手机后出现信号不好的现象，返修几次后问题仍然没有解决（现在已过保修期）。这位忍无可忍的客户怒气冲冲地来到了门店，要求马上退货、换机或赔偿 1000 元，并表示解决不好要让媒体曝光……

如果你是这家公司的客服，采用 CLEAR 法解决这一客户投诉，请将相关分析结果填入表 4-17。

表 4-17　用 CLEAR 法解决客户投诉分析表

处理技巧	是否使用	具体表现（语言或行动）	备注
控制（Control）			
倾听（Listen）			
建立共鸣（Establish）			
道歉（Apologize）			
解决（Resolve）			
分析结论			

（三）对投诉带来的危机的处理

危机是一种使企业遭受严重损失或面临严重威胁的突发事件，具有突然性、欲望性、聚众性、聚焦性、破坏性、紧迫性等特点。为此，企业要建立良好的危机预警机制，组建高效的危机管理机构，注重对投诉及传媒资讯的危机监测。

1. 危机处理的 5S 原则

在进行危机处理时，应把握好危机处理的 5S 原则，即承担责任、真诚沟通、速度第一、系统运行和权威证实的原则。

（1）承担责任原则（Shouldering the matter）：无论谁是谁非，都不要企图推卸责任。

（2）真诚沟通原则（Sincerity）：企业应把自己所做的、所想的，积极、坦诚地与公众沟通。

（3）速度第一原则（Speed）：危机发生后，能否在第一时间控制事态，使其不扩大、不升级、不蔓延，是危机处理的关键。

（4）系统运行原则（System）：在逃避一种危险时，不要忽视另一种危险。在进行危机管理时，必须系统运作，不可顾此失彼。

（5）权威证实原则（Standard）：企业应尽量争取政府主管部门、独立的专家或机构、权威媒体及消费者代表的支持，而不是自己徒劳地自吹自擂。

2．危机处理的三个阶段

1）及时回应，表明诚意

如果企业确实存在问题，被曝光后首先就要道歉。道歉时应视问题的严重程度及影响大小，由适当级别的人物进行道歉。在道歉内容方面，当问题没有完全查清时，要进行抽象道歉，表明企业的诚意，并给出查实问题的时间表；随着问题原因的逐渐明朗，道歉的内容要不断具体化。道歉的深刻程度要充分考虑和评估公众的感受，企业应做到道歉的程度比公众预期的要深刻。

如果不是企业的问题，事件内容纯属谣言惑众，那么企业也要立刻给予关注，显示对事件的重视，强调企业具有与公众完全一致的立场。即便是谣言，也不能因为是谣言，公众可以放心，企业就表现出轻松的姿态，这样会使公众感觉企业不重视这个问题，从而怀疑企业的诚意，导致谣言得以蔓延。

2）采取措施，积极应对

如果企业确实存在问题，在危机公关的第二个阶段，就要表明企业对此问题的处理。"乱世用重典"，企业必须对这一事件给予非常严肃的处理，以安抚公众。

如果不是企业问题，在这个阶段企业必须拿出有力的证据，使公众充分信服，消除其猜疑。

在这一阶段不可忽视政府机构的作用，尤其是某些行业管理部门，它们对于企业的评价往往具有使企业"起死回生"的能力。事实上，某些时候挽救危机的关键就是获取权威机构的鉴定支持，他们的鉴定结论往往是公正评判的最终依据。

此外，要积极与媒体沟通，赢得媒体的配合与支持，争取正面报道，减少负面传播。

3）正面宣传，重塑形象

在危机公关的第三个阶段，企业要大规模开展正面宣传，消除因为这一危机而使公众对企业品牌的疏离感，重塑企业的良好形象。尤其在危机影响的重灾区，要广为投放正面宣传，以正确的信息赢回公众。

3．网络公关危机的处理

截至 2022 年 12 月，我国网民规模达 10.67 亿，互联网普及率达 75.6%，手机网民规模达 10.65 亿，网民使用手机上网的比例为 99.8%。伴随着 QQ、微信、微博等网络虚拟社区的日益壮大，网络公关危机频频出现。在互联网上，与企业的正面信息相比，负面信息往往更容易被传播和放大。的确，互联网对企业品牌声誉而言，既是机遇，更是考验。一方面，互联网可加剧品牌危机的扩散，如苏丹红类的负面文章每天的转载量可高达数万次；另一方面，互联网本身也是麻烦的制造者，这些麻烦可能源自网友的自由言论、编辑编译，以及善意或恶意的"以讹传讹"。

当网络公关危机出现时，可集中体现为在权威新闻门户出现的负面报道，其生命周期为 10～15 天；传播方式以 Web 为主，报刊、电视、邮件、短信为辅；最后小道消息上升为全民热搜，不断衍生新的报道，以致网上负面影响无法根除。

网络公关危机在某种程度上无法避免，企业需要指定专门人员，利用专门工具，或者通过相关公关公司的帮助，尽量在第一时间监测到危机。遇到网络公关危机时，需要很好地"疏"与"堵"，收买、狡辩、草率回应都不可取，沉默只能回避一时。

对于网络公关危机的处理，主要可以采用下面三个基本方法。

（1）强者更强。用更强的新闻转移注意力。

某年5月11日晚上约21时，网易旗下的多款产品（包括游戏、新闻客户端、音乐应用等）突然无法正常连接服务器，导致用户无法正常使用。同时，网络上出现了网易大厦着火的谣言，进一步加剧了事件的复杂性和公众的恐慌。

网易在服务器问题发生后仅42分钟就通过官方微博发布了声明，承认了服务器故障的事实，并告知用户技术人员正在抢修中。在声明中，网易巧妙地运用了幽默元素来分散公众对服务器故障的注意力。例如，网易考拉发布的公告称："因外星人袭击，导致考拉海购网站及APP暂时无法登录，复仇者联盟已经出动。"通过快速反应和幽默化处理，网易成功地将公众的注意力从服务器故障这一负面事件上转移开来，减轻了危机对企业形象的负面影响。同时，网易的信息透明和积极应对态度也赢得了用户的理解和支持，为后续的危机解决奠定了良好的基础。

（2）拨开云雾。在负面报道铺天盖地的时候，举行媒体沟通会，通过运作一篇高质量的正面报道，用事实和数据说话。

（3）以退为进。先表示理解别人，再寻求大家的理解。很多时候，可能会因为各种不可控的因素造成失误。在这种前提下，正视问题所在，主动承担责任，反而能得到公众的理解和支持。

网络公关危机其实并不可怕，处理得当，危机就是转机。在网络公关危机的处理过程中，利用大众的关注，企业完全可以借网络的传播速度和影响力，把正确信息传播出去。这时，企业网站要快速更新，因为媒体记者一定会在短时间内跟踪企业网站。这样，企业就可以把新的新闻稿、权威的事实、有说服力的证据，以及企业的立场和内幕故事等上传到网上及时传播出去。这也是互联网时代网络公关危机处理的一个有利方面。

阅读材料 4—3

海信：2022年世界杯广告词风波的危机公关

2022年11至12月，全球瞩目的世界杯在卡塔尔举行。世界杯期间，海信场边广告"中国第一 世界第二"在全网引发争议且热度不断，这简单的几个字，绝对可以称得上是一次很成功的出圈案例，虽然很多人质疑，但至少流量上完全赢了。

面对众多争议，海信的公关没有直接回应，而是直接将"中国第一 世界第二"改成了"中国制造 一起努力"，如图4-5所示。通过广告回应消费者，更是引起了一波争议，并且这样的口号也间接传递了品牌的责任和担当，延续了海信品牌世界杯的热度。

虽然这波隐隐忍忍的公关操作也让很多网友吐槽企业怂了，但是换个角度想，换个口号还能引起争议，这也算是一次出圈的营销。

总结：面对争议的时候海信没有多说，因为舆论声音具有多面性，很容易说多错多，倒不如直接以实际行动说话，看似没回应，却字字都在回应，承接前面流量的同时，也能很好地实现再出圈。

图 4-5　2022 年世界杯海信的场边广告

（资料来源：公共关系网）

六、网店投诉应对策略

基于网络环境提供在线服务的网店客户服务，本质上仍是一种商务服务，但全新的网络环境、异军突起的网络用户，必将给网店的客服工作带来一些新特点、新要求。

（一）网店投诉的处理策略

1. 快速反应，认真倾听

一出现问题，客户都会特别着急，怕自己的问题不能解决，此时的心情也不是很高兴，客服人员收到信息后，要立马对客户做出反应，让客户觉得还是有人管他的事情的，他是受重视的。接下来，需要认真倾听客户反馈的所有信息，记录下相关的信息。客户阐述结束后，需要复述一遍，询问客户是否正确，以确保信息的准确性。

2. 认同客户感受，诚恳向客户道歉

客户认为出现了问题，才会出现抱怨或投诉，客服人员接收到信息后，要站在客户的立场上认真考虑客户反馈的问题，客户此时的情绪与要求是真实的，客服人员只有与客户的世界同步，才能了解客户的问题，找到恰当的沟通方式。先不考证过错方是谁，客户是因为这次购物而出现不愉快，客服人员都应该诚恳地道歉。

3. 安抚客户，表示愿意提供帮助

客户在阐述完自己的抱怨或投诉后，往往心情还是非常激动的，这时客服人员应给予其适当的安抚，缓和客户的激动情绪。客户找到客服人员抱怨或投诉，不仅仅是发泄一番就可以结束的，而是希望店家能有所行动，此时，客服人员应该表示出非常愿意提供帮助来解决其问题，非常愿意通过某种方式让客户满意的信息。客户心里的不愉快会大大减少，起码看到店家的真诚态度。

4．提出处理方案，征求客户同意

在安抚客户后，根据客户提供的信息，结合店铺的政策等实际情况，给出合理的处理方案，转述给客户，"您看这样处理可以吗？""您对这样的处理是否可以接受？"以类似这种的方式询问客户，客户会觉得店家是尊重他的，考虑他的感受的。在取得客户的同意后，别忘记承诺处理时间，给客户吃颗定心丸。最后，向客户真诚地说声谢谢。

5．跟踪处理方案的实施，与客户保持联系

后续方案的实施，客服人员需要进行密切的跟踪，以防出现意外情况，如果出现意外情况，需要及时与客户联系，说明原因，征求客户同意更改处理方案或延长处理时间，让客户感觉自己的抱怨或投诉，在店家看来是件大事，店家的态度是积极的。

6．回访客户，针对处理结果询问满意度

事情处理完毕后，联系客户，首先就整个问题做个自我批评，询问客户对整个网购过程的满意度，适当的时候，客户会提出自己的意见或建议，客服人员需要记录，以便后期提高店铺整体服务水平。一次不愉快的网购，经过中间的处理环节，往往会给客户带来比较深刻的印象，客户满意度越高，这个客户成为忠诚客户的机会就越大。

（二）网店投诉的常见问题

你们服务态度这么差，我要投诉你们，你工号是多少？我要给你差评……这是愤怒的网店客户经常挂在嘴边的话，表4-18给出了相应的分析与解答。

表4-18 网店投诉的主要问题分析

问　　题	提问背景	解答参考	技巧与策略
你们服务态度（工作质量）这么差，我要投诉你们	受到不公正礼遇或客服人员服务态度差，引起客户不满	了解实际情况，做出判断，是自身问题还是客户原因； 如果是自己工作失误造成的，诚恳地向客户致歉，客户不能消气的，送小礼品或代金券等弥补客户； 及时上报此类情况给主管，做好档案记录	先压住对方火气； 表示一定会处理好，给客户满意的解答
你的工号是多少		可以告知客户自己的工号	
我要投诉你们，给差评	气话或威胁	如果是我们工作失误造成的，我们会弥补您的损失，您放心，我可以向主管申请一下，给您一个满意的答复； 我家店铺以诚信经营为核心服务理念，只要对不起客户的，一定会给客户解决，并有相应的补偿；您看我是给您申请代金券还是送××礼品啊？不好意思，这些东西您一定要收下； 亲，不知我这样处理您满不满意？我们欢迎您下次还能光临，什么好评、差评是给别人看的，我们自己有实惠才是真道理（表情符号）	

（三）处理网店投诉的注意事项

网店客服是一个至关重要同时充满挑战的岗位。以下是网店客服在处理网店投诉时需要注意的事项。

1. 不要过分幽默

幽默是一种非常宝贵的品质，但在客户未达到满意之前，过分的幽默会损坏客服人员的专业形象。

2. 不要不耐烦

在客户长时间咨询却未流露购买意向时，客服人员容易变得不耐烦，在回复客户的留言中表现出来。

3. 不要说的太多

回复客户时，说了太多边缘性的内容，导致客户的问题越来越多。最后，自己无法解释，从而被判定为不合格客服，这必将影响客户的购买欲。

4. 要正面回答问题

回答问题抓不住要点，回复的答案解决不了客户的问题，导致客户循环提问。例如：客户问几天能到货？客服人员回答："今天发货。"

5. 态度不要过于生硬

面对客户一些非善意的问题，回答过于生硬，易引起客户不满。例如："我们就是这样的政策""我们不接受任何形式的议价"等。

6. 不要频繁使用网络语言

习惯性经常使用网络常用语，如"晕""汗"等，如果换成"不好意思"，会显得礼貌很多。频繁地使用"嗯"，客户会觉得你没有时间理他，是在敷衍他，换成"好的/是的"更为恰当。

企业连线 4—4 客服高压线案例分析

技能训练 4—8

客户投诉处理及客户维护

案例一：

1. 客户投诉分析

中国移动是一家国内知名的企业，拥有全球第一的客户规模，2022年列《财富》杂志世界500强第57位。该企业秉持做优秀企业公民的诚意，以诚信实践承诺，以永不自满、不断创新的进取心态，精益求精地追求企业、社会与环境的和谐发展。尽管如此，客户的抱怨和投诉也并不鲜见。一天，一位客户怒气冲冲地打来电话投诉。

客户来电反映：本机办理 3 元彩信优惠套餐，一年内每月可得 15 元的基本通话费优惠，但是现在客户 15 元的基本通话费优惠未到一年就已停止，要求核实原因并退费。

分析客户投诉的原因（产品质量投诉、服务投诉、价格投诉、诚信投诉），针对这类投诉，客服人员处理客户投诉的思路是什么？请将分析结果填入表 4-19，字数为 200 字左右。

表 4-19　客户投诉分析

本案例属于哪种类型的投诉
针对这种投诉，客服人员处理客户投诉的思路是什么

2．客户投诉处理

情况核查：客户于 7 月 21 日登记 3 元彩信优惠套餐，可享受一年内每月 15 元的基本通话费优惠，11 月和 12 月客户未能享受优惠。经核查，客户未享受到优惠的原因是，客户于 11 月、12 月参加"存话费送时长"的优惠活动，与其基本通话费优惠产生冲突，造成上述两月基本通话费优惠失效。

如果你是本案例中负责受理该投诉的客服代表，请拟定解决投诉的基本步骤，撰写相应的应答话术并说明理由，见表 4-20。

表 4-20　客户投诉处理

步骤 1：	
话术 1：	
步骤 2：	
话术 2：	
步骤 3：	
话术 3：	
……	

3．客户关系维护

通过跟踪处理，该客户的投诉已得到解决，请撰写一封关于此次投诉处理的回访邮件，内容包括客户对此次投诉处理是否满意、是否有新的问题需要得到帮助等，字数为 200 字左右，见表 4-21。

表 4-21　客户回访邮件

邮件标题：	
邮件内容：	

案例二：

小王的公司是百度的老客户，同时，他经常使用百度搜索来寻找商机。一次，他通过百度搜索，在一家"梦雅家纺"的网站上批发了一批枕头，到淘宝上零售。可是当小王收到货物的时候，发现这批货颜色和型号都不对，应该是"梦雅家纺"发错货物了。小王跟"梦雅家纺"客服人员联系说明情况后，通过多次沟通，"梦雅家纺"承诺重新发货，但是要小王将已收到的货物先邮寄到公司，公司才同意换货。同时，要小王自己承担运费。小王要求退货，因为再发货过来，这种枕头的销售时间已经过了大半，小王担心卖不掉形成积压。可是"梦雅家纺"不同意。小王第一次碰到这种情况，打电话到百度客服，想咨询应该如何进行维权？请帮助他进行维权。分析以上内容，填写表4-22。

表4-22 客户维权帮助

维权方式	
维权前的准备	
实施思路简述	

项目小结

以客户需求为参照，探寻与管理客户不满、抱怨或投诉，构建完善的客户反馈系统，提升处理客户异议和投诉的能力，是塑造和保持企业服务竞争优势的核心和关键。

异议是客户针对客服人员及其在营销推广过程中的各种活动所做出的一种反应，是客户对推销品、客服人员、推销方式和交易条件发出的怀疑、质疑，提出的否定或反对意见。只有了解异议产生的根源，客服人员才能更冷静地判断异议的原因；只有针对原因进行处理，才能有效化解异议。

异议处理的原则包括：事前做好准备；选择恰当的时机；不要与客户争辩；要给客户留"面子"。异议处理的步骤包括：采取积极的态度；认同客户的感受；使客户异议具体化；给予补偿。

任何企业都会面临客户投诉问题。投诉是指客户针对企业的产品质量或服务方面的不满意，所提出的书面或口头上的抱怨、抗议、索赔和要求解决问题的行为，它是客户对企业管理和服务不满的一种比较正式、明确、强烈的表达方式。

客服人员应积极地看待客户投诉，因为它是企业有价值的信息来源，也可以为企业创造许多机会。客户不投诉不等于满意；令人满意的投诉处理，可以提高客户的忠诚度；客户投诉可以促进企业成长；巧妙处理客户投诉可以帮助企业提升形象；客户投诉可以帮助企业发现隐藏的"商机"。

处理客户投诉的技巧有以下几种：

> **保持冷静和微笑**：避免个人情绪受困扰，表现出专业和礼貌的态度。
> **耐心倾听和真诚确认**：让客户说出投诉点，不打断或反驳，给予同理和理解，重复客户的问题，避免误解。

- **理清事实和协商解决**：询问客户的期望和要求，提供可行的解决方案，与客户达成一致，避免过分让步或拒绝。
- **快速落实和感谢回访**：按照协议执行解决措施，及时跟进和反馈，向客户道歉和感谢，邀请客户再次光临。

思考与练习

1. 什么是 LSCIA 投诉处理法？
2. 请简述处理客户投诉的一般操作流程。

项目五　培育忠诚客户

➥ 项目知识点

- ◆ 客户满意度与客户忠诚度
- ◆ 客户忠诚度阶梯
- ◆ 产生信任的基本要素
- ◆ 赢取信任的基本策略
- ◆ 改善客户关系的基本策略
- ◆ 真实时刻/接触点与峰终定律
- ◆ 网店回头率提升策略
- ◆ 新消费品牌与消费者的关系演进路径
- ◆ 客户满意提升策略
- ◆ 分内的服务/额外的服务/超乎想象的服务

文本：项目知识点　　视频：项目知识点

➥ 项目技能点

- ◆ 客户忠诚度营销设计
- ◆ 客户忠诚度测评
- ◆ 客户忠诚度细分与管理
- ◆ 企业客户关系建立与维护策略调研
- ◆ 企业客户满意度提升策略的制定

视频：项目技能点　　文本：项目技能点

➥ 项目素养点

- ➢ 积极主动：对待工作充满热情和责任心，主动发现并解决问题，不断提升服务质量
- ➢ 有效沟通：掌握倾听技巧，能够全神贯注地倾听客户讲话，捕捉关键信息，理解客户情绪和需求
- ➢ 时间管理：合理安排工作时间和任务优先级，确保高效完成工作任务并满足客户需求

营销是要把客户"拿下",服务是要将客户"留住"!留住对企业忠诚的长期客户,是所有企业的成功之道。任何形式的客户服务,其终极目标都是提升客户的忠诚度。忠诚的客户是企业持续经营的基础,也是企业做大、做强的关键。

通过引流广告寻找新客户,或者努力挽回已经流失的老客户,不仅花费巨大,而且结果未必乐观。权威调研结果显示,招揽一位新客户的成本,是挽留一位现有客户成本的 5 倍以上。确实,费尽心思才能找到新的潜在客户,还要花大力气进行说服,然后再把他们争取过来;同时,还要向新争取过来的客户证明自身实力,企业花费自然不小。新客户很可能比那些与企业有过合作经验的老客户更多一份担心、怀疑和挑剔。因此,企业有必要发现并培育自己的忠诚客户,而且必须非常清楚:哪些客户应该争取?哪些客户应该巩固?哪些客户应该发展?

任务一 识别忠诚客户

> **内容提要**
>
> 满意,是一种态度;而忠诚,是一种行为。客户忠诚是客户对某种品牌的产品或企业产生的信赖、维护及重复购买的行为。
>
> 客户满意并不等同于客户忠诚。只有在客户完全满意的情况下,客户忠诚的可能性才会最大,而在客户不满意的情况下,一般不会有忠诚度。
>
> 客户忠诚度是一个量化指数,对客户忠诚度的测评,可同时运用客户满意度、重复购买的概率、推荐给他人的可能性三项指标来测量。
>
> 思路即出路,格局即市场。低价值客户的忠诚源于价格忠诚、激励忠诚;高价值客户的忠诚源于服务忠诚、品牌忠诚和企业忠诚。要留住高价值客户,企业须采取除价格刺激以外的其他服务策略:倡导绿色环保,承担社会责任,赞助公益事业等。

一、客户忠诚度的含义

关于客户忠诚度,目前并没有一个统一的定义,一般理解:在客户满意的前提下,客户对某种品牌的产品或企业产生的信赖、维护,并会重复购买的一种心理倾向。客户忠诚度实际上是一种客户满意行为的持续性。

1. 忠诚客户的特征

一般来说,忠诚客户具有以下基本特征:
- ◇ 周期性重复购买;
- ◇ 同时使用企业的多个产品;
- ◇ 向他人推荐企业的产品;
- ◇ 对竞争对手的吸引视而不见;
- ◇ 对企业有良好的信任度,能够容忍企业在服务中的一些失误。

施乐公司认为:忠诚客户所创造的价值是一般客户的 10 倍,而且这样的客户会持续地忠于公司。银行业的数据显示:客户流失率每降低 5%,银行的间接存款就会增长 85%,信用卡消费增长 75%。这些数据无一例外地证明,提升客户忠诚度,对企业至关重要。

多年来，美国技术帮助调研机构（TRAP）进行了各类研究，以考察客户服务的影响力，研究结果如下：

- ◇ 招揽一位新的客户，比挽留一位现有客户要多花费公司 5 倍的精力。
- ◇ 在不满意的客户中，平均 50%的客户会直接向前台服务人员投诉，而在企业与企业交往时，该数字会上升到 75%。
- ◇ 对于低价销售的商品，96%的不满意客户不会投诉或仅向购买处的零售商投诉；对于高售价的商品，50%的不满意客户会向前台服务人员投诉，5%~10%的不满意客户会向当地的经理或总部投诉。
- ◇ 至少有 50%的不满意客户，在遇到问题后不会投诉或与公司联系以寻求帮助，他们只是转向别的公司寻求服务。
- ◇ 有过不满经历的客户，一般会向 16 位朋友讲述其在公司遭遇到的不愉快经历。
- ◇ 由于服务质量不过关，公司平均每年流失 10%~15%的客户。

2．客户忠诚度和满意度的区别

客户满意度，是客户对企业或其产品的一种态度；而客户忠诚度，反映的是客户的行为。

客户满意并不等同于客户忠诚。根据美国消费者事务办公室的调查，65%~85%的流失客户说他们满意或非常满意，而 90%~98%的不满意客户从不抱怨，他们仅仅是转向另外一家公司。

当然，客户满意度与客户忠诚度之间存在一定的关联，即客户忠诚度的获得，必须有一个最低的客户满意度，如图 5-1 所示。

在满意水平线以下，忠诚度将明显下降（A 区）；在满意水平线以上的相对大的一定范围内，忠诚度几乎不受影响（B 区）；但是，当满意度达到某一程度，忠诚度将会大幅增长（C 区）。

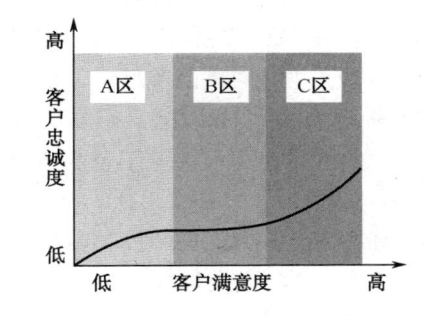

图 5-1　客户忠诚度与客户满意度关联示意图

只有在客户完全满意的情况下，客户忠诚的可能性才会最大；而在客户不满意的情况下，一般不会有忠诚度。除非由于客户的惰性不愿意寻找其他商家，或者尽管不满意，客户也别无选择。

企业连线 5-1　客户满意的重要性

3．客户忠诚度阶梯

美国著名营销专家吉尔·格里芬（Jill Griffin）提出的客户忠诚度阶梯概念，描述了企业在与客户建立客户关系过程中，客户忠诚度的发展有 7 个阶段（7 层阶梯），客户忠诚度阶梯如图 5-2 所示。

```
企业拥护者
   ↑
长期客户
   ↑
重复购买者
   ↑
第一次购买者
   ↑
不合格的目标客户
   ↑
目标客户
   ↑
潜在客户
```

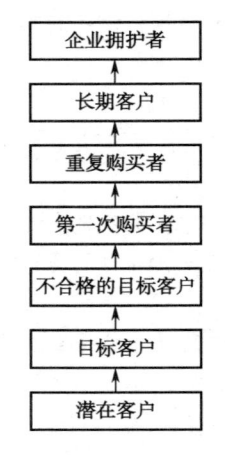

图 5-2　客户忠诚度阶梯

（1）**阶段 1：潜在客户**。潜在客户是指那些有可能购买企业产品的客户。企业往往假定这些客户有可能购买，但并没有足够的信息来确定或证明这一点。在传统市场营销理论中，企业往往将符合产品使用需求的人都认定为潜在的目标客户，一些企业往往以此为依据来计算潜在市场容量。

（2）**阶段 2：目标客户**。目标客户是指需要企业的产品，并且有购买能力的客户。例如，那些正在光顾手机卖场、准备更换新手机的客户。尽管这类目标客户目前还没有购买企业的产品，但他们可能已经听说过企业的一些情况，了解过企业的产品，或者听到过别人的推荐。目标客户知道企业是谁，企业在哪里，以及企业卖什么，只是他们目前还没有购买企业的产品。

（3）**阶段 3：不合格的目标客户**。不合格的目标客户是指尽管喜欢企业的产品，但暂时并不需要，或者没有足够的能力来购买的客户。例如，那些喜欢奔驰汽车，但又缺乏相应经济实力的车迷们。

（4）**阶段 4：第一次购买者**。第一次购买企业产品的客户，今后有可能成为企业的长期客户，也可能成为竞争对手的客户。

（5）**阶段 5：重复购买者**。重复购买者已经多次购买过企业的产品。这类客户的购买行为主要有两种：一是多次购买了企业的同一产品，二是在不同的场合购买了企业两种以上的产品。

（6）**阶段 6：长期客户**。这些客户通常反复购买他们所需要而企业又在销售的产品，而且一般为周期性采购。企业与这些客户已经建立起稳定而持续的客户关系，他们不太容易成为竞争对手的客户，而且也为企业创造了最大部分的利润。企业应当生产和销售这些客户所需要的产品，以满足这类客户的需求。

（7）**阶段 7：企业拥护者**。与长期客户一样，企业拥护者也会购买他们需要或可能使用的产品，而且也是周期性采购。不同的是，企业拥护者除了自己购买，还会积极推荐他人购买，相当于为企业的产品做了市场宣传，从而为企业带来新的客户。

4．客户忠诚度营销

客户位于忠诚度阶梯的不同阶段，企业应为其设计不同的营销方案，以及不同的销售与服务体验，并以此为核心来改进客户的盈利性。

客户忠诚度营销的核心是精心设计的客户体验，并通过体验的实施来达到所期望的结果。例如，如果企业希望进入一个新市场，或者希望通过营销来刺激目前产品的销售，企业就需要设计一个不同凡响的销售体验，来吸引目标客户选择企业的产品，而不是向竞争对手购买。

20 世纪 90 年代，德国汉莎航空公司曾经拥有世界上最年轻的机群、最优良的飞行队伍、飞行安全率最高的纪录，但乘客对其"德国式的服务"不满意。对（老）客户的漠不关心，导致这个当时还是国营企业的航空公司卖座率越来越低，1992 年、1993 年连续两年亏损近 5 亿马克，而其主要竞争对手英航则同时盈利超过 6 亿英镑。为此，汉莎在某咨询公司帮助下，推出了一个用于巩固老客户的"飞常里程汇"（Miles & More）。内部资料分析表明，大约20%左右的"常客"，为公司带来了超过50%的营业额和80%的毛利。正是这些老客户的"不忠"，导致了汉莎公司收入及效益的大幅滑坡。

"飞常里程汇"目的在于巩固老客户及使新客户变为老客户。其做法相当简单：每个客户都可以得到一个里程磁卡，每一次飞行都被记录在案；当里程积点超过一定数目时，客户就可以得到免费机票。当里程超过5万点时，客户可以得到一个"常旅客卡"。"常旅客"享受航空公司特殊的服务，例如，可以带更多的行李，免费旅行保险等。如果里程超过15万点，则被视为"最重要的客户"，可以得到"贵宾卡"，又有更多的服务和更大的附加值。这一项措施极为有效，它的实施一方面使那些本来就喜欢汉莎的"老客户"更忠诚，另一方面使那些摇摆不定的客户为了得到免费机票及更好的服务而放弃其他的选择。"贵宾卡"成了地位的象征，不知不觉中，这些最有消费能力的、大部分因公务而飞行的客人变成了汉莎的忠诚客户。不用说，汉莎的业绩也直线上升：1994年扭亏为盈，1997年净利润超过8亿马克。这不是一项有新意但却十分有效的做法。

阅读材料 5—1

柯林斯医生与他的忠诚客户

柯林斯医生在一家私人诊所担任牙医，至今已经4年了，此前他在美国海军服役。在这4年的工作中，他认识到员工和病人之间的营销交易关系是非常重要的。以下是他对记者采访的回答。

（1）对您来说，什么是客户忠诚度？您认为它确实存在吗？请您解释原因。

我的确相信有客户忠诚度这回事。客户忠诚度意味着客户感激并珍惜你为他所做的一切，信任、喜欢你并且选择到你那里而不是别人那里看病。不仅如此，客户忠诚度还意味着客户会将你推荐给他的家人和朋友。

（2）您认为服务行业从业人员在建立客户忠诚度的过程中，遇到的最大挑战是什么？

我认为，在当今的社会里，人们普遍对他人接近自己越来越小心，因此，最大的挑战就是建立信任。

（3）您认为建立和保持客户忠诚度，最有效的技巧和策略是什么？

忠心地关心客户，让他感觉到或认识到他对你来说是非常重要且相当关键的。与客户聊天，询问他的生活近况，以及如何才能更好地为他服务。这些都很重要，最起码也要了解你的客户。

（4）请谈一谈您所见过的客服人员削弱客户忠诚度的做法。

违背良好客户服务的因素有很多，如烦琐的签到单、长时间的等待、不能及时处理投诉或满足要求、没能马上认出到办公室的客户等，这些都会削弱客户忠诚度。

（5）从您的角度来看，与客户交流时，最重要的问题是什么？

倾听客户需求。无论什么事情，只要对我的病人重要，那对我就是重要的。

（6）对于刚刚进入客户服务行业的人们，您会给他们哪些建立忠诚客户关系的建议呢？

与你的客户聊天，看看你是否满足了他/她的需求。如果有可能，向客户询问如何能为其提供更好的服务。

(资料来源：罗伯特·W·卢卡斯. 客户服务——面向 21 世纪的客户服务指导手册. 朱迎紫, 艾凤义, 译)

二、客户忠诚度的测评

客户忠诚度的测评是对客户忠诚度的考察、分析与把握，是客服人员需要掌握的一项重要技能。

1. 忠诚客户分析

分析客户数据库，可以发现哪些客户是忠诚的，哪些是不忠诚的；然后再搜集并分析这些客户的记录，最后得出忠诚客户共有的特征。

（1）客户分析流程。

① 搜集并分析客户记录。忠诚客户是否居住在一个特定的地区？不忠诚客户是否具有明显的性别特征？忠诚客户是否在周末第一次购买？不忠诚客户是否不经常接受服务？忠诚客户做什么工作？不忠诚客户做什么工作？

② 通过各种方法了解忠诚客户与不忠诚客户的特属群体。是否女性客户比男性客户更忠诚？是否老年人客户比年轻人客户更忠诚？是否学历高的客户比学历低的客户更忠诚？

③ 归纳忠诚客户特征。例如：忠诚客户为女性，30～40 岁，工薪阶层，有独立住房等；不忠诚客户为男性，16～25 岁，40～55 岁，失业，租房等。

④ 采取行动。以预测为基础，采取行动把处于边缘的与看起来不会忠诚的客户变为忠诚客户。通过细分客户需求，挑选真正有价值的客户细分市场，量身定做适合该客户群的忠诚培养计划。

（2）忠诚客户类型分析。

一般而言，根据客户对价格的敏感性及产生忠诚的动机，可以将企业的忠诚客户分为低价值客户和高价值客户。

低价值客户的忠诚来源于价格忠诚、激励忠诚等。企业可以给予低价值客户以额外的经济利益，如通过价格刺激、促销政策激励等来维系该客户群的忠诚度。

高价值客户的忠诚来源于更高层次的忠诚，主要表现为服务忠诚、品牌忠诚和企业忠诚等。要留住这些高价值客户，企业必然要采取除价格刺激以外的服务策略，如倡导绿色环保、承担社会责任、赞助公益体育等。

（3）网络忠诚客户分析。

在网络购物中，第一次进店的新客户，不可避免地要看产品样式、店铺信誉级别、产品销售记录；要比较产品价格，浏览客户评价；然后还要咨询、砍价，了解售后的服务等；最后才能达成交易。在这漫长的服务链中，一个环节服务不到位，或者沟通不畅，就容易产生纠纷。

相比之下，老客户通常会表现出较高的忠诚度。他们通过收藏或直接登录网址，直接光顾自己熟悉的店铺，因为有过舒心的购买经历，对网店的产品自然比较放心。他们可能会比较看重产品的样式与店内的活动，简单咨询或不咨询就直接拍下付款，收货之后不容易产生纠纷，满意度通常较高。网店新老客户购物过程的比较分析，如图 5-3 所示。

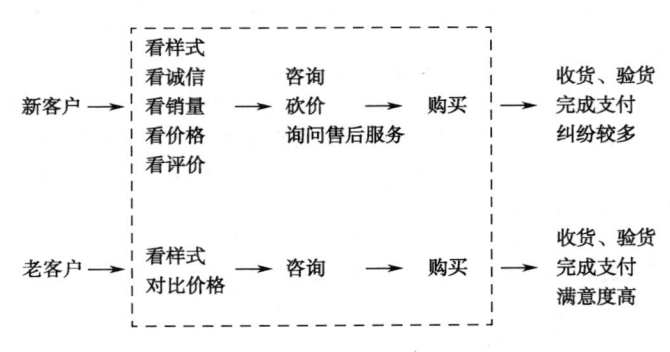

图 5-3　网店新老客户购物过程的比较分析

2．客户忠诚度测评指标

目前，业界还没有一个统一的、标准的定义来描述客户忠诚的内涵，以确定忠诚的客户究竟是谁。通常，客户忠诚度可以解释为客户与企业保持关系的紧密程度，以及客户抗拒竞争对手吸引的程度。

客户忠诚度是客户忠诚的一个量化指数，对客户忠诚度的测评，最简单的方式是同时运用三个指标来对客户忠诚度进行衡量。这三个指标分别是：

◇ 整体的满意度（可分为很满意、比较满意、满意、不满意和很不满意）；
◇ 重复购买的概率（可分为 70%以上、30%～70%和 30%以下）；
◇ 推荐给他人的可能性（很大可能、有可能和不可能）。

如果需要对客户的忠诚度进行更细致、更严谨的界定和测评，可以参照表 5-1 中所列的六个指标来进行。

表 5-1　客户忠诚度测评指标

测评指标	测评说明	备注
客户重复购买的次数	在一定时期内，客户对某一品牌产品重复购买的次数越多，说明其对这一品牌的忠诚度越高，反之越低	应该注意的是，在确定这一指标的合理界限时，必须根据不同产品加以区别对待，如重复购买汽车与重复购买可乐的次数是没有可比性的
客户购买决策时间	客户购买某一品牌产品的决策时间短，说明其对该品牌产品形成了偏爱，对这一品牌的忠诚度高；反之，则说明其对这一品牌的忠诚度低	在运用这一标准衡量品牌忠诚度时，必须剔除产品性能、质量等方面的差异所产生的影响
客户对价格的敏感度	客户对价格的敏感度是指客户对价格变动的承受能力，即价格变化对客户购买行为产生影响的大小。如果对价格变动的承受能力强，即敏感程度低，则表明忠诚度高；如果对价格变动的承受能力弱，即敏感度高，则表明忠诚度低	运用这一标准时，要注意客户对于该产品的必需程度、产品供求状况及市场竞争程度三个因素的影响。在实际运用时，要排除它们的干扰
客户对竞争者产品的态度	如果客户对竞争者的产品兴趣浓、好感强，说明其对本品牌的忠诚度低；相反，如果客户对其他品牌的产品没有好感、兴趣不大，说明其对本品牌的忠诚度高	人们对某一品牌产品态度的变化，多半是通过与竞争者产品相比较而产生的。因而根据客户对竞争者产品的态度，可以判断其对本品牌忠诚度的高低

续表

测评指标	测评说明	备注
客户购物路程的远近	一般而言，客户喜欢就近购买商品，以节省时间和其他耗费。但是由于对品牌的偏好，当近处没有该品牌的商品时，客户可能并不遵循就近购买原则，而是选择去远处购买心仪品牌的商品，这就说明其对该品牌的忠诚度高，反之则低	应该注意的是，需要排除价格等因素的影响。例如，客户宁愿多走路去一个超市而不去附近的超市买东西，可能是由于这个超市的商品价格较低
客户对企业的信任程度	如果客户对某一企业的忠诚度高，那么对该企业产品偶尔出现的质量问题，极有可能采用宽容、谅解和协商的态度，不会因此失去对该产品的偏好；反之，如果客户对某一企业的忠诚度低，则一旦产品出现质量问题，客户就会非常敏感，极有可能从此转向竞争对手，甚至传播负面消息	任何一个品牌的产品都可能因种种原因而出现瑕疵，即使知名品牌的产品（如可口可乐等）也在所难免

由于忠诚度测评的指标体系相当复杂，在实际操作中，可以根据行业的不同，对以上六大指标设定不同的权重，设计一个标准的指数体系，然后再比较测试的结果，从而得出哪些客户的品牌忠诚度高，哪些因素可以提高客户忠诚度等。

根据客户忠诚度的高低，可把客户划分为游离客户、肤浅客户、关系客户、情感客户和信徒客户等。对于不同品牌之间的客户忠诚度比较，则可以集合一组品牌分别比较上面的六个指标，然后根据权重得出各个品牌之间的忠诚度排序。客户忠诚度测评的最终目的，是为忠诚的客户提供更具针对性的服务，以提高企业的服务效益。

企业连线 5-2 客户满意率计算逻辑

技能训练 5-1

客户忠诚度的细分与管理

某公司在客户忠诚度调查中发现，有一部分客户因为其他公司的产品价格比该公司的低2%而不去订该公司的货。调查人员很气愤，问客户："是不是我们的额外服务不值2%的价格？"该客户一边承认值得，一边却继续给竞争对手打电话订货。

后来该公司对不同客户进行了细分，设定了新的标准，为不同的客户提供不同的服务。该公司将客户分为 A、B、C、D 共四类，并安排了相应的服务时间比例，如表 5-2 所示。

表 5-2 某公司客户分类表

客户分类	占总客户的比例/%	占总服务时间的比例/%
A 类客户	20	40
B 类客户	30	30
C 类客户	30	20
D 类客户	20	10

在表 5-2 的基础上，该公司还依据交易频率及客户对产品的依赖程度这两项指标，将客户忠诚度划分为零度忠诚、隐性忠诚、惯性忠诚和高度忠诚四种类型，如图 5-4 所示，从而对不同类型的客户采取不同的服务政策，以节省公司的时间成本和人力成本，提升了公司的效益水平和客户的忠诚度。

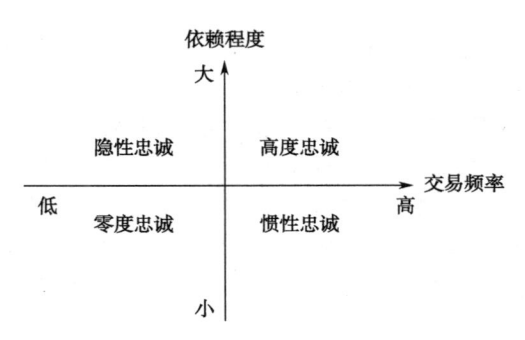

图 5-4 客户忠诚度细分示意图

请根据以上案例信息，对该公司客户忠诚度问题进一步进行分析和研判，并将相应的分析结论填入表 5-3。

表 5-3 某公司客户忠诚度细分及维护分析

分 析 项 目	分 析 内 容	备 注
调查人员对客户因竞争对手价格低 2%而不订自己公司的货感到很气愤。这有道理吗		
公司将客户分为 A、B、C、D 四类，并设置相应的服务时间比例，你认为这是否合适？为什么		
公司依据交易频率及客户对产品的依赖程度，将客户忠诚度划分为四种类型。你如何评价这种细分方法		
对零度忠诚、隐性忠诚、惯性忠诚和高度忠诚客户，应该分别采取哪些服务手段		
请你为公司制定一套新的忠诚客户细分策略		
分析结论		

任务二　建立客户关系

> **内容提要**
>
> 　　没有信任就没有关系！客户信任主要来源于个人体验、产品外观及企业声誉等。
> 　　优秀的企业特别重视员工与客户的面对面接触，称之为"真实时刻"或"接触点"。客户对企业品牌进行体验的四大触点分别是"预触点→首触点→核心触点→末触点"。
> 　　峰终定律认为，人们对体验的记忆由两个因素决定：高峰（无论是正向的还是负向的）时与结束时的感觉。
> 　　服务产业迎来高质量发展，客户关系需要转型升级。中国新消费品牌与消费者的关系演进路径：从传统关系的买卖、信任，到新型关系的参与、共创。

　　客户忠诚度不是一个理性方面的概念，而是一个情感方面的概念。典型的客户忠诚建立在客户具有保持与公司关系的兴趣之上。客户的这一兴趣往往是通过一两桩成功的交意而建立和维持的，这种以信任为基础的兴趣可逐渐地发展成为客户关系。

　　信任是衡量客户关系好坏指标中最重要的一个，它取决于许多因素，如遵守承诺，关心客户等。

一、建立客户信任

　　没有信任就没有关系！信任是衡量客户关系好坏最重要的一个指标，关系要建立在信任之上，这条原则基本适用于一切人际情境，而不只适用于客户服务环境。如果客户继续和你合作，那么他肯定信任你和你的企业。

　　信任与客户忠诚度一样，也是情感方面的概念。信任必须通过努力赢得，不能一蹴而就。只有通过企业成员的不懈努力，才能向客户证明你和你的企业值得信赖。这要求企业通过实际行动提供满足客户需求的高质量的产品、服务和信息。

1. 产生信任的基本要素

　　对于信任，破坏容易建立难！即使你目前赢得了客户的信任，那也是脆弱的。因为，一个不合时宜的口吻、一次失约、一个未能履行的承诺、一句谎言或一句容易引起误解的话，都可能迅速毁掉来之不易的信任。

　　世界市场调研和咨询公司 Harris Interactive 的民意测验显示，客户对企业信任的产生，主要源于客户体验、产品呈现及企业声誉三大方面，具体表现为以下五个要素。

- ◇ 个人经验；
- ◇ 参考信息（人们从他人口中得知的公司信息）；
- ◇ 华丽的外表（广告、包装和高价位）；
- ◇ （企业的）组织知识；
- ◇ 诚信度（企业的信任度）。

2. 赢得信任的基本策略

要赢得客户信任并使其对企业保持信任，要求客服人员必须言行一致，并且在言语和行为上展示自己值得信赖的品质。一旦失去客户信任，企业如果不迅速做出反应，以纠正错误和改变局面，有可能永远无法再次得到客户的信任。赢得客户信任的基本策略，主要从如何对待客户、如何看待自己和企业这两大方面入手，主要涉及以下七个方面。

1）有效地、令人信服地与客户交流

如果客服人员（通过口头或书面）表达或解释的信息无法让客户清楚地理解，客户就不可能理解你。你不仅要向客户提供事实和数字，还要让他感受到你的真挚、专业和诚实。

当与客户交流时，要积极、热情地表达你的情感，让客户认识到你的平易近人；还要经常与客户交流，让客户了解最新信息，这在客户等待已延误的产品时极其重要。如果客服人员未能及时提供最新信息，客户可能会因为失望而取消订单，或产生投诉与抱怨，甚至把目标转向别处，并把令人失望的经历告诉他人。

2）展现爱心

客户的需要，是企业及客服人员存在的理由。客户的问题就是客服人员自己的问题。向客户强调你一直把他们的最大利益放在心上，用工作证明你愿意满足他们的需求。

在现实工作中，有的客服人员常常给人传递这样一种信息：客户其实根本不重要。所以，他们采用"下一个"的心理模式，把客户当成"数字"来对待，而不是当成"朋友"来交往。

对于排队等候的一群客户，下面两种说法，哪一种传递的信息更有爱心、更体贴呢？

➢ 服务人员叫道："下一个。"
➢ 服务人员看了看下一个排队等候的客户，向他微笑、招手示意，说道："排队的下一位客户，我能为您做点什么？"

显然，如果选择了第二种说法，那么客服人员的服务更能展现爱心。

3）公平公正

客服人员应该保证尊重所有客户，对所有客户一视同仁。如果想给予老客户或回头客一些特别折扣，一定要慎之又慎。如果不小心或不谨慎，有可能会惹怒客户，错失商机。

4）信赖客户

大多数客户并不想欺骗或敲诈你的公司，他们只是希望花钱后能得到最佳收益和服务。客服人员应该做的是：有效地服务客户；坦诚地进行交流；客观地聆听他们的请求和担忧；对他们的需求表示关心；向他们表示即使有问题出现你仍会支持他们（如果合适的话）；尽最大努力提供服务。

在面对那些抱怨或有问题的客户时，客服人员常常犯的一个错误是，口头上虽然承认或认可客户提出的问题，但心底还是持有一种怀疑的态度，这将给客户带来一种强烈而不快的心理暗示。只有寻求到足够的信任，才能产生良好的沟通。

5）信守承诺

客户挑选一个服务提供者时会有很多选择。当他认为你和你的公司不值得信赖时，可能会毫无抱怨或无任何评价地离开。不要承诺自己做不到的事情，许多客户会把承诺当成一种约束。如果承诺没有兑现，就会打破和客户之间的互信关系。在服务之后，通过可行的跟踪服务或与客户的优质联络，了解客户对产品的满意度，以及询问服务是否达到了客户的期望值。

6）承认自己的过错或缺乏见识

人都可能会犯错，关键是要能挽回错误。因此犯错后应主动向对方道歉，勇于承担责任，迅速、恰当地解决问题或为客户提供必要的信息支持。服务提供商常犯的错误之一，就是拒绝承认错误和承担责任。如果出售的产品给客户造成了不便或引起了客户的不满，应当主动承担责任，并着手为客户寻找一个合适的解决方案，否则，只能招致更为不利的后果。在某些情况下，即使客户错误地认为是你造成了他的不满，明智的做法是主动承担责任。下面发生的案例很好地说明了这一准则的重要性。

1984年，不明身份者使用氰化物污染了强生公司的泰诺胶囊（Extra-Strength Tylenol）的药瓶，有7个人因使用被污染的产品而死亡。发现该情况后，强生公司立即召开新闻发布会，宣布全面回收产品（约264 000瓶）；同时，强生公司又进行了媒体宣传，向公众保证它的产品非常安全。随后，公司还率先开发了防伪包装。以上活动共耗资数百万美元。

这些活动产生的结果是，当你走进任何一家出售非处方药品的药店，寻找泰诺胶囊时，都会发现该胶囊在众多竞争者中仍处于优势地位。强生公司是如何做到这一点的呢？答案之一就是，对不是自己原因造成的问题也主动负责，关注公众安全，因此赢得了客户的忠诚。

7）保持积极、自信、果断的工作作风

客服人员应以自己的言行展示其对服务的自信，表明自己能够始终为客户的利益着想，对客户的所有问题负责。要让客户了解到，他们的电话、留言、疑问和需求，都会得到专业、及时的处理。还要让客户知道，他们能够在你那里得到质量一流、品质有保证的产品，公司能尽一切能力提供信息，以满足客户的需求。此外，客服人员还应向客户保证，他们的请求和意见会得到及时处理，公司也会履行自己的承诺。所有这些做法都会使客户感觉到：企业和客服人员会充分考虑他们的需求，他们选择你和你的公司不失为一种明智之举。

3. 建立以信任为基石的客户服务模型

信任在良好客户关系建立中的作用，无论如何强调都不为过。无论有多么优秀的产品、多么高超的沟通技巧，如果没有信任作为基石，交易都很难发生。

一个优秀的客服人员，除了必须清楚了解客户需求，十分熟悉企业的产品和服务流程，掌握良好的沟通技巧，保持积极热情的工作心态；还必须在提供服务的全过程中，坚持以"信任"为基石，因为"信任"是一切服务环节的凝合剂、催化剂。图5-5是对成功的客户服务模型的高度概括。

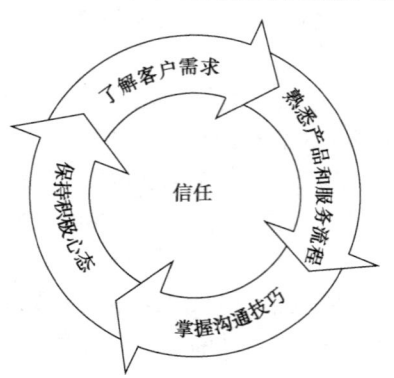

图5-5 成功的客户服务模型

二、改善客户关系

长期的客户关系（客户挽留）能维持一个企业的生存，改善客户关系是客户服务的一个关键内容。随着市场竞争加剧，传统的通过营销手段招揽新客户的方式代价日益高昂，越来越多的企业开始重视建立并维持与客户的长期关系。

1．坚持以客户为中心

维护客户关系是企业最重要的生存之道。在传统商业活动中，最重要的经营之道就是企业要非常了解它的客户，包括客户的家庭状况、兴趣爱好、宗教信仰、生活中的重大事件等。现代社会变得更具流动性，生活在大都市里的人们彼此之间的联系不再像以前那么紧密。然而，这并不意味着客户与商家之间的关系不再重要了。

随着企业对企业商务模式的兴起，客户服务的对象会有越来越多的公司及组织，这使得客户关系的建立和管理更为困难，因为客服人员要与企业不同部门交往，而每个部门都会有不同需求。

通常情况下，许多客服人员仅仅从短期利益出发来看待与客户的交往。他们认为，当客户打电话或光临时（或者他们去拜访客户时），他们就只是提供服务，然后客户就可以离开了。这是目光短浅的做法，完全没有考虑长期交往所能带来的效益，而且这也不是一种获取和维护忠诚客户的途径。

如果以客户为中心，就应从双方关系的角度来看待客户。这不是要求客服人员与自己的客户都成为亲密朋友，而是要求客服人员尽可能多地使用客户服务技巧，建立积极的客户关系。无论是对待内部客户还是外部客户，都让他们感觉你很重视他们，并始终关心他们的利益，大家存在一种互惠互利的良好关系。人们通常青睐那些与他们建立了友好、尊重和信任关系，或者将他们以独立个体对待的企业或团体。

关系可通过一对一的交往来发展、巩固和加强，但这并不意味着利用科技提供服务的企业不能与客户建立良好关系，只是建立良好关系的技巧和策略会有所不同。

一旦客服人员与客户建立了良好关系，企业将不太需要通过营销手段来对其进行招揽了。个人经验的分享与良好口碑的传播，将给企业带来巨大益处。

通过提供优质客户服务，与客户建立良好关系，及时处理客户不满，让客户保持忠诚，企业就可以留住客户。客户满意与忠诚的形成示意图表达了这一观点，如图 5-6 所示。

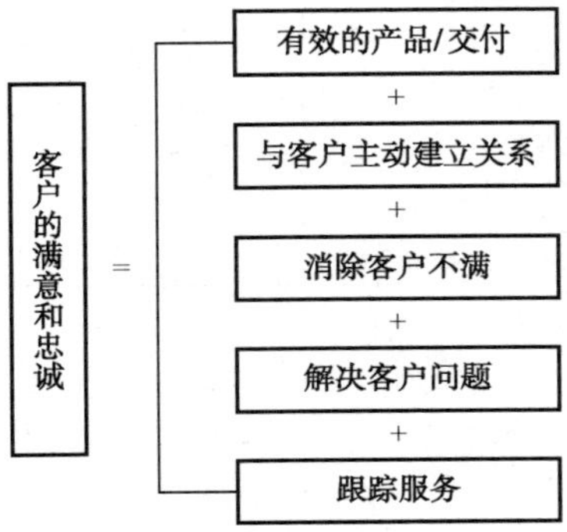

图 5-6　客户满意与忠诚的形成示意图

2．建立长期的客户关系

客户一生只接受一种产品或只认可一家企业，这样的时代已经一去不复返了。由于客户接触的产品越来越多，加之全球性竞争加剧，客户经常会在不同的广告和优惠政策中摇摆不定，产品质量和特色不相上下的企业经常会被用来比较。在这种情况下，客户经常依据服务来筛选企业或产品。

许多人都喜欢享受自己非常重要、非常受重视的感觉。意识到这一点后，客服人员应该有所行动。通过提供可靠的客户服务，减少客户对服务的筛选，从而建立一个稳定的客户关系。这一过程可能有些漫长，而作为一个关心他人的客服人员，在满足客户需求的时候应该表现得十分耐心和友善。

1）留下良好的第一印象

第一印象非常重要且十分持久。为了保证你有一个最佳的表现，要运用良好的语言及非语言沟通的基本技巧，用职业化的方式问候客户，防止出现消极态度，真诚地为客户提供帮助。这一点非常重要，因为在与客户第一次接触时，其会有一些必然的需求，如果这些需求没有被满足，你与客户的关系"等级"就会下降，并可能最终失去这个客户。这个"等级"在客户服务行业中叫计点分级，客户关系计点分级如表5-4所示。如同企业对客服人员的成绩进行评价一样，很多公司用它来评估员工的表现，而客服人员也应该经常用这个尺度来衡量自己的服务水准。

表5-4 客户关系计点分级

等级（计分）	指标描述	案例说明
模范（4）	这种服务比正常服务要好，并提供额外服务	汽车修理中心为客户更换动力传输器后，又给汽车做了一次详细的检查； 美容院老板在一位老客户生日那天，为她提供免费的按摩； 由于没能及时给客户送餐，客户只能把牛排再次加热，饭店服务人员因此为客户提供了一次免费午餐和一张打折优惠券
中等以上（3）	这种服务比正常的服务稍微好一些，会给客户带来小小的惊喜，但不会带来很大的惊喜	银行员工在办完业务后，送给客户一本挂历； 客户的儿子在第一次剪发后，理发师送他一个棒棒糖
中等（2）	这种服务与客户所期望的一样	一个客户在洗衣店洗衣服，当他来取衣服的时候，他看见衬衫像他要求的一样，浆洗过后挂在衣架上，并装在一个塑料衣袋里。店里的装袋工问道："要纸袋还是塑料袋？"然后按照客户的意思将衣服装好，最后把发票交给客户，一切都和当初承诺的一样
中等以下（-3）	这种服务低于客户的期望值，造成了客户的不满	在客户提出投诉后，送报员补送了一份报纸。他把报纸放在门阶上，按了一下门铃，不道歉就离开了； 客人在候诊室等待的时间超过了约定的15分钟，当她与医生见面的时候，没有人向她道歉； 电话中心的客服代表让客户花了10元钱，因为客户必须打3次以上的电话才能解决问题
不满意（-4）	这种服务已经到了不能接受的程度，并且破坏客户服务人员与客户之间的关系	客户要求给她的猫清洗跳蚤，兽医却给猫做了绝育手术； 一个维修公司的广告语写着"紧急事件，快速服务"，可是却花了4个小时才派人为客户安装墙上的漏水管，客厅的地毯都被浸泡了，一面墙已经倒塌了； 一个签了合约的树木修剪工，把树上的大部分枝叶都剪了下来，还坠落在了一辆崭新的汽车上

（资料来源：客户服务——面向21世纪的客户服务指导手册. 朱迎紫，艾凤义，译.）

2）珍惜每个"真实时刻"

当前的服务业特别重视服务场景中员工与客户的面对面接触，一些公司把它叫作"真实时刻"或"触点"，因为客服人员与客户接触时其代表的就是公司。

每一次与客户通电话或见面的时候，客服人员都有机会为客户提供优质服务，都可以拥有一个"让人感到吃惊的"客户服务机会。优秀的客服人员一定会抓住每一个与客户接触的"真实时刻"，通过提供优质的服务给客户留下令人难忘的印象。

所谓触点，指的是客户接触到品牌的所有的媒介点，包括推广内容、网络信息、门店、实体环境里的感觉内容（视、听、气味等）、产品或服务等。根据时间的先后，客户对企业品牌进行体验的四大触点分别是"预触点→首触点→核心触点→末触点"，它们承担着"了解→发现→购买→连结"功能。要获得忠诚客户，需要保证其每个阶段的触点都有好的体验。

预触点：是指客户还没开始使用一个品牌，但已经听说，还在搜索了解信息阶段的触点。客户知道一个品牌的主要渠道有网络、其他媒体渠道（杂志、电视等）、身边朋友（口碑传播），逛街的路人看见门店也算预触点。

首触点：是指客户已经决定尝试这个品牌，产生第一印象的阶段的触点。此时客户对品牌已有了较深入的了解，还没开始消费。这是转化客户的最佳时机。设想客户第一次进入一个诊所，刚走进去就听到前台在和一个病人争论一笔账单，诊室的卫生状况看起来不佳，本来需要看病已经让人紧张焦虑，糟糕的环境会让客户的焦虑加倍。此时如果前台保持友好热情的态度、环境舒适整洁，肯定让客户感觉安心、信任一些。首触点的每一个细节都很重要，只有几秒种也许就给客户留下美好的第一印象。

核心触点：是指客户开始使用你的产品，是服务阶段的一系列触点。此时客户已经被转化，如果使用过程有不好的体验，很可能其第一次消费也是其最后一次。这个阶段要兼顾提供好的服务和产品，同等重要的是对潜在问题的预防和应对。以餐厅为例，设想客户进入餐厅，坐下还未点餐，然后去了洗手间，发现里面非常脏，这顿饭很可能就吃不下去了。

末触点：服务完成时刻，消费体验和看电影相似，结尾完美才能让人回味。设计末触点需要根据品牌和交易特性进行创意，不一定需要昂贵的方式，但一定要足够真诚，比如4S店的交车仪式、店员把商品放进袋子交给客户的时刻、诊所给客户的温馨提示等。毕业典礼就是一个典型的末触点场景例子，有仪式感的毕业服照和拨穗仪式、鼓舞人心的演讲，短短的几小时往往会成为学生对这个时期的最深刻的回忆。

各个阶段触点的设计和管理需要不断迭代创意、适应客户需求的变化。预触点能准确满足客户的需求，建立信任感；首触点足够有吸引力，可为客户提供完美的感官体验；核心触点要有相关性，能提供价值感，并且有高光时刻；末触点不能松懈，要为下一次交易保留可能。

3）建立友善的客户关系

如果客户认为服务人员非常讨人喜欢，对他们有帮助，而且办事效率很高，那么他们也会积极地与其配合。在与客户接触的整个过程中，随时都要为客户提供帮助，要面带微笑，仔细倾听，时刻关注客户的需求及忧虑。当服务过程出现差错时，客户会因对这样的服务人员有亲人般的感觉,而在客户关系的等级中给出很高的分数,而那些没有让客户有这种感觉的服务人员,就只能得到较低的分数。

4)迅速确认并满足客户的需求

通过提问、倾听、观察、反馈等沟通技巧与策略,有效搜集有关客户需求及个性方面的信息,并有针对性地制定具体的服务解决方案,以迅速确认并切实满足客户的需求,为良好客户关系的建立奠定基础。

5)提供超值服务

客户在产品方面投入了资金,他们大多数都希望在产品质量和数量上有特殊的回报。这不是什么过分的要求,因为大多数客户都追求价值。现今的客户教育水平普遍提高,网络购物也异常方便,如果一个地方没有满足他们的需求,他们能很容易地在竞争对手那里买到类似的产品。因此,超越客户的期望成为一种必然。

意想不到的服务、让客户惊喜、五星级服务等,所有这些词汇都有一个共同的概念,那就是超出客户的期望——承诺得少,提供得多。不仅要满足客户的需求,还要有通过语言和行动为他们提供意想不到的高质量的服务,让客户叫绝!其结果可能就是,与客户长期合作。

6)跟踪客户需求

虽然跟踪服务对于建立长期客户关系非常重要,可惜即使是一些职业的客服人员也经常忽略这一方面。跟踪服务是再次获得合作机会的关键。

在满足客户需求后,应通过面访、电子邮件、电话等形式确认客户是否满意。对于外部客户,进行这种跟踪服务,可以通过一张小小的感谢卡、几张未来产品的打折优惠券、一个小礼物或其他形式来报答客户的长期合作;对于内部客户,可以使用语音邮件、电子邮件、在桌上留下一张便笺、请他们喝咖啡或用其他方式表示感谢。这样做的主要目的就是让客户明白你没有忘记他们,并且非常感谢他们的支持。

7)鼓励客户再度合作

正是因为一开始给客户留下了好印象,在结束的时候还需要给他们留下更好的印象。保持微笑,提醒客户将来随时可以获得你的帮助,同时不要忘记给客户提供一个最后提问题的机会,并诚心地邀请客户再度合作。

大家都希望客户回头,却很少有人想到,要给客户一个回头的充分理由。下面的峰终定律,也许能帮我们打开一扇新的窗口。

峰终定律:2002年诺贝尔经济学奖获奖者,心理学家丹尼尔·卡纳曼经过深入研究,发现我们对体验的记忆由两个因素决定:高峰时(无论是正向的还是负向的)与结束时的感觉,这就是峰终定律(Peak-End Rule)。

峰终定律表明,我们对一项事物体验之后,所能记住的就只是在峰与终(结束)时的体验,而在过程中好与不好体验的比重、体验时间的长短，对记忆影响不大。高峰之后，终点出现得越迅速，这件事给我们的印象就越深刻。峰终定律主宰了我们对一段体验的好或坏的感受，而这里的"峰"与"终"，其实就是所谓的真实时刻（MOT）。MOT（Moment of Truth）是服务界比较具震撼力与影响力的管理概念与行为模式。

比如，在宜家购物可能有很多不愉快的体验，如你买一件家具也需要走完整个商场，或者店员很少，需要自己在货架上找货物并且搬下来，等等。但是，客户的"峰终体验"是好的。一位客户关系管理顾问（也是宜家的老客户）说："对我来说，峰就是物有所值的产品，实用高效的展区，随意试用的体验，美味便捷的食品。什么是终呢？可能就是出口处那1元的冰淇淋！"

3．提高网店客户的回头率

对一家存在于虚拟空间的网上店铺来说，改善自己与老客户的关系至关重要。网店的老客户，不仅重复开发的成本更低，而且他们对企业的品牌与产品更为熟悉、更加认同、忠诚度更高。他们可能一次性购买更多的产品，客单价更高，即使服务有不到位的地方，也更能理解与包容。同时，往往会给店铺更高的评分，更愿意写出一些精彩的好评，带来良好的口碑传播效果。

如何才能与老客户建立长期的良好关系，让网店的老客户更多地重复购买呢？研究表明，以下八大要素与网店客户的回头率直接相关，如图5-7所示。

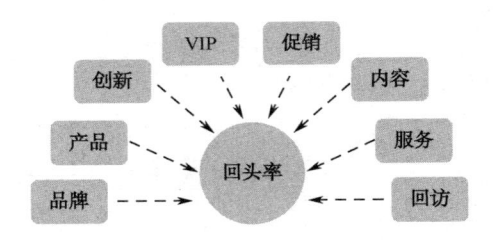

图5-7　影响网店客户回头率的八要素

- ◇ 品牌：店铺品牌或产品品牌在客户心中的地位，在很大程度上影响着客户的回头率；
- ◇ 产品：产品的品质及性价比，是客户回头的重要因素；
- ◇ 创新：不断推出的新品、新款和创新的服务，会吸引客户经常来店铺看看；
- ◇ VIP：给重要客户VIP身份，并给予特别的优惠政策，是客户回头的保障；
- ◇ 促销：不断变化的促销方案，对老客户的感恩回馈，会刺激一些老客户回头；
- ◇ 内容：提供丰富多彩的产品资讯、专业知识等，能提升客户的访问深度及浏览次数；
- ◇ 服务：每个环节的高服务品质，以及带给客户良好的网购体验，会让客户流连忘返、记忆深刻；
- ◇ 回访：定期或不定期的电话、短信、邮件回访，会加深客户印象，促使客户回头光顾。

在以上八大要素中，品牌、产品和创新，属于企业硬实力的范畴；而VIP、促销、内容、服务、回访等，则属于企业软实力范围，是企业的客户服务支持体系所要着力解决的方面。

长沙百约电子商务有限公司作为一家知名食品类品牌企业，在提高网店重复购买率方面，拥有自己独到的运营策略，其关键点是告诉他、尊重他、记得他、通知他、关爱他、感染他，如表5-5所示。

表5-5　网店提高重复购买率的策略

关键点	提高重复购买率的策略
告诉他	产品的特点（差异化），产品的好处（价值），产品如何使用（正确的吃法和DIY的吃法，可以将我们达人号文章给客户看），产品的妙用（包装的妙用，美食的妙用，作为伴手礼随时准备着）
尊重他	尊重客户的意见与想法，尊重客户的选择，及时处理客户意见，急客户之所急，让客户满意
记得他	完善客户资料，定期回访，关心客户，了解客户使用情况与意见，适当推荐其他产品。 备注：整理客户档案[真名或旺旺昵称、年龄、购买次数、购买产品、常买产品、客单价、购买频率、更关注什么（口感、促销、邮费、赠品等）、性格特点（爽快、纠结等）、答应过他的事情]。让客户欣慰的事情莫过于你记得他，再次聊的时候让他觉得你像朋友
通知他	1. 优惠活动要通知他。 2. 节日前夕要告诉他：我们有对应的活动帮他解决送礼难题。 3. 定期推出老客户优惠政策，适时发放优惠券，吸引老客户重复购买，如包邮、送券、单品免费送（客户出邮费）。 4. 定期提醒他会员积分制度的优势，可以享受到哪些优惠 （旺旺留言、电话联系等）
关爱他	1. 客户生日时的短信与旺旺问候，重点客户生日时寄生日礼物； 2. 客户生日时可以送生日礼品等； 3. 节日对他的问候； 4. 旺旺群、微淘等地方同时发布祝福信息； 5. 年度答谢活动； 6. 会员活动、晒单送礼活动等
感染他	1. 分享使用心得有奖励； 2. 推荐朋友可以获得小礼物等

阅读材料 5—2

中国新消费品牌和消费者的关系进阶

在传统消费生态中，品牌与消费者一开始仅为单纯的买卖关系，消费者主要关注所购买的产品功能是否符合需求，并且对价格敏感。而当品牌与消费者发生多次交互后，消费者认知度提升，其信任感建立，消费者此时的关注点将转移至对个体服务的满意度和体验的愉悦度上。品牌能否提供超越消费者预期的惊喜将成关键。

传统关系中，即便品牌与消费者间建立了足够的信任，但两者始终为割裂的关系。在新消费出现后，基于数字化和全渠道，品牌得以接触到真正的用户意见。消费者对品牌的定位也从"商品提供商"变为"个人生活方式的标签和伙伴"，从而更愿意参与到品牌的提升与发展中，与品牌共同成长，创造价值。

不同于传统消费中品牌和消费者作为相对独立的群体存在，越来越多的新消费品牌开始致力于不同形式的"用户共创"，让核心群体参与到产品开发、改良，乃至整个品牌的建设中，塑造全新的关系，使消费者从对产品和品牌单纯感到"满意"和"惊喜"，变为亲身参与其中，甚至与其共创,并在品牌中获得情感依附和归属。中国新消费品牌与消费者的关系演进路径如图 5-8 所示。

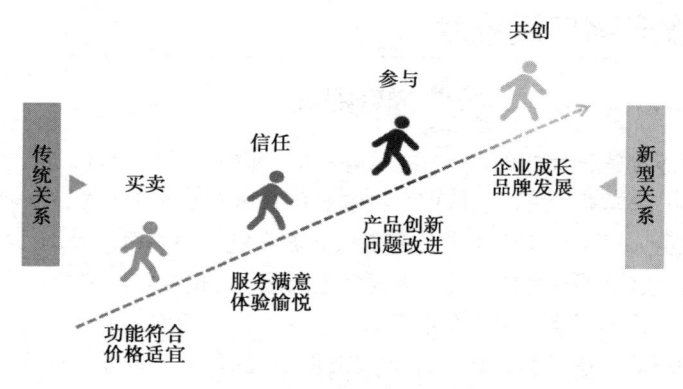

图 5-8　中国新消费品牌与消费者的关系演进路径

(资料来源:亿邦动力研究院. 2021 中国新消费品牌发展洞察报告)

技能训练 5-2

客户关系建立与维护策略调研

请选择一家你比较熟悉的企业,通过网络对企业的服务进行初步调研,再到企业进行实地考察和现场调研。通过亲身体验他们提供的服务,与他们的客服人员及部门经理进行深入交流,最后对该企业客户关系建立与维护策略进行分析诊断,提出自己的改进意见,将结果填入表 5-6。

表 5-6　_____企业客户关系建立与维护策略分析

分析项目	分析内容	分析结论	备注
基于互联网的调研与分析			
服务体验与实地调研			
企业建立客户信任的方法与手段			
企业改善客户关系的方法与策略			
企业客户关系建立与维护现状分析			
企业客户关系建立与维护改进意见			

任务三　提升客户满意度

> **内容提要**
>
> 提升客户满意度的三大方向：分内的服务做精，额外的服务做足，超乎想象的服务做好。
>
> 分内的服务，是指意料之内、情理之中的服务，即企业本应该做好、客户有需求也期望企业能提供的服务；如果没有做到或没有做好，客户就会不满意。
>
> 额外的服务，是指那些意料之外、情理之中的服务，也就是客户有需求但没有预期的服务，如增值服务、定制服务、个性化服务等。
>
> 超乎想象的服务，是指那些意料之外、情理之外的服务，即客户并没有预期，甚至都没有需求的服务。
>
> 精益求精，才能提升客户满意度；诚信友善，才能培育忠诚客户。

尽管客户满意并不等于客户忠诚，但没有客户满意就没有客户忠诚。只有在客户完全满意的情况下，才可能有最高的客户忠诚。

客户对产品或企业的忠诚是企业用额外的服务赢来的。企业必须了解目标客户的个人需求，然后决定怎样才能在与其他竞争对手的较量中胜出，并给予客户最好的服务。对于提供出色服务的企业来说，提升客户的满意度，让客户回头，所做的事情无外乎以下三种：

◇ 分内的服务做精；
◇ 额外的服务做足；
◇ 超乎想象的服务做好。

一、分内的服务做精

客户服务，首先要把分内的服务做精。如果分内的服务都做不好，就无法做好更进一步的服务，也不可能赢得客户的认可。

所谓分内的服务，是指那些意料之内、情理之中的服务，即企业本应该做好的服务，客户有需求也期望企业能提供的服务，如常规维修、退换等售后服务。对于这类服务，如果没有做到或没有做好，客户就会不满意。要想把分内的服务做精，客服人员应做到以下五点。

1. 从内心尊重和关注客户

客服人员只有从内心尊重客户并关注客户的每一项需求，才能以热情的工作态度去服务客户，客户才有可能对其提供的服务感到满意，企业才能在竞争中占据有利位置。这就要求客服人员通过一定的途径，及时、敏锐地了解客户的需求。许多企业都会定期地对客户进行调查，并通过各种与客户接触的机会认真倾听客户的需求。

有一天，美国通用汽车公司的庞帝雅克（Pontiac）部门收到一封客户的抱怨信。信上说他新买的庞帝雅克汽车对香草气味过敏，总是在他吃完晚餐后买冰激凌的时候出现问题：如果买的冰激凌是香草口味的，他从店里出来车子就发动不了；如果买的是其他口味的冰激凌，车子就没有任何问题。

太奇怪了！这可能吗？庞帝雅克的总经理尽管对这封信的内容心存怀疑，但他还是派了一位工程师前去查看究竟。工程师发现这位车主不像是乱开玩笑的人。当他与车主用完晚餐去买了香草味的冰激凌回到车上后，车子果然发动不起来了。试了几次，每次都是这样，而买别的口味的冰激凌就没有问题。

工程师当然不相信这辆车子会"对香草气味过敏"。他又开始记录车主的其他资料：他发现这位车主买香草冰激凌所花的时间比买其他口味冰激凌所花的时间要少；因为香草冰激凌最畅销，店家为了让客户每次都能很快拿到，将香草口味的冰激凌单独陈列在店里最前端的冰柜里，而将其他口味的冰激凌放置在离收银台较远的地方。

当工程师把问题缩小到"为什么这部车从熄火到发动的时间较短就会出问题"时，答案就浮出水面了，是因为"蒸汽锁"，一定是它！当这位车主买其他口味冰激凌时，由于时间较长，引擎有足够的时间散热，重新发动就没有太大的问题。但是买香草冰激凌时，由于花的时间较短，以至于无法让"蒸汽锁"有足够的时间散热。

这个案例告诉我们，对待客户反映的问题，最关键的是我们的"态度"和"理解力"，以及我们内心是否对客户尊重。即使有些问题看起来疯狂或荒诞，但解决客户的困扰和忧虑是企业的分内职责，同时也是企业的服务机会。

2．不问责任，先帮客户解决问题

把分内的服务做精，要求客服人员能够做到不管责任在谁，先帮客户解决问题。因为客户找客服人员的根本目的就是帮他解决问题。有时候责任可能不在客服人员，但是客户有需求，就要求客户服务人员不能推诿，首先帮助客户解决问题。

某日晚上10时，安阳网通公司的电话铃突然响了。112号值班员接到一大型住宅小区物业管理公司打来的紧急电话，反映该小区多座住宅楼居民家中的暖气和燃气管道突然带电，有一名居民在家中洗澡时被电流击翻在地，情况十分危急。经过初步分析和判断，可能是电话线路带有强电，引起了大面积漏电。

安阳网通的抢修人员赶到事故现场，检查了两个小时也没有发现安阳网通线路有什么问题。而此时其他运营商的检修人员也排查完毕，并均声称自己公司的线路架设规范正规，居民漏电事故与本企业无关。

安阳网通认为，无论是哪家运营商的问题，也绝不能让居民的生命受到威胁，最重要的是排除事故，而不是追究谁的责任。又经过一个多小时的查找，技术人员终于在该小区东墙外拐角处发现了事故的原因：一家电信运营商的过路钢绞线与电力线接碰在一起，并且还在打着火花！于是，公司立即排除了故障。

3．始终以客户为中心

客服人员在为客户提供服务的过程中，要始终以客户为中心，始终关注客户的心情和需求。以客户为中心不应只是贴在墙上的服务宗旨，而应是一种具体的实际行动。例如：迅速与客户打招呼，并为客户倒上一杯水；真诚地向客户道歉；主动热情地帮助客户解决问题；记得在客户生日等重要时刻寄上一张贺卡或打个问候电话；在客户等待的时候为其准备报刊以打发时间；等等。

始终以客户为中心，还要求客服人员能经常进行换位思考，能站在客户的角度思考问题，理解客户的观点,理解客户最想要的和最不想要的是什么。

台塑大王王永庆最初做卖米生意时,为了在竞争激烈的市场中开拓出一片天地,他就从细节入手,力争将整个服务做得尽善尽美。

第一,他将米中的杂物挑干净。这样一来,他的米质就比别的米店高了一个档次。

第二,提供送货上门。当时,其他的米店都不提供上门服务,但他无论晴天雨天,无论路程远近,只要客户一声招呼,就立即把米送到他们家里。

第三,帮客户将米倒进米缸,减少客户的麻烦。倒米时将旧米倒出来,将米缸刷干净,然后将新米倒进去,将旧米放在上层。这样,米就不至于因陈放过久而变质。他这个小小的举动令不少客户深受感动,铁了心专买他店里的米。

第四,每次给客户送米上门,他总是默默记下客户家有多少人、一个月吃多少米、何时发薪等。算算客户的米该吃完了,就送米上门;等到客户发薪的日子,再上门收取米款。

就这样,他的生意越做越好。

4. 迅速响应客户的需求

做精客户服务的一个重要环节,就是迅速地响应客户的需求。当客户表达了他的需求后,应在第一时间对他的需求做出迅速反应。一家餐厅的菜做得非常好,可排队需要很长时间。如果要花 1 小时排队等待,客户一定会感到不满意。

5. 持续提供高品质服务

为客户提供一次甚至持续一年的高品质服务不难,但是只有长期的、始终如一的高品质服务,才能算得上是把服务做精了。如果企业真的做到了这一点,就会发现,企业会逐渐形成自己的品牌,在同行的竞争中就能取得相当大的优势。

企业连线 5-3 满意度提升案例分析

二、额外的服务做足

所谓额外的服务,是指那些意料之外、情理之中的服务,也就是客户有需求但没有预期的服务。例如,企业提供的各种增值服务、定制服务,以及针对个别客户的个性化服务等,都属于额外的服务。

对于这类服务,如果企业没有做好,客户不会太过责怪;但是,如果做好了,客户就会非常满意,并提高一定的忠诚度。在今天这个竞争激烈的社会,只是把分内的服务做好,已经没有多少优势可言了。只有把额外的服务也做足了,才能赢得客户的信任。

1. 增值服务

现在各个企业提供的各种增值服务一般都属于额外服务。例如,去餐厅吃饭,能得到快捷的服务和好吃的饭菜,客户就已经满意了。但是,如果这家餐厅还可以边吃饭边上网,那么客户以后就会常来,并会叫上有同样需求的朋友。客户对能够边吃饭边上网是没有期望的,但是如果餐厅提供了这项服务,就超出了客户的期望,所以客户就会给餐厅额外加分。

著名的星巴克咖啡连锁公司，其目标客户群的年龄为 25～40 岁。星巴克发现，越来越多的年轻客户会带着笔记本电脑来喝咖啡。于是从 2002 年 8 月开始，星巴克推出一项新的服务策略，在 1 000 家门店提供快速无线上网服务。客户使用笔记本电脑或 PAD（数码笔记本），都可以在星巴克边喝咖啡边无线上网、收发电子邮件等。这一项服务赢得了客户的好评，不仅提高了客户的上门次数，而且使客户每次在星巴克停留的时间更长，消费得更多，因此提高了企业业绩。

2．定制服务

企业的产品，一般都是针对有同样需求的一群客户而设计的，因此可能无法满足某些客户的特殊需求，如空调可以升降、洗衣机可以用来洗土豆等。尽管某些个别的客户有这样的需求，但由于他们都理解企业不大可能因为个别客户的某个特殊需求而去重新设计并生产产品，所以客户往往并不对企业提供这样的服务有预期，即企业不提供这样的服务，他们也不会不满意。当然，如果在这样的情况下，企业能够满足客户的特殊需求，客户就会非常满意。目前，一些领先的企业已经开始提供这种定制服务了。

海尔在"忠诚到永远"的经营理念的指导下，坚持一定要设法让客户满意。客户常常会向海尔提出这样的问题：

◇ "这里气候炎热，有没有耐高温、可以长时间连续运转的空调？"
◇ "这里气候潮湿，有没有具有超强除湿能力的空调？"
◇ "登高擦拭很不方便，有没有可以升降的空调？"

海尔对客户的所有问题都会一一作答："有！我们很快为您设计制造！""您也可以自己设计，我们帮您生产。"

一位四川的客户曾向海尔投诉其洗衣机常出故障。技术人员去查看以后，发现洗衣机品质没有问题，而是因客户操作不当所致。原来客户的洗衣机不但用来洗衣服，还用来洗土豆！面对这种情形，海尔没有责怪客户，而是开始设计既能洗衣服又能洗土豆的土豆洗衣机。

3．个性化服务

每个人都希望获得与众不同的优待，因此，如果能让客户得到与众不同的服务和格外的尊重，客服人员就能更顺利地开展自己的工作。个性化服务是指满足客户的一些特殊要求，甚至是客户没有提出的个别需求，及时让客户获得满足。

许多时候，服务是一切尽在不言中的。尽管客户没有提出什么特殊要求，但客户不反映问题并不代表没有问题。在客户服务中要多想几个为什么，要用心揣摩客户的需求，加以判断并及时解决问题。提供额外的服务，往往能获得额外的信任。

如何才能做到为客户提供个性化的服务呢？要做到这一点，要求企业做好五个方面的工作，具体内容如表 5-7 所示。

表 5-7　个性化服务保障体系

项　　目	要　　求
完善 1 套机制	企业要建立 1 套行之有效的激励机制，来激励客服人员为客户提供个性化服务

续表

项　　目		要　　求
完成 2 个转变	偶然性服务转变为必然性服务	通过对于个性化服务案例的分析、推介，实现由个别员工出于"偶然性"的个性化服务，向全体员工有意识的"必然性"的个性化服务的转化
	个性化服务转变为规范化服务	通过对个性化服务案例的全面分析，对于其中反映客户普遍需求的服务，实现由"个性化"服务向"规范化"服务的转化
做到 3 个提倡	全员参与	提倡部门与部门之间的合作，欢迎其他员工共同参与。如果没有这些，个性化服务也许只停留在客服人员的心里，很难实施
	全程控制	
	全面关注	
做好 4 个注重	生活经验	生活经验是提供个性化服务的依据和源泉，掌握更多的生活经验有利于提供正确、有效的个性化服务
	媒体消息	关注媒体消息，会为个性化服务提供指导
	客户动向	客户的动向和言谈信息是提供个性化服务的线索，客户的一举一动及与客户的谈话能提供许多有价值的信息
	言谈信息	
强调 5 个环节		客户档案的建立和使用
		客户信息的快速反馈
		创建优质的内部服务链
		关注长期客户的使用习惯
		通过激励和培训塑造员工的职业习惯

阅读材料 5—3

宜家繁荣的背后：鼓励员工从顾客角度看问题

曾任宜家 CEO 的 Anders Moberg 说过，创始人坎普拉对他个人的管理风格有着深刻的影响："他训练我们从顾客的角度看待每件事情。"这种文化体现在宜家的从设计到服务的所有工作环节中。

例如，在团队层面有一种叫作市场第一（Market Capital）的方法，这是一个由超过 100 个不同的问题组成的对各个商店的顾客和到访者的调查，每 3 年做 1 次，每次的问题都相同。宜家用一种标准化的方式来测量趋势，判断自己在市场上的位置。

为了形成一种以顾客为导向的文化，宜家在雇用员工时就注意到：非常重要的是要记住有些人比其他人更令人愉快、更具动力、更合作、更好沟通。即使这一职务不需要与客户接触，一个与人沟通良好的雇员将有助于总体顾客服务理念的执行。

不仅是直接接触顾客的一线员工，即使是在背后的设计人员及管理支持部门也高度重视顾客的感受和需求。为了真正设计出贴合顾客需求的家具，在瑞典南部的小镇阿姆胡特，12 位瑞典籍的全职设计师、80 位自由设计师与室内产品团队一起肩并肩地工作，公司给他们的试错期是 3 年。

在 20 世纪 90 年代早期，宜家店铺太小，当时宜家没有倾听消费者的声音，其场地不足以提供完整体验，厨房用具不适合美国人的尺寸。"美国消费者买花瓶喝水，因为杯子太小。"宜家北美的前任主席 Goran Carstedt 说。

人们很容易忘记生活的真实情况。为此，宜家经理们参观美国人和欧洲人的家，借机观察他们的壁橱，认识到"美国人喜欢把衣服折起来放，而意大利人则更喜欢挂着衣服"。结论是，给美国客户制作的衣橱抽屉要更深一些。

现在，宜家在设计中会根据不同国家消费者的风俗和习惯对产品和展厅进行改变，还特别重视细节。对设计的精益求精和产品的定制化，使宜家在 Interbrand 的世界知名品牌排名靠前。英国设计杂志 Icon 称：如果没有宜家，大部分人将无法获得当代的设计。该杂志还将宜家创始人坎普拉评选为当代世界最具影响力的时尚创造者。

（资料来源：新浪财经）

三、超乎想象的服务做好

所谓超乎想象的服务，是指那些意料之外、情理之外的服务，即客户并没有预期，甚至没有需求的服务。当然，这并不是说客户真的不需要，而是还没有意识到，或者说只是客户潜意识里的需求。如果这部分需求能得到满足，就超越了客户的期望，就会令客户感动，从而产生真正的客户忠诚。例如，随身听播放器在没有被生产出来之前，消费者并没有意识到"随时、随地、随心所欲"地欣赏音乐及娱乐的可能，而一旦发明出来随身听播放器，就带来了一场娱乐方式的革命。

在服务过程中，超乎想象的服务表现形态各异。例如，为竞争对手的客户提供服务，通常来讲是一种"愚蠢"的做法。但事实上，如果你能够这么做，即使当时看来是"吃亏"了，但长远来看还是非常划算的。因为这样，客户会对你的服务及你所在的企业形成很好的印象，并产生忠诚，很可能此后就是你的永久客户了。

有一次有一位李先生为了改航班，在某航空公司的柜台前苦等。李先生的前面是一位外国客人，而柜台里有两位服务员，一位埋头做自己的事，另外一位在忙着处理老外的事。等了很长时间也不见处理完老外的事情，于是李先生转而请那位闷不吭声的服务员处理。结果，那位服务员说："我不做这些事！"这让李先生感到啼笑皆非：不做这些事，为什么坐在这里！

就在这时，隔壁航空公司的柜台工作人员主动走过来帮忙。李先生迟疑了一下，问："你不是那个航空公司的人啊！"这位柜台工作人员说："没关系，我们的计算机可以互相联机。"结果没几分钟，他就轻松地把李先生的航班改好了。

应该服务李先生的公司不理他，反而是他的竞争同业解决了李先生的问题，试想一想，今后李先生会选择哪家航空公司呢？

把超乎想象的服务做好，要求企业做好以下三个方面。

1. 挖掘客户潜意识里的需求

要想为客户提供超出其想象的服务，就要挖掘客户潜意识里的需求，这样才有可能提供超出其想象的服务，从而让客户获得额外的满意。

如何挖掘客户潜意识里的需求呢？要做到这一点，就要求客服人员在服务过程中留意客户的一言一行。

华润置业以"品质给城市更多改变"为品牌理念，致力于达到行业内客户满意度领先水准，致力于在产品和服务上超越客户预期，为客户带来生活方式的改变。公司在项目前期除介入项目设计和工程建设外，还包括对客户关系的介入。在与客户签署合同时，便开始进行客户需求咨询，以期获得大量的客户需求信息。这些信息对华润置业在商业街业态规划、物业服务内容和标准、增值服务需求等方面提供了大量的支持，使华润置业的服务能够做得更贴近客户的实际需求。另外，在物业软件规划中，还对客户的资料，包括年龄、生日、爱好、职业等进行了细分，并进行汇总统计，以便公司有针对性地开展工作。

2. 注意每一个服务细节

要提供超乎想象的服务，就要求不能漏过任何一个服务细节，要从每一个服务细节中发现客户潜在的需求和期望。优质的服务一定是每一个细节都会让客户感动，如果一个细节发生失误，可能会使其他的努力付诸东流。

楚星是一家专门为家具企业提供设计服务的公司，其服务理念是从满意到感动。一次楚星承办了中美新经济市场（北京）论坛，邀请的嘉宾都是重量级的。论坛从策划到会议进程的每一个细节都让参与者感到非常满意。

在论坛结束时，每一位参与者都得到了一本制作精美的画册，这些画册收录了嘉宾出现的重要场景。对客户来说，这成为他们最好的一份礼物。

然而，更让嘉宾感动的是，两天后他们收到了楚星寄来的光盘。楚星把画册资料做成了光盘。光盘当然是他们所需要的，但很多人可能在拿到光盘之前都没有意识到自己的这个需求。

有位美国知名的教授主动给楚星打电话说："你们的服务太让我感动了，以后不管你们组织什么活动，只要邀请我，我一定参加。"

3. 建立相应的企业文化和制度

企业要积极建立"一切为了客户"的企业文化，从高层领导到基层员工，其所想所为，一切都应为了客户。只有形成这样一个系统文化，才有可能做好超乎想象的服务。

首先，要求企业建立一种以客户为中心的服务理念。例如，万科物业的客户服务理念是：我们的使命是持续超越我们客户不断增长的期望。沃尔玛的一条客户服务理念是：要做得比客户期望的更好。

其次，要形成调研制度，定期对市场及客户的任何细微变化进行深入的调查，并从中发现客户的潜在需求。

有一年夏天，海尔公司发现洗衣机的销售旺季销售不旺。这是什么原因呢？海尔公司马上组织市场调研。结果发现，因为夏天要洗的衣服都比较短、薄、少，而且更换频繁，假如使用洗衣机洗衣服，就会费水、费电，成本加大，所以人们宁愿用手洗。

根据调研结果，海尔公司研发了一个新产品——小小神童洗衣机，该洗衣机可采用3档水位调节。这种产品在1996年上市后，不断更新迭代，5年内销售超过200万台。

最后，在制定服务理念时，最好让每一位员工都参与进来。这样，他们就会认同这样的服务理念，并在以后的工作中认真执行，服务理念才不至于只是贴在墙壁上的口号和标语。

企业连线 5-4 满意度提升技巧

技能训练 5-3

客户满意度提升策略分析

对技能训练 5-2 中所选企业在客户满意度提升方面的策略进行分析,并创新性地提出自己的改进意见,将分析内容和结论填入表 5-8。

表 5-8　　　　　企业客户满意度提升策略分析

分 析 项 目	现 状 分 析	改 进 策 略	备　注
分内的服务做精			
额外的服务做足			
超乎想象的服务做好			
分析结论			

项目小结

客户忠诚是企业持续经营的基础,是企业做大、做强的关键。留住对企业忠诚的长期客户,是所有企业的成功之道。任何形式的客户服务,终极目标都是为了提升客户忠诚度。

所谓客户忠诚度,是指客户在满意前提下,对某品牌产品产生的信赖、维护,并希望重复购买的一种心理倾向。客户忠诚度,实际上是一种客户满意行为的持续性。忠诚客户会周期性重复购买;同时使用企业的多个产品;向他人推荐企业的产品;对竞争对手的吸引视而不见;对企业有良好的信任度,能够容忍企业在服务中的一些失误等。

对客户忠诚度的考察、分析、把握及测评,是客服人员需要掌握的一项重要技能。对客户忠诚度的测评包括,整体的客户满意度(可分为很满意、比较满意、满意、不满意和很不满意);重复购买的概率(可分为 70%以上、30%～70%和 30%以下);推荐给他人的可能性(很大可能、有可能和不可能)。根据客户忠诚度的高低,可把客户划分为游离客户、肤浅客户、关系客户、情感客户和信徒客户等。客户忠诚度测评的最终目的,是为忠诚的客户提供更具针对性的服务,以提高企业的服务效益。

客户对产品或企业的忠诚是企业用额外的服务赢来的。企业必须了解目标客户的个人需求,然后决定怎样才能在与其他竞争对手的较量中胜出,给予客户最好的服务。对于提供出色服务的企业来说,提升客户忠诚度的方式,无外乎以下三种:分内的服务做精,额外的服务做足,超乎想象的服务做好。

企业要持续培育自己的忠诚客户,在具体操作上可从以下几方面入手:

> 优质的产品:保证质量,满足客户的需求和期望。
> 定期开展活动和优惠:让客户感受到你的诚意和关怀,增加客户的满意度和回购率。
> 及时解决客户的问题和投诉:提高服务效率和质量,赢得客户的信任和口碑。
> 建立客户忠诚度计划:设置不同的会员等级和积分制度,给予客户不同的奖励和福利。

- **保持与客户的沟通和互动**：了解客户的反馈和建议，提供有价值的信息和咨询。
- **培养客户的归属感和认同感**：塑造品牌形象和文化，让客户成为你的粉丝和拥护者。

思考与练习

1. 请简述客户忠诚度和满意度的区别。
2. 请简述客服人员如何做到把分内的服务做精。

项目六　管理客户关系

➲ 项目知识点

- ◆ 企业资产评估方式的演变
- ◆ 客户关系管理
- ◆ 客户关系管理的推动因素
- ◆ 客户关系管理的基本理念
- ◆ 客户关系管理系统的主要种类
- ◆ 客户关系管理系统的基本框架
- ◆ 客户运营平台及其功能
- ◆ 客户运营指数

文本：项目知识点　　视频：项目知识点

➲ 项目技能点

- ◆ 有效开展日常的客户关系管理工作
- ◆ 企业客户关系管理影响因素分析
- ◆ 企业客户关系管理系统基本框架分析
- ◆ 在线客户运营平台的应用

视频：项目技能点　　文本：项目技能点

➲ 项目素养点

- ➢ 客户至上：树立以客户为中心的服务理念，始终将客户需求放在首位，致力于提供超越客户期望的服务体验
- ➢ 诚信守法：遵守法律法规和企业规章制度，诚实守信、公平公正地对待每一位客户
- ➢ 持续学习：持续关注行业动态和新技术发展，不断提升自己的专业素养和技能水平
- ➢ 自我反思：定期进行自我反思和总结，找出自己的不足之处并寻求改进方法
- ➢ 团队协作：与团队成员保持良好的沟通和协作关系，共同完成任务并提升整体绩效

关注客户,就是关注企业的成长!在传统的企业架构中,企业销售、营销及客户服务、支持等部门,都是作为独立的实体来进行工作的。部门界限的存在,使这些不同的业务功能很难以协调一致的方式,将注意力集中在客户身上,并为多样化的客户提供满足其个性化需要的服务。客户关系管理所体现的策略和理念,正着眼于解决企业的这一需求。

任务一 全面了解客户关系管理

> **内容提要**
>
> 客户关系管理,就是要对客户关系的生命周期进行积极的介入和控制,以使这种关系能最大限度地帮助企业实现其所确定的经营目标。
>
> 客户关系管理的重要使命是识别有价值的客户并留住他们,其最终目标是吸引新客户、保留老客户,以及将已有客户转化为忠实客户。
>
> 客户关系管理的日常管理工作:客户信息收集、客户分类、客户维护、客户营销。
>
> 客户关系管理不仅体现为一种管理理念,亦是一种软件技术,本质上是为企业提供全方位的管理视角,赋予企业更完善的客户交流能力,并使客户收益最大化。
>
> 客户关系管理,在谋划上需要全局观念、系统思维,在行动上需要大处着眼、小处着手。

客户关系管理(Customer Relationship Management,CRM),是企业为提高核心竞争力,利用信息技术及互联网技术,协调企业与客户在销售、营销和服务上的交互,提升其管理方式,向客户提供个性化交互和服务的过程。客户关系管理的最终目标是吸引新客户、保留老客户,以及将已有客户转化为忠实客户。

一、客户关系管理的推动因素

在以信息技术为重要特征的数字经济时代,"客户"取代传统的土地、设备、资金、品牌等要素,成为企业最重要的资产,企业生存的方式也由此发生了巨大变化。企业、客户及公众等不同市场主体利益冲突的加剧,是客户关系管理产生的根本原因。

1. 企业评估方式的改变

在传统的产品经济时代,人们评价一个企业的竞争实力,主要考察以下几个指标:
- 固定资产;
- 流动资产;
- 债务;
- 存货总值;
- 信誉、品牌和产品;
- 季度、半年度和年度业绩。

如果用这些指标来考察腾讯、百度、阿里巴巴等在新经济时代大放异彩的企业,人们很难解释:这些企业是如何在如此短暂的时间内,创造了如此让人震惊的市场价值?显然,不可能是市场机制出了问题,而是人们对市场问题的解释没有切中事物运行的内在规律。

在数字经济时代,企业生存发展的方式发生了深刻变化。以客户为中心的经营理念,日益成为商业社会的不二法则。人们发现，对企业经营实力的评价，必须转为以客户为核心的评价模式，这一新的模式主要包括以下内容：
- 客户的数量；
- 客户价值的度量；
- 为客户支持的额度；
- 客户的资料；
- 所预测的客户的终身价值；
- 目标客户的参照基准。

新的评价模式特别强调企业对现有客户未来价值和利润率的分析能力，企业发现符合最佳客户标准的新客户的能力。由此可见，腾讯、百度等企业的成功，在于其经营客户资产的成功，是客户的现实价值及未来价值而不是传统的财务资产，为企业带来了巨大的财富。

信息化浪潮的冲击，不只是为互联网企业的生存打通了一条全新的发展道路。因为，在信息技术无孔不入的今天，每一家传统企业，都将面临网络化生存的挑战。

2．客户的知识飞速增长

互联网的快速发展，让客户的知识飞速增长。客户通过互联网和专业社区等多种渠道，可以轻易地获得他们所需要的产品及服务知识。每一位客户，都可能成为某一领域的专家；客户的知识，很容易就能比一线员工的知识丰富。客户对产品或服务的期望值与实际提供的质量之间的差距越来越小。

另外，无孔不入的各类媒体，使今天的客户更为"深思熟虑"，而非盲目消费。互联网使一些产品的定价，在全球范围内变得更为透明。诸如此类，都让客户有足够的能力，去分析企业及其竞争对手所提供的产品的优劣势，并在无须告知的情况下，便能独立地做出自己的决定。这一切，都使得传统商务活动中商家逐渐丧失对销售环节的控制权和主导权。

3．客户的期望值不断提高

客户的时间有限，但他们面临来自四面八方的竞争性报价的诱惑。仅让他们感到满意，并不能保证他们会再次光临，这只是留住客户的因素之一。各行各业，从电、燃气、通信等公共事业，到银行、保险等金融服务行业，再到文化用品、日用品等，客户改换供应商，变得更为轻而易举，且毫发无损。

日益发达的网络媒体、传呼中心、移动通信、零售渠道、网络购物、电视购物等，可以每天24小时、随时随地地满足客户的需求，并异常迅速地完成产品的交付。今天的客户要求得到更完整、多渠道的服务，这一愿望比以往任何时期都更强烈，甚至希望更好地参与产品的设计、生产与提供过程。

4．客户变得更独立、更强大

传统的经济理论和商业策略所针对的客户正在发生变化。客户关系管理提供了了解过去、现在和未来客户的框架，其主要的变化趋势有以下几点。

（1）信息技术的普及，使客户对工作环境的适应能力不断增强。

（2）家庭结构正在发生深刻变化，传统的家庭单位模式正在发生改变。

（3）全球化加剧，人们对产品的选择余地不断扩大。

（4）目标客户群体的分类更细，独立性更强。

（5）生活中的大事取代了生活的阶段。基于儿童、青少年、成年人、老年人和退休人员等进行类别划分已经不够，而客户生活中的大事对企业更具商业价值。例如：个人消费者上大学、获得学位、获得第一份工作、被裁员、升职、结婚、生子、离婚、再婚和退休等；企业客户公司开业、进入市场前三名、发行证券、收购、转让股份、更换CEO或高层领导等。这些客户生命周期中的每一件大事，都将给产品供应商带来不同的商业机会。

在上述诸多因素的推动下，某些精明的客户，随时会由于特别的奖励措施和报价，从一个供应商转向另一个供应商。这会让企业产生错觉，似乎这些客户符合公司力图赢取的客户的标准，而事实的真相是，这些客户不会为企业带来任何利润，因为他们不是企业的长期客户，无法给企业的投资带来回报。这使企业的客户价值分析能力、忠诚客户识别能力变得非常关键。

5．企业运营面临全新挑战

人类从事商业活动已经有数千年历史，随着信息技术对各行各业的渗透，企业正面临有史以来最大的一次商业革命。对于提供产品的商家而言，他们都将毫无例外地面临以下的问题和挑战：

- ◇ 客户的未来价值，成为评估企业价值的关键因素；
- ◇ 传统的营销模式，对某些产品和服务不再适用；
- ◇ 每个客户都是不同的，服务的标准必须因人而异，而且这一标准将取决于客户对企业目前和未来的价值；
- ◇ 对企业而言，有价值的客户的要求和期望，才是推动企业决策和投资的关键因素；
- ◇ 了解某个客户对企业有价值的原因，以及他们被赢取的特征，成为企业的主要努力方向；
- ◇ 成功的企业会开发支持最佳客户的流程以提供价值，而不一定是产品和渠道。

总之，企业要在复杂多变的市场环境中立于不败之地，就必须充分利用最新的信息技术手段应对挑战，从企业层面构建客户关系管理系统。这将成为所有企业的首要选择。

二、客户关系管理的基本内涵

管理是指对资源的控制和分配，以实现特定主体所确定的目标。客户关系管理，就是要对客户关系的生命周期进行积极的介入和控制，以使这种关系能最大限度地帮助企业实现其所确定的经营目标。因此，企业一方面要积极地管理客户关系，另一方面还要区别对待具有不同潜在回报率的客户。

客户关系管理不仅体现为一种商业理念，亦是一种软件技术。其核心在于为企业提供一个全面的管理视角，增强企业与客户互动的能力，并最大化客户价值。以客户为中心的管理理念是客户关系管理实施的基础。

1．客户关系管理的基本理念

1）客户资源是企业最重要的资产

客户资源是一个企业最终实现交易并获得现金收入的唯一入口，是实现企业利润的唯一来源。企业如果没有客户资源，其产品就不能实现交换，服务也无法交付，那么企业的一切活动都将毫无意义。所以，以客户为中心是客户关系管理的最高原则。

2）培育客户忠诚是企业实施客户关系管理的根本目标

客户忠诚是指客户在未来一贯地、重复地购买偏好的产品，且不会因市场态势的变化或竞争性产品营销努力的吸引而产生转移行为。客户忠诚是企业取得竞争优势的源泉。

3）客户关系具有生命周期

一个完整的客户关系生命周期包括关系建立、关系发展、关系维持、关系破裂4个阶段。同时，客户关系的发展阶段具有不可逾越性。

4）客户关系管理的重要使命是识别有价值的客户并留住他们

并不是每个客户都具有同样的价值。因此，识别有价值的客户是客户关系管理的首要任务。识别出有价值的客户以后，如何留住他们，并实现他们对企业价值的最大化，这是客户关系管理的重要使命。

5）客户全生命周期利润是客户价值判别的主要依据

企业在与某一具体客户保持交易关系的全过程中所获得的全部利润的现值，构成了客户的全生命周期利润。对于现有客户，客户全生命周期利润主要由客户当前价值和客户增值潜力两部分构成。

（1）客户当前价值，是指假定客户现行购买行为模式保持不变，客户未来可为企业创造的利润的总和，属于根据客户关系的当前状态做出的对客户未来利润的一种保守估计。

（2）客户增值潜力，是指假定企业采用更积极的客户关系管理策略，使客户购买行为模式向着有利于增大企业利润方向发展时，客户未来可为企业增加的利润的总和。

6）客户关系管理软件是实施客户关系管理的支持平台

客户关系管理是一种先进的管理模式，其实施要取得成功，必须有强大的技术和工具的支持。客户关系管理软件是实施客户关系管理必不可少的一套技术和工具的集成，它基于网络、通信、数据库等信息技术，能实现企业前台和后台不同职能部门的无缝链接。

2．客户关系管理系统的主要种类

按照目前市场上流行的功能分类法，客户关系管理系统可以分为操作型、分析型、协作型三种类型。

1）操作型客户关系管理系统

通过基于角色的关系管理工作平台，可实现员工的授权和个性化设置，使前台交互系统与后台订单系统实现无缝链接，并与所有客户交互活动同步。这种系统设计的目的，是让企业各部门的业务人员在日常工作中能够共享客户资源，减少信息流动的滞后性，从而把企业变成一个单一的"虚拟个人"呈现在客户面前，使企业作为一个统一的信息平台面对客户。当客户与企业做生意时，尽管可能会与不同的部门打交道，却能像与一个（而不是多个）好朋友做生意一样，会始终如一并前后呼应，从而大大减少客户在与企业的接触过程中产生的种种不协调。

2）分析型客户关系管理系统

采用分析型客户关系管理系统的企业不需要直接与客户打交道，而是从操作型客户关系管理系统所产生的大量交易数据中提取各种有价值的信息，如产品销售情况等，并对将来的销售趋势做出必要的预测，从而为企业的经营决策提供可靠的量化的依据。

该类系统属于一种企业决策支持工具，它主要利用数据仓库、数据挖掘等计算机技术进行设计，将完整的、可靠的数据转化为有用的信息，再将信息转化为知识，进而为整个企业提供策略上和技术上的商业决策，为客户服务和新产品研发提供准确的依据，使企业能够把有限的资源集中服务于所选择的有效的客户群体，并与这些客户保持有效益的长期合作关系。

3）协作型客户关系管理系统

借助于协作型客户关系管理系统，企业客服人员可与客户一起完成某项活动。由于该类系统要满足企业员工和客户一起完成某项任务的要求，所以具有访问速度快、处理时间短等特点。

该类系统目前主要由呼叫中心、客户多渠道联络中心、帮助台及自助服务帮助导航等部分组成。具有多媒体、多渠道整合能力的客户联络中心是协作型客户关系管理系统的发展趋势，其作用是提供最新的交换技术，使客户在任何时间、任何地点，均可通过方便的渠道了解相应的产品。

3. 客户关系管理的认识误区

人们对客户关系管理的认识误区主要包括以下几个方面。

1）认为客户关系管理只是一种软件或技术工具

很多人将客户关系管理视为一种软件或技术工具，只注重其技术方面，如数据收集和管理，而忽视了其核心理念和战略目标。这种误区会导致企业仅仅停留在数据层面，而忽视了客户关系管理在提升客户体验、建立长期关系和增加客户价值方面的作用。

2）认为客户关系管理就是记录客户信息

一些人认为客户关系管理就是记录客户的基本信息，如姓名、地址、联系方式等。然而，客户关系管理不仅仅是记录信息，更重要的是利用这些信息进行分析和洞察，以便更好地理解客户需求、市场趋势和竞争态势，从而优化客户体验和提升客户满意度。

3）认为实施客户关系管理需要大投入

一些人认为实施客户关系管理需要大量投入，包括人力、财力和技术资源等。然而，客户关系管理并不一定需要大规模的投入，企业可以根据自身的实际情况选择合适的方式和策略，从小规模开始逐步推进。

4）认为客户关系管理是销售部门的任务

一些人认为客户关系管理是销售部门的任务，与其他部门无关。然而，客户关系管理是一个涉及企业全员的战略，需要各个部门协同合作，才能实现最佳效果。企业的所有员工都应该意识到客户关系管理的重要性，并参与到实践中。

5）认为有了客户关系管理就能增加客户数量

一些人认为实施客户关系管理就能增加客户数量，而忽视了其他因素的影响。实际上，客户关系管理的实施需要与企业的市场定位、产品和服务质量、营销策略等相匹配，才能实现最佳效果。

人们对客户关系管理的认识误区主要集中在对其概念、实施方式和作用的误解上。为了成功实施客户关系管理，企业需要明确其核心理念和战略目标，制定合适的策略和方案，并确保全员参与和协同合作。

三、客户关系管理的日常管理工作

客户关系管理的应用实践中，除信息技术的运用外，还应该切实改变企业日常的管理工作，为改善企业的客户关系做出积极努力。不同的客户关系管理系统，尽管功能特点有所不同，但日常管理的工作步骤基本一致，主要包括信息收集、客户分类、客户维护、客户营销这四个阶段，如图 6-1 所示。

信息收集 → 客户分类 → 客户维护 → 客户营销

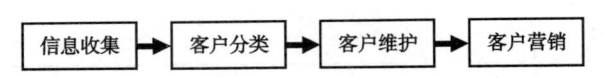

图 6-1　客户关系管理的日常管理工作

阶段一　信息收集：识别你的客户

- 将更多的客户输入到数据库中；
- 收集客户的有关信息；
- 验证并更新客户信息，删除过时信息。

阶段二　客户分类：对客户进行差异分析

- 识别企业的"金牌"客户；
- 哪些客户导致了企业成本的发生；
- 企业本年度最想和哪些企业建立商业关系？选出几个这样的企业；
- 上年度有哪些大宗客户对企业的产品或服务多次提出了抱怨，列出这些企业客户；
- 上年最大的客户是否今年也订了不少的产品？找出这个客户；
- 是否有些客户从你的企业只订购一两种产品，却会从其他企业订购很多种产品；

- 根据客户对于本企业的价值（如市场花费、销售收入、与本企业有业务交往的年限等），把客户分为 A、B、C 三类。

阶段三　客户维护：与客户保持良性接触

- 给自己的客户联系部门打电话，看得到问题答案的难易程度如何；
- 给竞争对手的客户联系部门打电话，比较服务水平的不同；
- 把客户打来的电话看作一次销售机会；
- 测试客户服务中心的自动语音系统的质量；
- 对企业内记录的客户信息进行跟踪；
- 哪些客户给企业带来了更高的价值？与他们更主动地对话；
- 通过信息技术的应用，使得客户与企业的交易更加方便；
- 改善对客户抱怨的处理。

阶段四　客户营销：调整产品以满足每个客户的需求

- 改进客户服务过程中的纸面工作，节省客户时间，节约公司成本；
- 使发给客户的邮件更加个性化；
- 替客户填写各种表格；
- 询问客户，他们希望以怎样的方式、怎样的频率获得企业的信息；
- 找出客户真正需要的是什么；
- 征求提供价值名列前十位的客户的意见，看企业究竟可以向这些客户提供哪些特殊的产品；
- 争取企业高层对客户关系管理工作的参与。

阅读材料 6—1

华为如何做客户关系管理

客户关系管理是什么？它是企业的一种核心能力。华为公司为什么把客户关系看得那么重？其中一个很重要的原因，是华为公司的起点特别低，它是一个真正的草根逆袭的企业。从一个贸易公司起家，一无技术，二无人才，三无资金，初期的看家法宝就是其客户关系管理能力。

任正非对于华为早期的成功有一段比较经典的话：华为的产品也许不是最好的，但这又怎么样？什么是核心竞争力？选择我而没有选择你就是因为我的核心竞争力。这一句话看上去简单，做起来很难。为什么选择华为？因为华为的服务做得好，当其他公司一个地市只有一名售后服务人员时，华为能够做到一个县配 2~3 人。

配这么多人是为了能够做到随叫随到，当然也因为当时的产品质量问题多。但这种主动服务、主动为客户解决问题的意识，是其他公司所不具备的。如一些西方公司非常傲慢和对产品高度自信，也基于其产品质量比较高，即使客户遇到问题，基本上是不会操作的问题，而产品质量的问题较少，但这样持续下去，华为和西方公司给客户留下的印象就截然相反，客户从而慢慢地对华为产生了好感和信任，慢慢地疏远了这些西方公司。

华为客户关系管理能力的构建，并非一开始就有一个完整的体系，其也是从工具方法层面先构建点，来支撑个体的单兵作战以及小团队的作战。在这个期间，华为找到了三个好师傅。

第一个是跟标杆学习，主要对标的是 IBM，跟 IBM 学习了 14 年，很多模型、工具与方法，都是跟 IBM 学的；其他还有，向美国军队学习用人的理念，向衡水中学学习激励团队的士气，向 OPPO/VIVO 学习他们的销售和售后服务，向海底捞学习他们的服务意识，等等。

第二个是跟对手学，主要是跟爱立信学，比如其客户经理的岗位职责设置。当客户抱怨说，人家西方公司什么什么好，怎么怎么做时，华为人是怎么做的呢？就是赔上笑脸，虚心接受，并向客户问清楚到底西方公司是怎么做的，从而向他们学习。华为不断地从优秀对手那里学习先进的经验，来弥补自己的短板。

第三个是跟自己学，也就是说善于总结，任正非经常拿"蜘蛛结网"来强调总结的重要性。华为的客户关系管理中凝聚了大量华为的自身实践。

一个企业最大的浪费是经验的浪费。其实每个企业都有很多优秀的人，有很多优秀的做法，但这些人的经验都存在自己的脑子里面，没有留下来，这是很可惜的。他们的经验如果不能传承下来，当这些人离开了企业以后，企业未来应该怎么走？所以要把这些人的经验通过案例，通过一些项目运作，不断地总结萃取，把它们固化到流程里，企业实力就逐渐强化起来了。

后来华为启动 CRM 变革项目群，对客户关系管理进行了增强，才使其成为一个完整的管理体系。

（资料来源：知乎．三豪商学院：华为如何做客户关系管理）

技能训练 6-1

客户关系管理影响因素分析

请选择一家你比较熟悉的传统制造类企业，研究其客户关系管理的推动因素，并与腾讯公司面临的变化进行对比分析，将分析结论填入表 6-1。

表 6-1　客户关系管理影响因素分析

分析项目	企　业	腾讯公司	备　注
评估企业的主要方式			
企业客户知识与管理能力方面的变化态势			
客户对产品的期望值的变化			
客户对产品的掌控能力			
未来面临的主要问题			

续表

分析项目	企　　业	腾 讯 公 司	备　注
企业最佳客户标准			
企业最应该放弃的客户			
企业客户关系的维护策略			
企业客户关系管理系统类型的选择			
分析结论			

任务二　客户关系管理系统的开发与实施

内容提要

在客户关系管理系统框架中，业务经营是围绕客户而非产品组织的，客户从任何服务窗口（网站、门店、电视等）都将获得一致的资讯。

一个完整的客户关系管理系统框架主要包括分析客户的期望、计算客户的终身价值、与企业目标达成一致并明确策略、明确工作流程等内容。

客户关系管理系统的实施必须进行严格的项目管理，主要内容包括：项目实施前的评估、项目实施团队的组建、项目流程的实施等。

习近平总书记强调，"推动数字经济与先进制造业、现代服务业深度融合"。我们需要充分利用我国超大规模市场优势，以数字经济赋能现代服务业。

客户关系管理系统的开发是一个漫长的系统工程，其中有三个方面的问题是决定系统创建成功的关键：一是系统集成，即系统构建的基础工作；二是系统模式设计；三是创建系统程序。其中后两个问题主要由技术人员负责，而系统构建的基础工作，如客户数据库的建立、企业业务流程的重组等内容，应由企业管理人员负责统筹和规划。这部分工作是整个项目的核心内容和难点所在。

一、客户关系管理系统的基本框架

客户关系管理系统的应用，是企业级的一个系统化解决方案，是企业整体做出的承诺，它不是只限于营销管理，而是具有多功能性。在这一框架下，企业的业务经营是围绕客户而非产品组织的，客户从任何服务窗口（网站、门店、电视等）都将获得一致的资讯，这对客户服务技术的应用提出了挑战。

在进行企业客户关系管理系统设计之前，需要评估企业的业务目标和当前企业的实际情况，找到需要重点改进的领域，判断可能的投入产出比；同时，应对当前的客户管理方法、客户沟通渠道、客户关系模式、企业组织结构、IT 设施等进行必要的诊断。对企业目标的深入理解，以及对其他企业客户关系管理方案的了解，将有助于企业发现自身需要提高的领域。

为了制定有效的客户关系管理策略，全盘了解企业状况和客户需求至关重要。一个完整的客户关系管理系统框架应包括以下七个部分：

- ◇ 分析客户的期望值；
- ◇ 计算客户的终身价值；
- ◇ 与企业目标达成一致并明确策略；
- ◇ 明确工作流程；
- ◇ 对技术进行规划；
- ◇ 确定营销策略；
- ◇ 建立一支完整的、功能全面的团队。

1. 分析客户的期望

在信息社会，客户的期望迅速提升。对于企业而言，一个高效的客户关系管理系统平台，其核心任务便是精准满足客户的六大关键需求。一旦这些需求得到妥善满足，企业的客户关系管理将达到一个理想的水平。因此，客户关系管理系统所面临的挑战在于如何精准把握并满足客户的这些关键需求。客户的六大关键需求如图 6-2 所示。

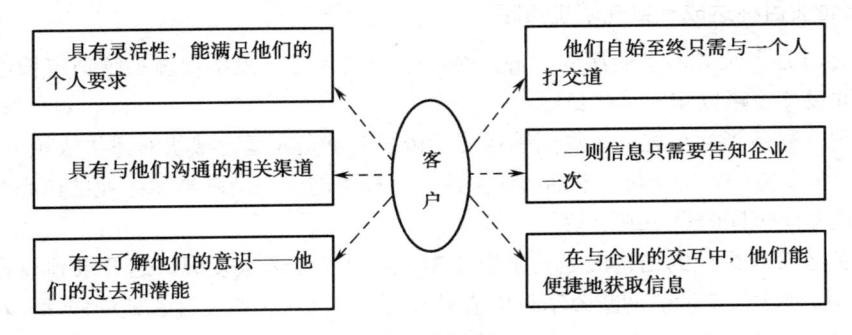

图 6-2 客户的六大关键需求

2. 计算客户的终身价值

满足客户需求往往会增加企业成本，因为满足客户需求需要更多的优秀员工、先进技术、增强的服务支持、更迅速的反馈等。然而，很少有企业有足够的实力或必要性去为所有客户提供令其完全满意的服务。因此，企业在实施客户关系管理时，需要权衡成本与收益，选择性地满足那些对企业发展至关重要的客户需求。

为了实现利润最大化，企业需要根据客户的价值对其进行区分，并优先满足最有价值客户的需求。前提是企业能够有效估算每位客户的终身价值，因为并非所有客户都能给企业带来盈利。计算客户终身价值是制定客户关系管理策略的关键所在。有了这一基础，企业才能在以下四个关键领域进行周密规划。

- 企业应为谁服务？
- 企业应怎样为他们服务？
- 企业的投资回报是什么？
- 哪些是企业不愿再为其提供服务的客户？

要计算客户的终身价值，需分析并预测客户在其生命周期内可能与企业共同经历的所有重要事件及其结果。具体步骤包括：首先识别客户生命周期中的每个关键事件，然后评估这些事件的盈利和成本，进而计算这些事件在未来发生的概率，并据此建立盈利与损失的预测模型。客户生命周期模型如图 6-3 所示。

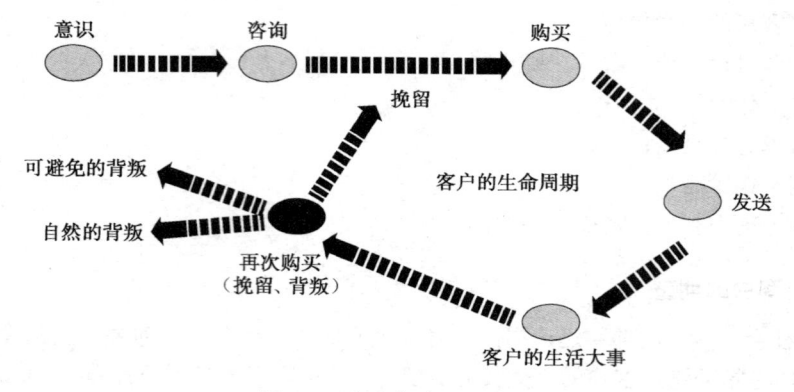

图 6-3　客户生命周期模型

3．与企业目标达成一致并明确策略

若缺乏对客户及其需求的深入理解，企业便无法为客户关系管理系统制定长远规划或明确目标，并设计策略以实现这些目标。

监控现有财务指标与规划愿景同等重要。传统上，企业运营现状的评估依赖于每股收益、市场份额、年度增长率等指标，然而，这些评估指标可能无法清晰展示企业的核心竞争力，并且可能导致偏向短期的策略或决策。

客户关系管理系统的结构应当基于当前需求同时预见未来发展。这要求领导者具备前瞻性，能够为系统注入持续的创新改革与价值提升动力，确保企业实现长期的成功。若仅追求短期效益而忽视领导者的关键作用，客户关系管理策略注定无法取得真正的成功。

客户的价值和目标是企业进行客户关系管理系统规划的核心，这将引导企业采取更具战略性的方法来制定愿景、确立目标并明确实施策略。要有效地规划客户关系管理系统的愿景，需要先回答以下问题。

（1）企业关注的客户群有哪些？怎样提升这些客户群的价值和利润？如何摆脱给企业造成损失的客户群？

（2）哪些产品给企业带来了最有价值的客户？

（3）在产品的生产和定价、渠道运作和选择、销售服务和营销过程中，企业的哪些策略既能满足客户的需求，又能为企业创造利润？企业应如何进行自身调整，才能将满足客户需求目标的服务与实现企业盈利的目的联系起来？

4．明确工作流程

有了清晰的客户关系管理系统规划，并确立了以客户为中心的目标和策略之后，企业还必须把商业流程与客户关系管理系统合为一体。

以客户为中心，就是要围绕客户设计一个高效的流程，以达到预想的结果。为此，企业应逐一回答以下问题。

（1）企业需要什么样的流程？现有的流程如何？企业将会做出怎样的改革？企业需要发展什么？巩固和增加企业最有价值的客户，企业需要付出什么代价？

（2）怎样才能使这些流程与企业的客户关系管理系统无缝衔接？

（3）怎样才能知道客户对于整个企业的总价值？客户关系管理系统应该对此提供什么样的支持？

（4）怎样才能从以产品为中心的模式转向以客户为中心的模式？

5．对技术的规划

从传统管理的视角来看，客户常常需要与企业内部多个独立的技术部门进行互动，这导致了重复的工作、不一致的客户体验，以及相互冲突的客户关系管理手段。传统客户沟通模式的技术模型如图6-4所示。相比之下，客户关系管理系统采取的策略是通过技术将所有客户互动集中管理，以提供一致的客户体验，并帮助企业实现最大的经济效益。客户关系管理系统下的客户沟通模式的技术模型如图6-5所示。

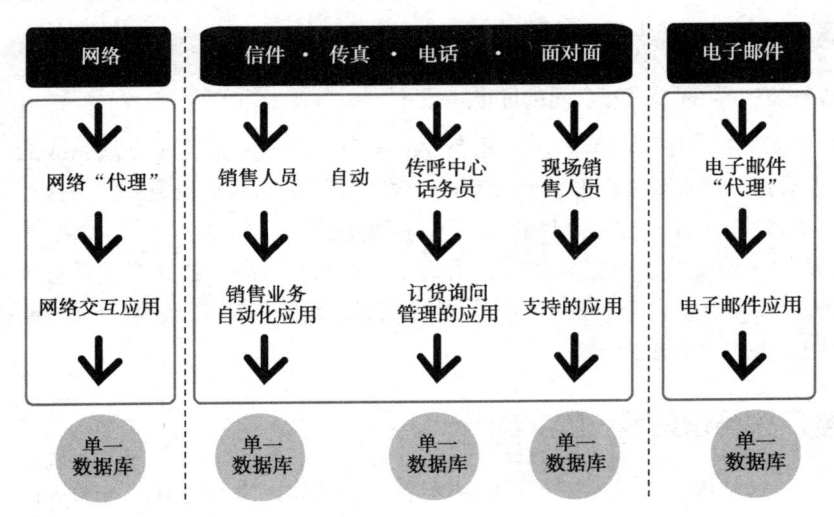

图6-4　传统客户沟通模式的技术模型

6．确定营销策略

今天，客户有条件通过不同的媒介渠道（如传呼中心、网络、移动电话、邮件、交互电视等）与企业进行对话。利用这些渠道，把握时机与特定的客户进行沟通是客户关系管理系统规划的关键。

通过关系营销加强与客户的联系，能够帮助客户关系管理系统实现以下功能：

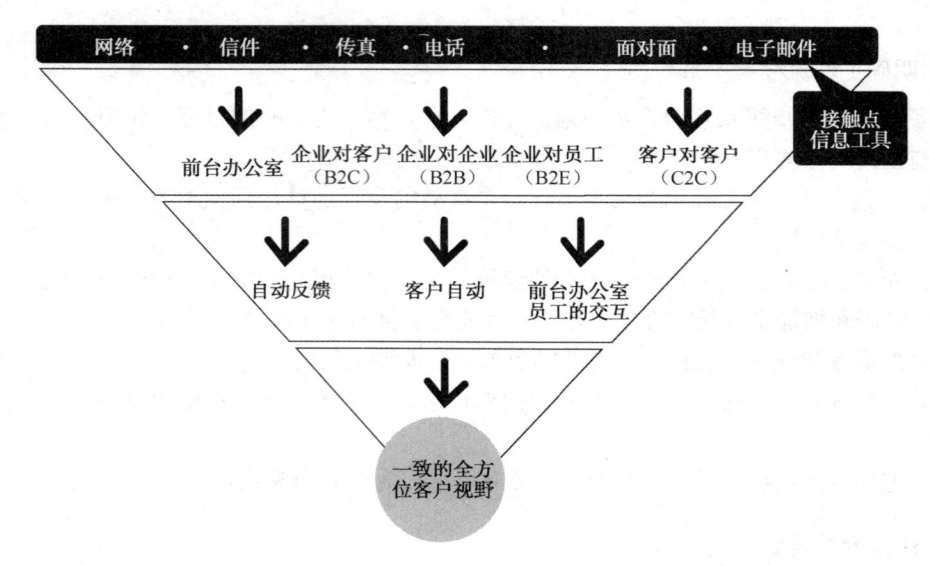

图 6-5 客户关系管理系统下的客户沟通模式的技术模型

- 获得一致的客户信息；
- 把特定的信息传达给特定类型的客户；
- 使用多渠道的反馈方式；
- 为最有价值的客户提供最大力度的支持服务；
- 对客户利润做出初步评价。

7．建立一支完整的、功能全面的团队

客户关系管理是一种商业策略，单凭企业的某个人或某个部门是无法完成的。此外，客户通常将企业看成一个整体，而非彼此分割的个体。从营销和客户服务到业务执行和高效的辅助服务技术，客户与企业打交道的体验会受多方面的影响。

因此，从一开始就组建一支多功能的团队，规划和执行统一的客户关系管理策略至关重要。这支团队应该拥有来自企业各个部门的最佳代表。此外，获得能够解释该策略的首席执行官（CEO）的支持也十分重要。

二、客户关系管理系统的实施

企业需要整体把握客户关系管理系统的所有实施活动，以利于开发一系列的商业和技术策略。如果客户关系管理系统项目实施不当，不仅会给企业造成经济上的损失，而且会给企业的经营造成严重的影响，甚至导致企业经营的崩溃。作为典型的高风险项目，客户关系管理系统的实施必须进行严格的项目管理。客户关系管理系统的项目管理内容非常丰富，通常可以分为以下三个方面。

1．项目实施前的评估

企业在实施客户关系管理系统项目之前，应该对企业现有的管理基础进行一次全面的评估，以确定客户关系管理系统项目的实施是否已经准备充分。对企业的评估具体可以从以下

几个方面进行。

1）客户关系管理系统项目资金是否已经到位

如果仅仅把客户关系管理系统停留在构想层面，那么即使做出了一个完美的客户关系管理系统的整体规划也毫无意义。为了确保客户关系管理系统项目的顺利实施，不同实施阶段的资金都已经到位是一个基本前提。

2）是否确定了企业的客户关系管理战略及相应的战略目标和战略实施计划

这一点主要检验企业对建立客户关系管理系统是否具有一个总体的长远规划，并已经将其作为客户关系管理系统的实施方向。所有具体的客户关系管理系统项目必须与企业的客户关系管理战略相一致。只有确立了实施客户关系管理的战略计划，才能确保不同阶段的客户关系管理系统项目的有效衔接。

3）项目经理是否已经对实施步骤胸有成竹

项目经理的工作角色，体现在定义并确认客户关系管理系统的需求、管理项目的执行、协助定义系统成功的标准等方面。项目经理应及时向企业高层汇报项目的进展情况。

4）项目团队是否已经定义好了企业的客户关系管理需求

分析客户关系管理需求对之后的项目实施工作及项目所实现的功能至关重要。对于客户关系管理的需求分析，需要项目团队和企业领导层与企业最终的客户关系管理用户共同完成。

5）是否已经建立了对客户关系管理系统项目是否成功的评价标准

企业如何评价客户关系管理系统项目是否成功，这一点非常重要。企业应该建立一套评价客户关系管理系统项目是否成功的标准，作为企业对客户关系管理系统项目进行评价的依据。

6）企业所有部门对"客户"的定义是否一致

在实施客户关系管理系统项目之前，应该对客户和其他一些关键术语进行统一的定义，不能出现不同部门对客户的定义不一致的情况，这样才可能最终实现统一的客户信息管理。

7）企业是否已经确定哪些应用软件或系统必须与客户关系管理系统进行集成

企业在选择客户关系管理系统软件时，应充分考虑所选择的系统软件能否与企业其他系统软件进行集成，并应确保系统之间的集成性。

2．项目实施团队的组建

1）项目实施团队的构成

项目实施团队的构成主要有项目委员会、项目经理、技术组成员、业务组成员、培训组成员和质量监督委员会等。

2）对项目经理的要求

（1）个性因素。项目经理个性方面的素质，主要体现在他与组织中的其他人在交往的过程中所表现出来的理解力和行为方式方面。优秀的项目经理能够有效地理解项目中其他人的需求和动机，并具有良好的沟通能力。同时，优秀的项目经理能够根据实际情况适时地转变观念，积极灵活地应对在项目实施过程中遇到的问题。

（2）管理技能。项目经理应该将项目看成一个整体，充分认识客户关系管理系统项目各部分之间的联系和制约条件，以及项目与企业组织结构之间的关系。只有对企业的总体战略和客户关系管理系统项目有清楚的洞察力，项目经理才能制订明确的目标和合理的计划。

（3）技术技能。由于客户关系管理是一种新兴的管理思想和管理方法，可以借鉴的经验非常有限，这对项目经理而言是一个巨大的挑战。因此，项目经理除要根据自己所掌握的客户关系管理技术对所遇到的问题做出判断外，还需要与项目小组的其他成员进行讨论，互相学习，共同解决所遇到的新问题。

3．项目实施流程

（1）分析与规范：进行综合性的需求分析，确定系统规划。

（2）项目计划的制订和管理：除了制订和管理项目计划，还包括组建和培训项目实施团队。

（3）系统配置与定制：根据企业自身的具体商业需求，重新配置和定制客户关系管理系统软件，并进行必要的员工培训。

（4）安装、兼容测试及系统重复运行：企业员工在此阶段熟悉并能安装系统各个方面的程序，同时在反复运行的基础上对系统进行必要的修改。

（5）主导系统和质量保证的测试：主导系统是一个可重复运行的完美原型，开始应先与规模较小的用户进行合作，并在此过程中对新系统进行进一步的测试。

（6）最后的实施与推广：准备一份项目实施指南，简单列出实施过程中必须完成的各项任务，并对所有用户进行正规培训。

（7）持续支持：配备专门的系统管理员，让系统管理员从计划阶段就开始接触客户关系管理系统，并让供应商提供综合性的支持计划，以支持内部工作组的工作。

技能训练 6-2

客户关系管理系统基本框架分析

分析技能训练 6-1 所选择企业的客户关系管理系统基本框架，将其与腾讯公司的进行对比分析，并将分析结论填入表 6-2。

表 6-2 客户关系管理系统基本框架分析

规划项目	企业	腾讯公司	备注
企业最佳客户的期望值			

续表

规划项目	企　业	腾讯公司	备　注
客户生活中的主要大事			
客户终身价值的计算			
哪些产品能带来最佳客户			
如何将特定信息传递给最佳客户			
可为最佳客户提供哪些增值服务			
分析结论			

任务三　客户运营平台的应用

课堂游戏

内容提要

客户运营平台构建于大数据分析之上，可帮助商家识别不同价值人群，并通过精细化且有效的触达和营销服务，实现消费者的可识别、可洞察、可营销、可服务，最终实现运营效率的提升。

客户运营平台的功能：提升消费者运营效率、消费者全链路触达、拉升消费者终身价值。

客户运营指数=访客运营指数+粉丝运营指数+会员运营指数+成交客户运营指数；该指标是对企业的客户维护和运营整体质量的评判。

关注技术进步，拥抱数智时代。信息技术和数智工具的加持，将为客服效率的提升添加腾飞的双翼。

客户运营平台，是企业基于用户画像开展一系列运营动作的产品后台，它承载了企业在店铺私域的分人群运营及会员运营职责，提供了一套从了解会员、管理会员到运营会员的完整解决方案，帮助企业通过运营客户实现更大的经济价值。下面以淘宝网为例，介绍其在线客户运营平台的主要功能及应用，以下简称"客户运营平台"。

一、客户运营平台的介绍

1. 客户运营平台概述

淘宝的客户运营平台是基于阿里大数据为商家提供客户全生命周期管理的智能化客户关系管理平台。客户运营平台基于阿里大数据运营的能力，帮助商家识别不同价值人群，并通过精细化的有效触达和营销服务，实现消费者的可识别、可洞察、可营销、可服务，最终实现运营效率的提升。自 2017 年 3 月 30 日起，客户运营平台全新升级亮相，原"会员关系管理"全面升级为"客户运营平台"，开启了人群运营新时代！

新的客户运营平台除了包含原来官方会员关系管理（ECRM）的所有功能，还有更多、更强大的人群触达和运营能力。客户运营平台有官方版和定制版两个版本，其中官方版可以免费提供基本的消费者管理及分析、智能店铺及场景营销和基本的等级管理。不同版本客户运营平台的功能区别如图 6-6 所示。

不同版本产品满足品牌不同的业务需求

官方版 客户运营平台
Ⅰ．基本的消费者管理及分析
Ⅱ．智能店铺及场景营销
Ⅲ．基本的等级管理

定制版 客户运营平台
Ⅰ．自定义人群及分析
Ⅱ．自由创建的营销策略及场景管理
Ⅲ．灵活的等级积分管理
Ⅳ．丰富的三方互动及会员中心

会员通
Ⅰ．可基于官方或开放，依据是否有打通需求选择全渠道模块

功能模块	功能项	官方版	定制版	
客户管理	客户管理	✓		✓
	客户分群	少量标签	全量阿里大数据标签，智能分群	✓
	客户分析	✓		✓
	自定义客户分群		预置人群、智能推荐	✓
	自定义客户分析		人群店内流转分析	✓
营销管理	智能店铺		支持千人千面的策略制定	✓
	场景营销	固定时间	时间/人群都可自定义；个性化营销场景	✓
	效果分析	✓		
	主动营销引擎（自定义场景）		支持对非已购的会员做主动营销	
	自定义效果分析		从到店、询单、收藏加购、购买全链路分析	✓
忠诚度管理	等级管理	不能降级	灵活等级设置、升降级规则	
	积分管理		个性化积分互动玩法	
互动管理	官方会员中心	固定格式		
	自定义会员中心		自定义装修和丰富的会员权益、关怀等	✓
	三方互动玩法	少量玩法	丰富的三方玩法	✓
全渠道模块（会员通）	忠诚度系统		打通品牌自有CRM系统	✓
	全渠道会员识别		线上线下等级、积分同步	✓
	权益同步			✓

图 6-6　不同版本客户运营平台的功能区别

2．客户运营平台的功能

客户运营平台满足商家在自有阵地上的消费者运营效率提升，可提升消费者全链路触达能力（店铺、详情、消息盒子、短信应用等），帮助商家持续提升消费者终身价值。具体而言，该平台主要包括七大产品功能，如图 6-7 所示。

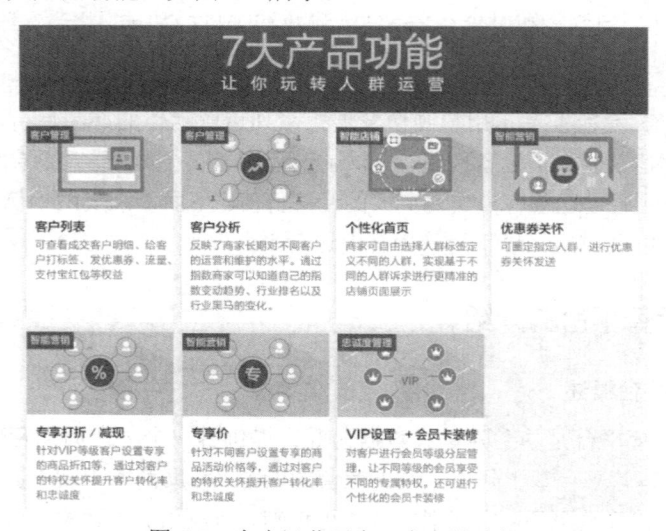

图 6-7　客户运营平台 7 大产品功能

3. 客户运营平台的订购和进入

进入淘宝官方的卖家服务市场，在搜索框输入"客户运营平台"，找到要订购的服务，目前此服务对所有卖家免费开放，订购期限为一年。

二、客户运营平台的使用

1. 客户运营平台账号授权

客户运营平台部分功能的操作需要店铺主账号对子账号授权后，子账号才能操作。

授权操作方式：登录卖家中心——子账号管理，进行授权配置。

目前客户运营平台涉及授权的功能有客户管理、修改会员、删除会员等，如图6-8所示。

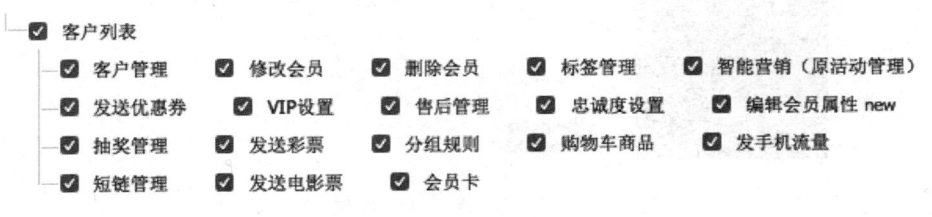

图6-8　客户运营平台涉及授权的功能

2. 客户管理

登录客户运营平台后，在"客户管理"功能列表中，可以看到"客户列表""客户分群""客户分析"三大子功能。

（1）客户列表。在"客户列表"功能里，首先可以看到所有客户分为成交客户、未成交客户和询单客户三类；也可以根据某项标签如交易金额、时间、笔数、会员级别、地区等进行客户搜索筛选，如图6-9所示。

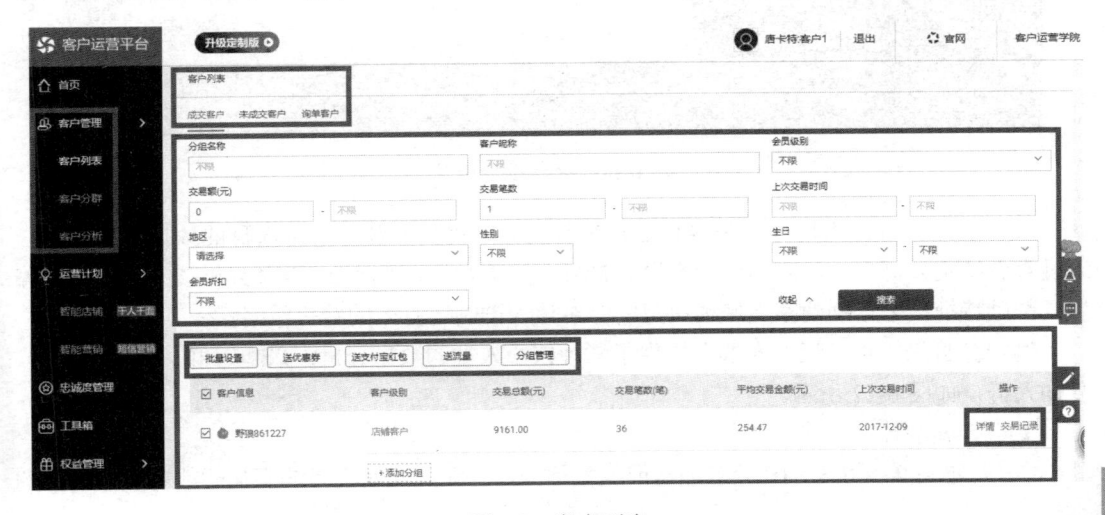

图6-9　客户列表

搜索结果每页显示20条，可以选择勾选所有筛选出来的人进行优惠券、支付宝红包、流量的发放（如果筛选出来的人数众多，建议卖家再次缩小范围，精准投放）。如果是发送优惠券，在弹出来的窗口中选择优惠券模板，单击"确定"即可发送成功（请注意：优惠券每天发送总量16 000张，每次最大量发送1 000张）。发送成功之后，消费者的卡券包会立即收到优惠券和红包等。可以在客户列表里查看客户详情和交易记录，对客户进行分组管理和批量设置，具体操作如图6-10和图6-11所示。

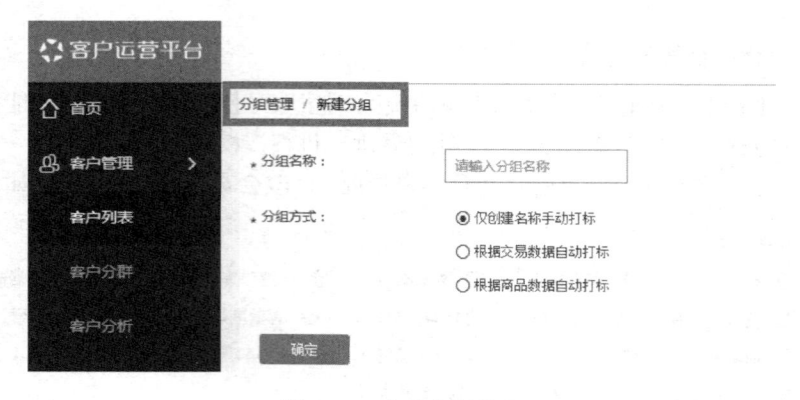

图6-10 客户分组管理

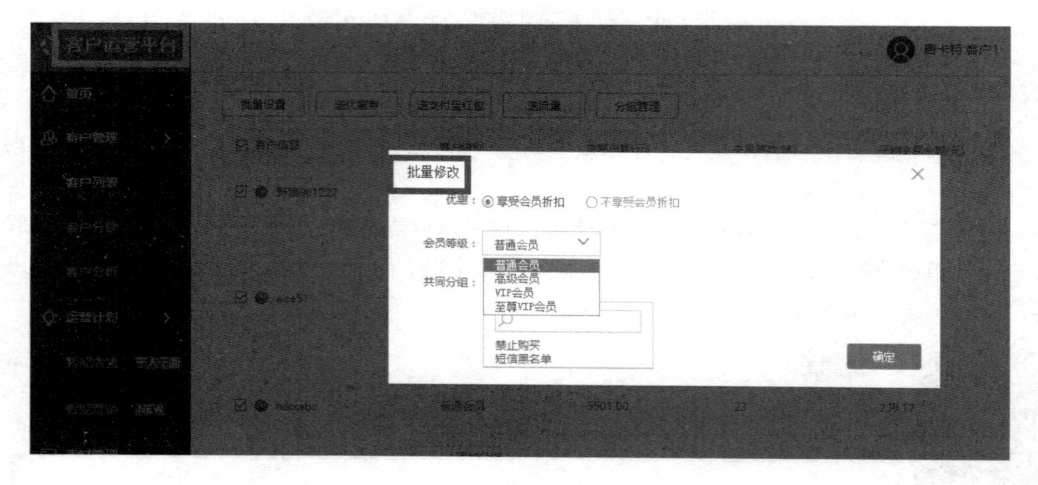

图6-11 客户批量设置

（2）客户分群。人群分析是客户运营平台为商家提供的基于特定人群的数据分析功能，通过查看特定人群在一段时间内的浏览、加购、收藏及成交等行为，以及分析该人群的商品偏好及基础特征，来帮助商家更好地决策，针对该人群制定有效的转化策略。

客户分群为"重点运营人群"提供了三种核心人群的数据分析：兴趣人群、新客户人群、复购人群，如图6-12所示。

人群定义解释：

① 兴趣人群：近3~10天有加购或收藏行为，且在此期间没有购买加购或者收藏商品的客户。

② 新客户人群：720天内只成交过一次，且此次成交在最近180天内。

③ 复购人群：买过店铺内复购率较高的商品，且处于回购周期的客户。

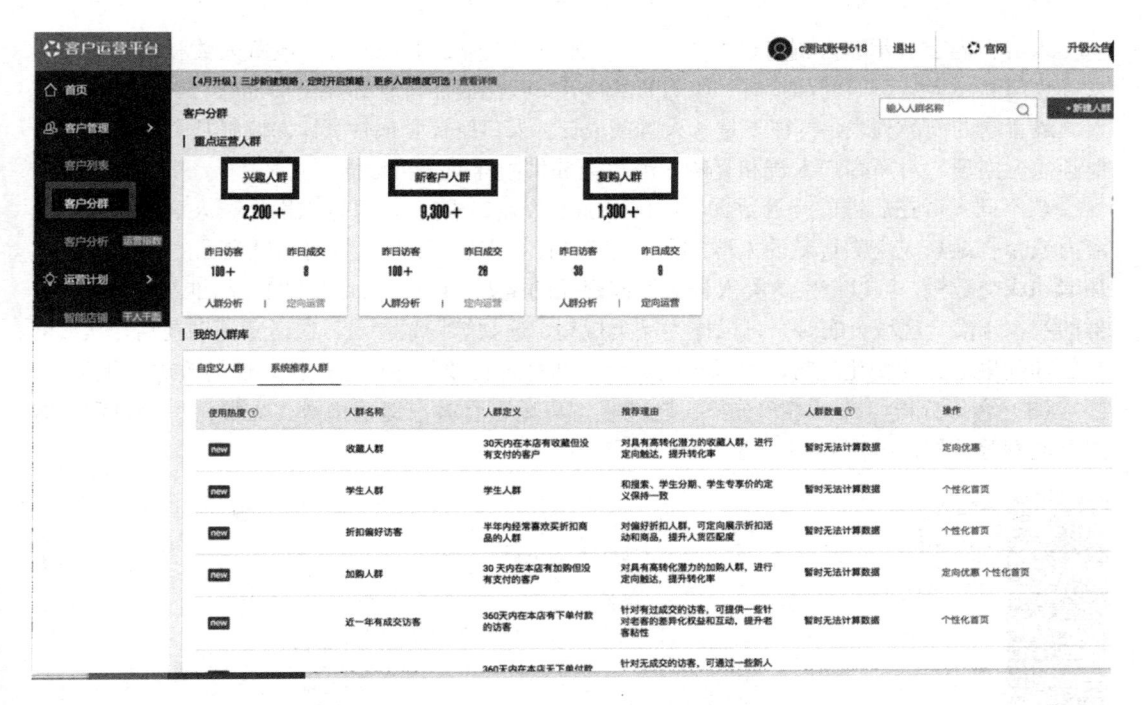

图 6-12 客户分群"重点运营人群"

每种人群会提供人群在店铺内全链路的效果分析，并提供可"定向运营"的能力。如果你现在看到某种人群下面的"定向运营"是灰色不可单击的，那说明此功能尚未上线，或者你暂无开通权限，可等待后续开放。

人群数据解读：以兴趣人群的数据为例，如图 6-13 所示。对当前人群，会先展示此人群的人数，以及昨日的成交转化率。后面会从人群行为、人群热门商品、人群分层、人群属性和人群行为偏好几个纬度分别进行分析。

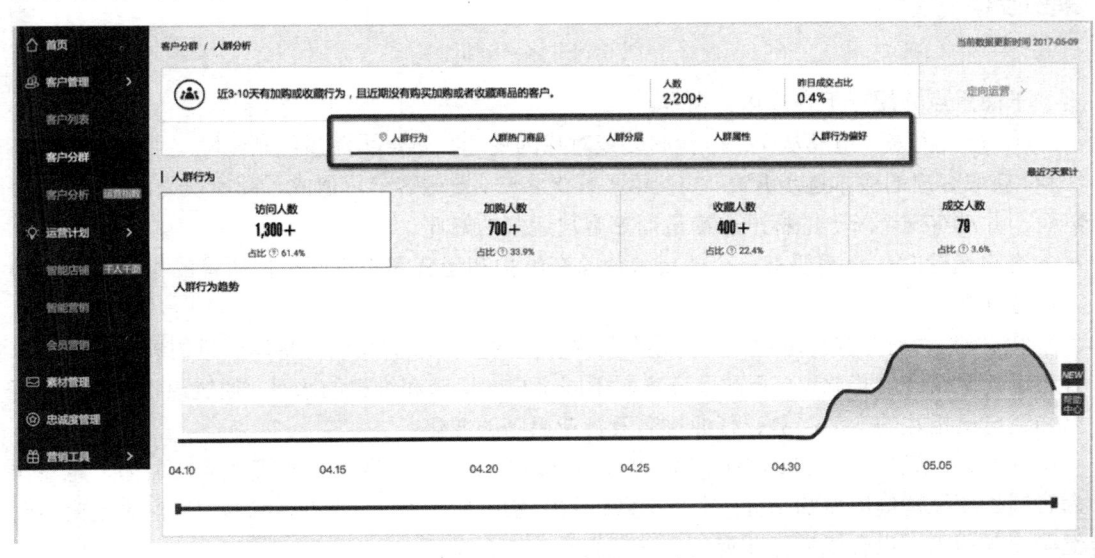

图 6-13 兴趣人群数据示例

人群行为会展示该人群在过去 7 天的店铺访问人数、加购人数、收藏人数和成交人数。人群热门商品会从访问商品排行、加购商品排行、收藏商品排行和成交商品排行纬度，展示该人群最喜欢的商品列表。再往下是从人群的成交、人口统计学属性、行为偏好几个纬度给出人群画像。同理，对新客户人群和复购人群也会提供同样的分析数据。

从不同人群在店铺的行为数据（访问、加购收藏、成交），可以识别什么人群具有高转化潜力或哪些是高成交额贡献的人群，再对他们进行重点运营；从人群对店铺商品的访问、收藏、加购和成交数量，可以识别这类人群对不同商品的偏好，可进行针对性的商品推荐和营销；人群的买家年龄、区域分布等，可以作为品类规划、选款等场景参考；在运营活动前后，从人群在店铺效果数据的变化趋势，可以判断运营活动是否有效，并可进行针对性的改进和优化。

（3）客户分析。在"客户分析"功能里，可以查看客户运营指数、人群指标分解和访客人群洞察等数据，如图 6-14 所示。

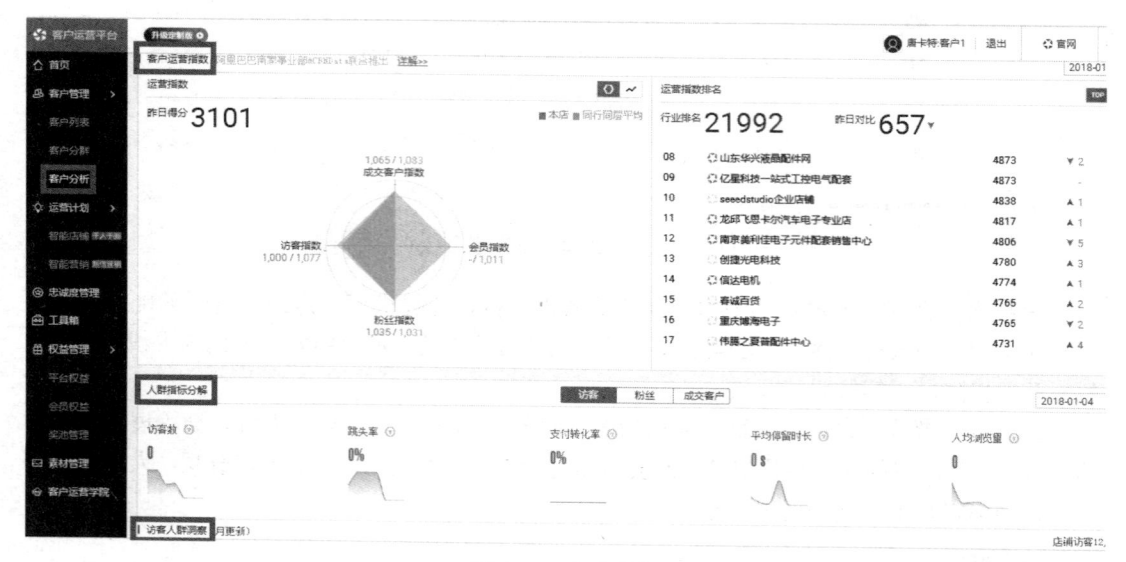

图 6-14 客户分析

下面重点介绍一下客户运营指数。

① 指数由来。电商从 PC 时代向无线时代的变迁，带走了流量红利，随之而来的是客户红利。获取客户的成本逐步升高，如何维护好老客户，发掘客户价值成了商家发力的主要方向。然而，并没有一个统一的标准去衡量商家客户运营的好坏。

客户运营时代，需要有一个能反映商家在维护和运营客户方面整体质量的指标，这就是客户运营指数。

② 指数为何。客户运营指数，顾名思义，是对客户维护和运营整体质量的评判，是商家客户运营健康度的热感仪，反映了商家对不同客户的运营和维护的水平。通过该指数，商家可以知道自己指数的变动趋势、行业排名及行业黑马的变化。

在客户运营时代，借助该指数，可以很好地衡量自己的客户关系管理运营能力，也能作为店铺长期经营健康度的指标。客户运营指数，将成为一种行业标准，成为评判商家电商运营健康度的标志，也会成为行业观察、管理商家的综合指标。

③ 指数构成。

客户运营指数=访客运营指数+粉丝运营指数+会员运营指数+成交客户运营指数

访客、粉丝、会员、成交客户四类人群的运营指数，是对这四项指标进行综合加权计算所得的（访客：访问店铺的客户；粉丝：关注店铺的人即为粉丝；会员：成交客户中，店铺在 VIP 等级设置中可自由设置会员门槛，满足 VIP1 等级及以上的客户即为会员；成交客户：近两年在店铺买过商品的客户即为成交客户）。客户运营指数每日更新，同行排行榜、行业黑马也同时更新。

④ 指数指标：由访客、粉丝、会员、成交客户四类人群指标构成。统计时间维度：天。

访客指标的各项指标统计，如图 6-15 所示，粉丝、会员、成交客户的指标见其具体指数页面。

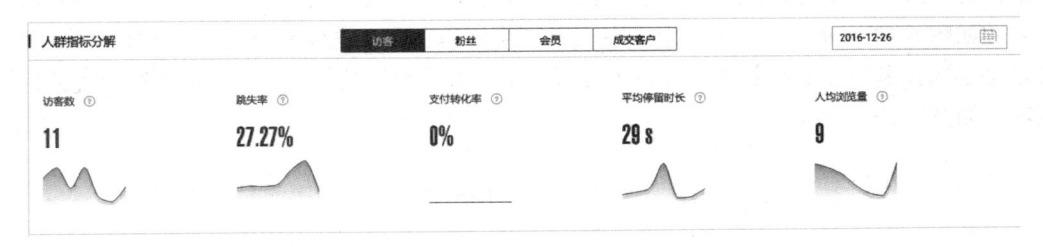

图 6-15 访客指标

⑤ 指数解读。本店指数、趋势及同行、同层平均对比，如图 6-16 所示；雷达图快速定位到不同客户的指数，对比同行、同层标签，可发现与同行的差距，便于发现和查找问题，并做出对应的优化方案。

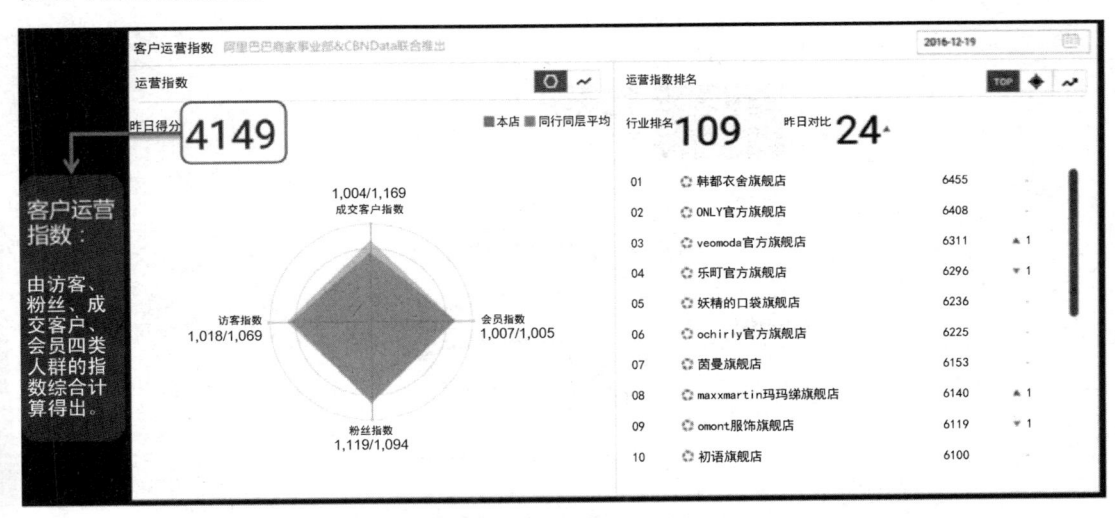

图 6-16 本店指数、趋势及同行、同层平均对比

3．忠诚度管理

在"忠诚度管理"页面中有"VIP 设置""无线端会员装修中心"两个子功能，如图 6-17 所示。

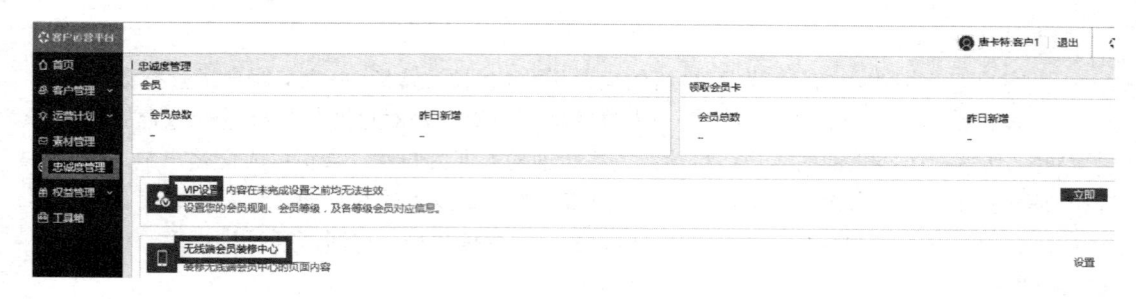

图 6-17 忠诚度管理

（1）VIP 设置：设置会员规则、会员等级，以及各等级会员对应信息。卖家最多可以设置四个会员等级，可以以交易额或交易次数为依据进行设置，还可以进行会员卡的卡面设计，具体内容如图 6-18 所示。设置完 VIP 折扣，并不意味着会员浏览商品就能看到 VIP 价格，商家可以自主选择参与 VIP 折扣的商品，因此请一定记得发布商品信息时，勾选"参与会员打折"选项，如图 6-19 所示。

图 6-18 会员等级设置页面

图 6-19 VIP 折扣的商品设置页面

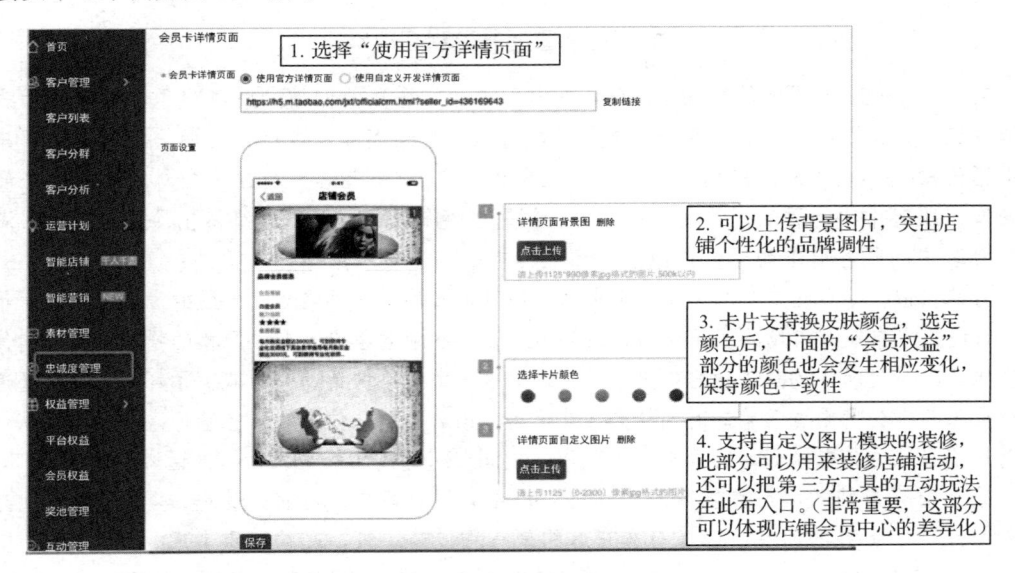

（2）无线端会员装修中心："无线端会员装修中心"设置页面如图 6-20 所示，设置完成后的会员中心示例如图 6-21 所示。

图 6-20　无线端会员装修中心设置页面

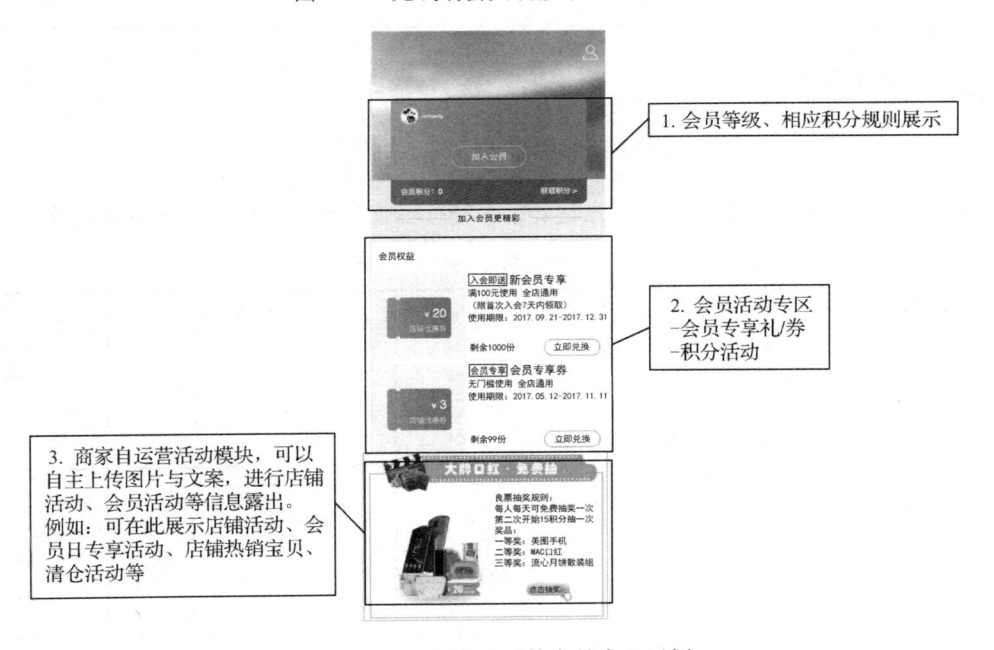

图 6-21　设置完成后的会员中心示例

客户运营平台的功能十分强大，除上述功能外还包括运营计划、素材管理、工具箱的使用等功能模块，在此不再赘述。总之，合理运用客户运营平台，可以有效提升客户价值，给店铺带来更多流量和订单。

阅读材料 6-2

如何正确管理非盈利客户？

Sprint Nextel 公司曾给大约 1 000 人发出了通知，告知他们被"解雇"了，接收通知的人并非这家公司的员工，而是其客户。这家公司对其一组高端客户进行了为期一年的关于客户求助电话的次数、频率的跟踪调查。公司一位发言人说："有些客户会在一个月内就同一个问题呼叫客户服务中心上百次，而我们觉得这些问题已经解决了。公司最终做出决定，因无法满足这部分客户的服务要求而终止与他们的商业往来。"

与此相似，德克萨斯州的一家大型电力供应商，实施了一项名为"严厉的爱"的市场营销策略，以应对来自能源市场的竞争压力。该公司对拖欠费用的客户采取了严格的措施，终止对他们提供服务，并对那些按时付费的客户给予奖励。这一举措不仅帮助公司减少了坏账损失，还通过减少员工与拖欠费用者斡旋的时间提高了生产力。该公司的一位高级财务管理人员表示，从一个按时付费且从不打电话咨询的客户身上获取的利润要远远高于一个天天打电话咨询的客户。

企业与客户间的动态且复杂的关系要求企业必须对客户进行有效管理。客户不应被视为可以轻易获得或舍弃的商品。选择与客户解约是一种战略决策，必须慎重考虑。

（资料来源：Vikas Mittal，Matthew Sarkees，Feisal Murshed. 如何正确管理非盈利客户. 赵磊阳，译.新营销）

技能训练 6-3

客户运营平台的应用

请登录自己的淘宝店铺，利用客户运营平台进行会员管理，并将相关结论填入表 6-3。

表 6-3　客户运营平台的应用与分析

会员管理项目	管理内容	设置依据	备注
会员体系设置	标签客户设置（三个）： 1. 2. 3.		
	VIP 客户设置： 1. 普通会员设置 2. 高级会员设置 3. VIP 会员设置 4. 至尊 VIP 会员设置		
	客户忠诚度设置：		
客户营销活动设置	针对购物车客户：		
	针对标签客户：		
	针对店铺 VIP 客户：		
	针对店铺包邮 VIP 客户：		
客户运营平台使用心得			

项目小结

企业要完成以产品为中心到以客户为中心的战略转型，实现以手工人力为主到以信息技术支持为核心的服务模式转变，完成企业客户服务模式的升级，就必须构建企业级客户关系管理系统平台。

客户关系管理（CRM），本质上是为企业提供全方位的管理视角，赋予企业更完善的客户沟通能力，并使客户收益最大化，其最终目标是吸引新客户、保留老客户，并将已有客户转化为忠实客户。客户关系管理不仅表现为一种管理理念，亦是一种软件技术。

客户关系管理系统可利用信息科学技术，实现市场营销、服务等活动的自动化，使企业能更加高效地为客户提供满意、周到的服务，是一种以提高客户满意度、忠诚度为目的的管理经营手段。

企业部署客户关系管理系统，是一项复杂的系统工程，需要依据企业的长期发展战略，有计划、分阶段地稳步推进。

客户关系管理系统的开发是一个漫长的系统工程，包括系统集成、系统模式设计、系统程序创建，后两个问题主要由技术人员负责，而系统构建的基础工作，如客户数据库的建立、企业业务流程的重组等内容，应由企业管理人员负责统筹和规划。这部分工作是整个项目的核心和难点所在。

客户关系管理系统的应用，是一个企业级的系统化解决方案，是企业整体对外做出的承诺，它不是只限于营销管理，而是具有多功能性。作为典型的高风险项目，客户关系管理系统的实施必须进行严格的项目管理。

客户关系管理系统的开发和应用，终究是为了提高客户的管理水平。要提高管理客户关系的技巧，可从以下几方面来进行：

- **建立客户资料数据库**：收集和整理客户的基本信息和购买行为，方便跟进和服务。
- **做好客户分类**：根据客户的价值、需求、满意度等指标，将客户分为不同的群体，制定不同的策略。
- **选择合适的时间联系客户**：避免打扰客户的工作和生活，提高沟通效率。
- **帮客户赢取利益**：提供有价值的信息、建议、方案等，让客户感受到你的专业和诚信。
- **定时总结分析**：评估客户关系管理的效果，找出问题和改进点。
- **做好售后维护**：及时解决客户的问题和投诉，提供优质的服务和支持。
- **不要停止联系**：保持与客户的长期联系，增加互动频次，提高客户忠诚度。

在线测试

思考与练习

1. 客户关系管理的基本理念有哪些？请简要说明。
2. 请简述淘宝客户运营平台的主要功能。

参 考 文 献

[1] Emily Yellin. 客服的奥秘（当代美国客户服务业全景纪实）. 派力，译. 北京：企业管理出版社，2011.

[2] Peter Fisk. 客户天才. 夏金彪，译. 北京：企业管理出版社，2010.

[3] 罗伯特·W. 卢卡斯. 客户服务：面向 21 世纪的客户服务指导手册. 朱迎紫，艾凤义，译. 北京：企业管理出版社，2009.

[4] K-Tony Newby, Sean McManus. 客户服务：英汉对照管理袖珍手册. 李鹏，魏红，译. 上海：上海交通大学出版社，2008.

[5] 阿里巴巴商学院. 网店客服：新电商精英系列教程. 北京：电子工业出版社，2016.

[6] 格哈德·拉普，霍佳震，妮可·维尔纳. 客服关系管理：一个整体解决方案. 上海：上海社会科学院出版社，2012.

[7] 劳动和社会保障部教材办公室，上海市职业培训指导中心. 客户服务管理师：国家职业资格三级. 北京：电子工业出版社，2012.

[8] 杨莉惠. 客户关系管理实训. 北京：中国劳动社会保障出版社，2006.

[9] Tim Ang，姜旭平. 客户服务课堂. 上海：上海交通大学出版社，2006.

[10] 李先国，曹献存. 客户服务管理. 2 版：全国商务人才培训认证丛书. 北京：清华大学出版社，2011.

[11] 李国冰. 客户服务实务. 2 版. 重庆：重庆大学出版社，2011.

[12] 影响力中央研究院教材专家组. 让客户回头：超乎想象的客户服务 6 大宝典. 北京：电子工业出版社，2009.

[13] 杨琼，石真语. 客服主管高效工作手册. 北京：机械工业出版社，2008.

[14] 韩小芸，申文果. 客户关系管理. 天津：南开大学出版社，2009.

[15] 王宏. 客户服务部规范化管理工具箱. 北京：人民邮电出版社，2010.

[16] 施志君. 电子客户关系管理与实训. 北京：化学工业出版社，2009.

[17] 杜慕群. 管理沟通. 2 版. 北京：清华大学出版社，2014.

[18] 汤兵勇. 客户服务与管理. 北京：电子工业出版社，2010.

[19] 王晓望. 客户服务技能训练教程. 北京：机械工业出版社，2013.

[20] 杨明，刘春侠. 客户服务与管理. 北京：高等教育出版社，2013.

[21] 李海芹，周寅. 客户关系管理. 2 版. 北京：北京大学出版社，2017.

[22] 帕科·昂德希尔. 顾客为什么会购买. 北京：中信出版社，2016.

[23] Ram Charan. 客户说：如何真正为客户创造价值. 杨懿梅，萧峰，译. 北京：机械工业出版社，2016.

[24] 黄有璨. 运营之光. 北京：电子工业出版社，2016.

反侵权盗版声明

电子工业出版社依法对本作品享有专有出版权。任何未经权利人书面许可,复制、销售或通过信息网络传播本作品的行为,歪曲、篡改、剽窃本作品的行为,均违反《中华人民共和国著作权法》,其行为人应承担相应的民事责任和行政责任,构成犯罪的,将被依法追究刑事责任。

为了维护市场秩序,保护权利人的合法权益,我社将依法查处和打击侵权盗版的单位和个人。欢迎社会各界人士积极举报侵权盗版行为,本社将奖励举报有功人员,并保证举报人的信息不被泄露。

举报电话:(010)88254396;(010)88258888
传　　真:(010)88254397
E-mail：　　dbqq@phei.com.cn
通信地址:北京市海淀区万寿路 173 信箱
　　　　　电子工业出版社总编办公室
邮　　编:100036